요한복음

웨슬리와 함께 읽는 사복음서 4

요한복음

2023년 10월 10일 처음 펴냄

지은이 | 존 웨슬리
옮긴이 | 양재훈
펴낸이 | 김영호
펴낸곳 | 도서출판 동연
등 록 | 제1-1383호(1992년 6월 12일)
주 소 | 서울시 마포구 월드컵로 163-3
전 화 | (02) 335-2630
팩 스 | (02) 335-2640
이메일 | yh4321@gmail.com
인스타그램 | instagram.com/dongyeon_press

ISBN 978-89-6447-892-9 04230
ISBN 978-89-6447-888-2(세트)

이 책은 신광감리교회 고인준 목사님과 성도님들의 후원으로 제작되었습니다.

웨슬리와 함께 읽는
사복음서 4

John

요한복음

존 웨슬리 지음
양재훈 옮김·주해

동연

일러두기

원문에는 성경이 삽입되어 있지 않으나, 독자의 편의를 위해 각 장 앞에 새번역 성경을 삽입하였다. 새번역 성경에는 저자의 주해에 해당하는 부분에 밑줄을 그었다. 단, 저자는 KJV 성경을 사용하였으므로 번역이 일부 다를 수 있다.

역자 서문과 해설

1763년과 『신약성서주석』

1. 때는 1762년, 존 웨슬리가 감리회 운동을 본격적으로 시작한 지 어느덧 20년 남짓 흘렀다. 고교회(high church)의 답답한 틀에 질식해가던 영국의 소시민과 사회적 하층민들은 웨슬리의 혁신적 신앙 운동에 크게 감명을 받아 그 운동에 합류했고, 웨슬리의 감리회 운동은 부흥의 길을 달리고 있었다. 그러던 중 영국 런던의 웨슬리 집회소인 파운더리에서 다소 혼란스러운 동요가 일어났다. 웨슬리를 따르던 지도자 중 하나인 토마스 맥스필드(Thomas Maxfield)라는 사람이 문제를 일으킨 것이다.

2. 토마스 맥스필드는 웨슬리를 추종하며 열성적으로 사역하던 인물인데, 그의 신앙적 성향은 다소 광적인 측면이 있었고 이로 인해 문제가 생긴 것이다. 당시 조지 벨(George Bell)이라는 사람이 1763년 2월 28일에 주님께서 재림하신다는, 소위 시한부 종말론을 주장했고 토마스 맥스필드가 이를 추종하여 감리회 신도회원들에게 영향을 끼쳤다. 이에 1762년 말에 웨슬리는 토마스 맥스필드에게 자중할 것을 수차례 권고하고 경고했다. 그러나 맥스필드는 자신의 주장을 굽히지 않고 웨슬리의 경고와 명령을 무시했다. 맥스필드가 그렇게 할 수 있었던 것은 실제로 많은 신도회원이 그의 말에 현혹되어 그를 추종했기 때문이었다.

3. 이윽고 1763년 2월 28일이 되었다. 웨슬리는 신도회원들에게 동요하지 말라고 말했고, 그날 자신은 평소와 다름없이 평안히 잠들었다.

나는 스피탈필드에서 "그대의 하나님을 만날 준비를 하라"라는 제목으로 저녁에 설교했다. 나는 설교에서 그날 밤에 세상의 종말이 온다는 생각이 얼마나 말도 안 되는 소리인지 말해주었다. 하지만 내가 그렇게 말했음에도 많은 사람은 그런 말에 현혹되거나, 설령 종말이 아니라 하더라도 런던이 지진으로 폭삭 주저앉을지도 모른다는 생각에 빠져서 잠자리에 들기를 겁냈고, 어떤 이들은 들판을 배회했다. 그러나 나는 평소에 하던 대로 밤 10시경에 깊이 잠에 빠져들었다(1763. 2. 28. 일지).

그날 주님은 재림하지 않으셨고, 많은 사람의 염려와 달리 아무 일도 일어나지 않았다. 그러나 그날 많은 사람이 혹시나 하는 마음에 불안에 떨며 방황했다.

4. 그러나 이 일로 인한 후유증은 적지 않았다. 500명이 넘는 사람들이 맥스필드의 말에 현혹되어 넘어갔고, 웨슬리의 일지에 따르면 106명의 신도회원이 결국 이 사건으로 감리회와 결별하고 떠나갔다. 이 사건으로 인해 웨슬리와 그의 동료들은 왜 이런 문제가 생겼는지 고민했고, 앞으로 이런 어처구니없는 일이 발생하지 않도록 조치할 필요를 느꼈다.

5. 이 사건이 끝난 뒤, 맥스필드 사건처럼 잘못된 가르침을 주는 설교자를 미리 막기 위해 1763년에 열린 연회(Conference)에서는 평신도 설교

가와 감리회 운동의 설교가들이 지켜야 할 설교 지침을 정했다. 이것이 바로 〈설교가들을 위한 모범 고시문〉(Model Deed for Preaching-house)이었다. 이 모범 고시문의 내용은 아래와 같다.

위에서 언급한 사람들이 설교할 때는 웨슬리 목사의 『신약성서주석』(Notes upon the New Testament)과 네 권으로 이루어진 설교들에 담긴 교리 이외의 다른 교리를 설교해서는 안 된다.

6. 위에서 언급된 『신약성서주석』은 1754년에 출간된 그의 주석이고, 네 권으로 이루어진 설교라는 것은 1746년, 1748년, 1750년 그리고 1760년에 걸쳐 각각 만들어진 총 네 권의 설교집, 즉 그 유명한 44편의 설교가 담긴 『표준설교』(44 Standard Sermons)를 말한다. 그리고 이제 우리가 읽게 될 이 책이 바로 여기에서 언급된 『신약성서주석』이다.

7. 웨슬리의 44편의 『표준설교』는 최근 들어 많은 웨슬리언(Wesleyans)이 읽고 공부하기도 한다. 『표준설교』는 웨슬리를 연구하는 학자들이 많이 애용하고 연구하는 텍스트다. 그러나 그의 『신약성서주석』은 아쉽게도 그렇지 못하다. 『표준설교』나 그의 『일지』(Journals)는 두루 번역되었고 널리 읽힌다. 하지만 『신약성서주석』은 제대로 번역된 것조차 찾기 어렵다. 모범 고시문의 문구, 즉 감리교에서 설교하려면 그의 『표준설교』는 꼭 읽어봐야 한다는 말은 감리회 목사라면 한 번쯤 들어봤을 것이다. 그러나 안타깝게도 『표준설교』보다 먼저 언급된 『신약성서주석』은 잊혔다.

8. 『신약성서주석』은 웨슬리가 쓴 성서 주석 중에서 신약 부분을 가리킨다. 그는 『구약성서주석』과 『신약성서주석』을 모두 다 썼다. 모범고시문에서 왜 『구약성서주석』은 언급하지 않았는지는 모른다. 그러나 그의 성경 주석이 창세기부터 요한계시록에 이르는 성경 66권을 모두 아우른다는 점은 기억해야 한다.

『신약성서주석』의 탄생 배경

1. 1753년 11월, 웨슬리는 자기 죽음이 다가오고 있음을 느꼈다. 그는 매우 심한 기침과 고열로 무척 고생하고 있었고, 기력은 점점 쇠해 갔다. 그는 그런 건강 상태에도 여전히 이곳저곳을 여행하면서 설교하고 성례를 집행해야만 했다. 하지만 기력이 다한 환자에게서 제대로 목소리가 나올 리가 없었다. 의사는 그에게 당장 사역을 내려놓고 시골로 내려가서 요양하라고 권고했다.

2. 건강으로 인해 크게 지친 웨슬리는 1753년 11월 26일 일지에 자신이 죽고 난 후 무덤 묘비에 적힐 문구를 마치 유언처럼 적어놓았다.

> 존 웨슬리 여기에 눕다.
> 타는 불에서 건져낸 막대기,
> 나이 51세에 몸을 다 쓰고 죽었네.
> 빚을 모두 갚고 나니, 10파운드만 남았네.
> 기도하옵기는, 하나님께서 무익한 종인 내게 자비를 베푸시기를!

이처럼 웨슬리는 자기 생이 마지막에 이르렀다고 심각하게 생각했다.

3. 하지만 다행스럽게도 그의 건강은 12월부터 빠르게 회복되었다. 자기가 거의 죽다 살아난 것을 느낀 웨슬리는 기다렸다는 듯이 밀린 저술 작업에 들어갔다. 『기독교 문고』(Christian Library)에 들어갈 목록 정리를 마무리하고 곧바로 일지를 출판하기 위한 작업에 들어갔다. 그리고 이듬해 1754년 1월, 『신약성서주석』을 쓰기 시작했다. 그는 1월 6일 일지에서 다음과 같이 적고 있다.

> 나는 신약성서주석을 쓰기 시작했는데, 이 작업은 사실 내가 여행하거나 설교할 수 없을 만큼 아프지만 않았더라도 시도하지 않았을 일이었다. 하지만 이제는 읽고 쓸 수 있을 만큼 나아졌다.

4. 『신약성서주석』 서문에서 볼 수 있듯이, 웨슬리는 이 주석을 쓰는 것에 대해 머뭇거려왔다는 것을 우리는 알 수 있다. 그 이유는 "자기 능력의 한계를 깊이 느꼈기" 때문이었다. 웨슬리는 옥스퍼드대학에서 신학을 배우고 거기에서 학생들을 가르쳤던 사람이었다. 그는 신학 대학을 졸업한 후 서품을 받고 고향 엡워스 근처인 루트(Wroot)에 있는 성 판크라스교회(St. Pancras' Church)에서 목회한 경험도 있었다. 게다가 옥스퍼드대학 링컨 컬리지에서 신성클럽(holy club)으로 후배이자 제자들을 양육했고, 그들과 함께 미국 조지아주 식민지에 가서 선교사로서 영국 이민자들과 아메리카 원주민을 대상으로 목회 활동을 한 경험도 있었다.

5. 그런데도 웨슬리는 신약성서로 주석을 쓰기에 자신의 부족함을

느꼈고, 이 일을 어떻게든 피해 보려고 했다. 무엇 때문에 그가 '능력의 한계'를 깊이 느꼈는지 정확히 알 수는 없다. 1736년 1월 말, 미국 선교를 위해 가던 중 대서양에서 경험했던 끔찍한 풍랑 사건 당시 웨슬리는 목숨의 위험 앞에서 극심한 공포와 두려움을 느꼈다. 하지만 이번에는 달랐다. 1753년 말, 죽음의 시간이 다가오는 것을 느끼면서도 그는 죽음에 대한 공포나 두려움으로 떨지 않았다. 이러한 모습은 이제 50대가 된 그가 30대 시절의 연약함을 이미 극복했음을 보여주며, 따라서 그 '능력의 한계'가 실존적 한계 자각을 뜻한다고 보기는 어렵다.

6. 그가 『신약성서주석』을 쓰기 시작한 1754년보다 대략 5년 전인 1748년 여름 그는 무척 심하게 앓다가 그레이스 머레이(Grace Murray)라는 한 여인의 극진한 간호로 회복된 일이 있었다. 그는 머레이를 무척 사랑했으나 동생 찰스 웨슬리는 이 두 사람의 관계를 좋게 보지 않았고, 결국 찰스는 그녀를 뉴캐슬로 데리고 가서 존 베넷(John Bennet)과 결혼시켰다. 이 일로 존 웨슬리는 크게 실연했고 마음의 상처를 받았다. 그로부터 머지않아 그는 돈 많은 과부였던 메리 바제일(Mary Vazeille)을 만나 1751년 2월 결혼했다.

7. 사바나 선교사 시절 소피아 홉키(Sophia Hopkey)와의 스캔들로 큰 곤욕을 치렀던 웨슬리가 그레이스 머레이 실연 사건으로 한 번 더 상처를 겪고 난 후 메리 바제일과 안정된 가정을 꾸리는 듯했다. 그러나 웨슬리의 결혼 생활은 그다지 평탄하지 않았다. 웨슬리는 가정보다는 사역이 더 우선이었고, 메리 바제일은 그것에 불만을 느꼈다. 특히 웨슬리가 사역을 핑계로 다른 여성들과 자주 교류를 하는 것은 아내 메리에게 있

어서 도저히 참을 수 없는 일이었다. 웨슬리는 그것을 단지 사역이라고 우겼지만, 아내의 입장에서 볼 때 그의 행동은 잘못된 것이었다. 하지만 웨슬리는 자신의 행동을 잘못된 것으로 생각하지도 않았고, 아내에게 사과는커녕 도리어 큰소리를 쳤다.

8. 웨슬리가 주석을 작업하던 앞뒤 시기가 웨슬리 사생활에서는 이런 어려움과 갈등이 한창일 때였다. 그래도 웨슬리는 공적으로 열심히 사역하고 있었고, 가정 문제로 인한 갈등에 대해 죄의식을 크게 느낀 것으로 보이지는 않는다. 따라서 그가 주석 저술 작업을 꺼렸던 이유가 이러한 사적인 생활의 문제로 신앙 양심에 어떤 거리낌이 있었기 때문이라고 보기도 다소 어려울 듯하다. 그렇다면 결국 이는 순수하게 자신의 지혜가 부족하다는 겸손의 탓으로 돌릴 수밖에 없을 듯하다.

웨슬리 『신약성서주석』 서문

1. 웨슬리는 주석 서문에서 이 글을 평범한 대중을 위해 썼다고 밝힌다. 그는 학식이 부족한 사람도 이해할 수 있도록 내용과 표현을 다듬었다. 특히 "하나님의 말씀을 깊이 경험하지는" 못했지만, 그 마음에 말씀을 사모하고 자기 영혼의 구원에 간절함을 느끼는 사람이 이 책의 주요 독자임을 밝힌다. 따라서 그는 될 수 있는 한 평이하게 이 주석을 쓰려고 했다.

2. 실제로 이 주석의 내용이 그리 어렵거나 복잡하거나 심오한 내용

은 아니다. 주석이 어떤 구절에서는 깊게 그리고 장황하게 논의하기도 하지만 대부분은 그리 길지도 않고, 그 내용도 난해하거나 심오하지는 않다. 이는 깊이 있는 신학적 논의를 하거나 어떤 구절이나 표현, 신학적 주제를 두고 치열하게 학문적인 고찰을 통한 논의를 하려는 것이 이 책의 목적이 아님을 잘 보여준다. 웨슬리가 언급했듯이, "주석이 도리어 성경 본문의 의미를 흐리거나 압도해버리지 않도록" 했다.

3. 이로 미루어볼 때, 웨슬리가 이 책을 쓴 목적은 자기의 표현대로 복음의 초심자라고 하더라도 성경 말씀을 이해하는 데 큰 어려움이 없도록 하는 것에 있다. 따라서 웨슬리는 주석의 본질적인 기능, 즉 성경 본문을 제대로 그리고 정확하게 잘 이해할 수 있도록 보조적으로 돕는 기능을 살리는 것을 이 책의 중점으로 두었다.

4. 이 주석은 웨슬리가 처음부터 끝까지 본인의 창의적인 생각으로 쓴 것이 아니다. 그가 밝히듯이 벵겔리우스, 헤일린, 거이스, 닷드릿지 등이 저술한 책과 주석에 많이 의지했다. 심지어 어떤 부분에서는 "옮겨 적기도 했고, 더 많은 경우에는 요약했다." 과연 얼마나 많은 부분이 웨슬리 본인에게서 전적으로 나온 것인지 알 수는 없지만, 분명한 것은 그가 여러 명의 주석가나 저술가에 의존한다는 사실이다.

5. 그렇다고 이 주석이 웨슬리와 다소 거리가 멀어지는 것은 아니다. 비록 여러 곳에서 다른 저술가들의 글을 인용하고 의지하지만, 이것은 웨슬리가 그들의 해석이나 생각에 동의한다는 것을 뜻한다. 따라서 웨슬리가 다른 이들의 글을 많이 의존하기 때문에 그의 해석과 신학을 이

책에서 찾아보는 것이 어렵다고는 말할 수 없다.

6.『표준설교』는 웨슬리의 신학적 색깔과 흔적이 상당히 많이 나타나며, 그 내용도 다양한 신학적 주제를 다루고 있다. 이런 이유로 웨슬리를 연구하는 많은 이가 이『표준설교』를 연구 대상이나 주장의 근거로 사용한다. 또한 웨슬리가 남긴 다른 설교문, 일지, 연회 회의록, 그리스도인의 완전이나 성도의 견인 등과 같은 주제를 다루는 논문들은 웨슬리의 신학적 세계와 그의 생각을 엿보기에 좋은 자료들이다. 그의 신약주석도 비록 남의 해석과 생각을 많이 의지하기는 하지만, 그의 신학적 세계관이 담긴 좋은 웨슬리 연구 자료이다.

7. 웨슬리의 이 주석은 약 300년 전에 출간되었다. 오늘날 성서 연구는 발전된 다양한 해석학적 방법론들이 활용되고, 수많은 정보가 교환되고 언제든지 쉽게 접근할 수 있는 환경에서 이루어진다. 그러나 요즘과는 달리 웨슬리 당시에는 성서비평학이라는 학문도 그리 많이 발달하지 않았고, 성서를 해석하기 위한 근대나 현대 방법론적인 틀도 정립되기 이전이었다. 따라서 웨슬리의 이 주석을 최근의 주석들과 비교하여 우열을 가늠하는 것은 적절해 보이지 않는다. 더구나 앞서 언급했듯이 이 주석이 그런 토론을 하기 위해 만들어진 것이 아니므로 이런 비교는 더더욱 무의미하다.

8. 따라서 이 책의 독자들은 이 주석을 통해 성서 본문의 정확한 학문적 분석이나 최신의 정보 등을 부족함 없이 얻을 것이라 크게 기대하면 안 된다. 만일 이런 것을 원한다면, 정확하고도 풍부한 현대 과학

기술의 도움을 받아 다양한 학문적 해석 접근 방식으로 텍스트를 치밀하게 분석하는 최신의 학문적 주석서를 보면 된다. 물론 그렇다고 해서 이 책에서 웨슬리가 내놓은 본문 주석이나 텍스트 해석이 형편없다거나 신뢰도가 떨어진다거나 성경을 이해하는 데에 그다지 도움이 안 된다고 생각하는 것은 적절하지 않다. 비록 300년 전의 주석이지만 웨슬리는 이 주석 곳곳에서 상당히 정확한 정보를 전달하기도 하고, 텍스트를 신선한 시각으로 해석하기도 한다.

9. 이 책은 오늘날의 평신도나 목회자들이 참고하면 성경을 해석하는 데 적잖은 도움을 받을 수 있는 유용한 주석이기도 하다. 그러나 웨슬리의 주석만을 의지하지 말고 최신의 학문적 주석도 병행해서 보면 좋을 것이다. 오히려 이 주석은 웨슬리를 연구하는 이들에게 좋은 자료가 될 것이다. 이 주석 곳곳에서 웨슬리의 신학적 세계를 엿볼 수 있고, 이것을 통해 웨슬리의 신학과 그가 주장했던 중요한 신학적 주제들을 이해하는 데 도움을 받을 수 있기 때문이다.

웨슬리 『신약성서주석』 번역의 탄생

1. 이 책의 번역은 2014년으로 거슬러 올라간다. 2010년 전후로 내가 사역하는 협성대학교 신학대학원에서 웨슬리의 『표준설교』를 새로 번역하고 모든 학생에게 가르치고 있었다. 그러던 중 나는 『표준설교』뿐만 아니라 『신약성서주석』도 가르쳐야겠다고 생각했다. 그러나 아쉽게도 번역본을 찾을 수 없었다. 결국 나는 학생들과의 수업을 위해서

직접 『신약성서주석』을 번역했다. 한 학기 동안 공부할 수 있는 분량은 복음서였다. 물론 빠르게 훑고 지나가면 요한계시록까지 다룰 수 있었겠으나, 큰 욕심 없이 우선 복음서 부분을 찬찬히 살펴보기로 했다.

2. 한 학기를 마친 후 이 책을 출판하면 좋겠다는 생각이 들었다. 그러나 출판에 여러 가지 현실적인 어려움도 있었고, 조금 더 잘 다듬어서 출판하면 좋겠다는 생각이 들어 차일피일 미루고 있었다. 그러나 내가 이전에 번역하고 주해했던 웨슬리의 산상수훈 책을 읽은 많은 목회자가 새로운 웨슬리의 문헌을 볼 수 있으면 좋겠다고 거듭 요청했다.

3. 결국 나는 그분들의 요청을 더 이상 외면할 수 없어서 내 '능력의 한계와 부족함'에도 불구하고 이 번역을 다시 다듬었다. 이미 번역을 완성했으나 좀 더 다듬는 데 1년 정도가 더 소요됐다. 그렇지만 여전히 나는 부족함을 인정하지 않을 수 없다. 하지만 그렇게 계속 미루다가는 끝나지 않으리라는 생각에 용기를 내어 일단 복음서 부분만이라도 출판하기로 했다.

4. 이 책이 출판되는 과정에서 여러 사람이 도움을 주었다. 무엇보다도 신광감리교회 고인준 목사님과 성도님들의 도움이 없었더라면 이 책은 출판하기 어려웠을 것이다. 신광감리교회는 내가 목회자들과 함께 교인들을 대상으로 웨슬리 『표준설교』 공부를 인도했던 교회이다. 나는 신학대학원 학생들에게만 『표준설교』를 가르치는 것이 참 아깝다는 생각을 했고, 이에 고인준 목사님과 대화하는 중에 목회자의 『표준설교』 공부 이야기가 나왔다. 이 대화에서 우리는 웨슬리의 『표준설교』

를 교회에서도 공부했으면 좋겠다는 의견을 주고받았고, 이렇게 학교에만 있던 웨슬리는 교회 안으로 들어오게 되었다.

5. 나는 약 1년간 매주 토요일 신광감리교회 사역자들의 『표준설교』 공부를 인도했고, 이듬해에 이 사역자들이 "웨슬리 아카데미"라는 이름으로 평신도들의 공부 모임을 이끌었다. 이렇게 해서 신광교회는 한국에서 처음으로 평신도를 대상으로 한 『표준설교』 학교를 연 교회가 되었다. 그 결과 아드 폰테스 웨슬리 그룹을 통해 이 운동이 퍼졌고, 지금까지 원주와 강릉, 안산 등 우리나라 곳곳의 감리교회에서 웨슬리의 『표준설교』를 공부하는 목회자 모임과 평신도 모임이 진행되고 있다.

6. 진정한 웨슬리언답게, 그리스도께서 사신 것처럼 살고자 노력하는 사람들의 모임인 신광감리교회가 이 주석 출판에 도움을 준 것은 무엇보다 감리교회를 사랑하고 선한 영향력을 끼치고자 하는 순수한 마음에서 비롯된 것이다. 이들의 귀한 헌신이 『표준설교』 확산 운동에 이어 또 하나의 불씨가 될 수 있도록 하나님께서 도와주시기만을 간절히 바란다.

신약성서주석 서문

  1. 여러 해 동안 나는 독서를 하거나 사색을 하거나 대화를 나누는 가운데 내 마음속에 일었던 것들을 정리해서 남겨야겠다는 생각을 해왔다. 이렇게 하면 신약성서를 이해하는 데 어려움을 겪는 신실한 사람들을 도울 수 있을 것으로 생각했다. 하지만 내 능력의 한계를 깊이 느껴서 이러한 시도를 자꾸 미뤄왔다. 그 한계라는 것은 내가 부족하다는 것, 즉 그런 작업을 하기에는 내 배움이 부족하고, 무엇보다 내 경험과 지혜가 부족하다는 것이었다. 그래서 나는 종종 생각을 내려놓곤 했다. 하지만 사람들이 끈질기게 요청을 해와서 나는 이 일을 드디어 다시 시작하게 되었다. 그러나 여전히 나는 할 수만 있다면 내 작업과 내 삶의 모습이 서로 합치될 때까지 (이것이 하나님을 기쁘게 해드리는 일이라면) 이 일을 늦추려고 한다.

  2. 그러던 중 최근에 나는 하나님으로부터 일어나서 가라는 큰 부르심의 음성을 들었고, 이에 나는 이런 일을 하려고 한다면 더 이상 뒤로 미뤄서는 안 된다는 확신을 하게 되었다. 내 젊은 시절은 아주 많이 흘러갔고 이제 황혼의 때가 저만치 다가왔다. 나는 이에 대해 뭔가 달리 할 수 있는 것도 없으니 그저 비록 작더라도 내가 할 수 있는 것을 이런 식으로라도 해야겠다고 생각했다. 나는 설교를 하며 여기저기 많이 돌아다니느라 지금 몸이 약해졌기에 이런 방식 외에는 딱히 할 수 있는

것이 없다. 하지만 하나님께 감사하옵기는, 내가 아직도 읽을 수 있고 글을 쓰고 생각할 힘은 남아 있다는 것이다. 오, 이것이 주님께 영광이 되기를!

3. 내가 앞서 말한 것, 무엇보다도 이 주석을 보면 이 글이 학식이 높은 사람들을 대상으로 쓴 것이 아니라는 것은 쉽게 알 수 있다. 학식이 높은 사람들은 다른 도움들을 많이 받을 수 있다. 또한 이 주석은 살아오면서 오랫동안 하나님의 말씀을 깊이 경험한 사람들을 위해 쓴 것도 아니다. 나는 그런 사람들의 발치에 앉아서 그들에게서 배우고 싶다. 내가 이 주석의 독자로 생각한 것은 주로 배우지 못한 사람들, 자신의 모국어에만 의존해서 겨우 이해할 수 있는 사람들, 그런데도 하나님의 말씀을 경외하고 사랑하는 사람들, 자신의 영혼 구원에 강한 열망을 가진 사람들이다.

4. 내가 할 수 있는 방식과 정도로 그들을 돕기 위해서 나는 우선 성경 본문 대부분을 평범한 영어 번역으로 적어두었다. 내가 생각하기에 이 번역은 일반적으로 지금까지 내가 봐 왔던 것 중에서 가장 좋은 번역이다. 그렇다고 해서 그 번역들이 어떤 곳에서는 성경 원문의 의미를 제대로 전달하지 못한다는 말은 아니다. 또한, 나는 이 영어 번역이 기초로 삼고 있는 헬라어 사본들이 항상 가장 정확하다고 확신하지도 않는다. 따라서 나는 필요하다면 곳곳에서 조금씩 바꾸는 수정 작업을 임의로 할 것이다.

5. 나는 이러한 방식이 반대에 부딪힐 수도 있다는 것을 잘 안다. 아

니, 정반대 종류의 저항에 맞닥뜨릴 수도 있다는 점도 잘 알고 있다. 어떤 사람들은 성서 원문이 너무 많이 바뀌었다고 생각할는지 모른다. 혹은 어떤 사람들은 도리어 너무 적게 바뀌었다고 말할지도 모른다. 너무 많이 바뀌었다고 생각하는 사람들에게 말하고 싶은 것은, 내가 어떤 곳에서 그렇게 할 때 단지 바꾸기 위해서 바꾸는 것이 아니라는 점이다. 오히려 그 의미가 문맥에 맞도록 더 잘, 더욱 그 의미가 확실하고도 분명하게 하고자 할 때만 그렇게 했다는 것을 밝혀두고 싶다. 둘째로 이렇게 하든 저렇게 하든 그 의미가 똑같이 다 좋다면 원문의 의미를 더 잘 반영하고 원문에 더 가까운 번역을 선택했다. 혹시 내가 너무 적게 바꾼다고 생각하는 사람들에게 혹은 내 번역이 여전히 원문에 가깝다고 생각하는 사람들에게 나는 그들의 지적이 사실이라고 답변하겠다. 어쩌면 그들 말대로 그럴 수 있다는 것을 나도 알고 있다. 하지만 그런 사소한 변개를 많이 한다고 해서 딱히 성경 본문의 의미가 분명하게 드러나는 것도 아니고 확실해지는 것도 아니라면 그렇게 한들 무슨 유익이 있겠는가? 나는 그럴 생각이 별로 없다. 왜냐하면 걱정스럽게도 고대의 언어에 대한 우리의 번역에 특히 엄숙하거나 존경할 만한 것이 있는지는 내가 알지 못하기 때문에 더욱 그러하다. 어쩌면 이것이 내가 오해하는 것일 수도 있고, 혹은 인간적인 불완전함을 보여주는 예가 될 수도 있겠다. 하지만 우리가 그동안 익숙해졌던 것들과 결별하는 것이 힘든 일이라는 정도의 핑계는 불완전한 인간으로서 댈 수 있는 핑계가 아니겠는가? 또한, 우리의 영혼에 힘을 불어넣어 주시고 위로를 주시기 위해 하나님께서 사용하신 바로 그 말씀들을 사랑하기에 그렇게 한 것이라고 핑계를 댄다면, 불완전한 인간으로서 그 정도의 핑계는 대도 되지 않겠는가?

6. 나는 될 수 있는 대로 주석을 짧게 달아놓았다. 그래서 그 주석이 도리어 성경 본문의 의미를 흐리거나 압도해버리지 않도록 하였다. 또한, 나는 내가 주로 의도하는 바를 전달하기 위해서, 배움이 짧은 독자들을 돕기 위해서 될 수 있는 대로 평범하게 썼다. 이러한 이유에서 나는 모든 호기심을 일으키거나 비평적인 질문들은 신중하게 피하였다. 그리고 나는 유식한 언어를 사용하려고 하지도 않았다. 그뿐만 아니라 지극히 평범한 삶을 사는 사람들에게 익숙하지 않은 모든 이성적 사고의 방법론들이나 표현 방식들도 될 수 있는 대로 피했다. 도리어 나는 이러한 목적을 위해서 질문을 던지고 답하는 방식으로 하려고 하였다. 그래서 나는 일부러 많은 어려운 것들에 깊이 빠져들지 않으려 했고, 그래서 일반 독자들을 내 뒤에 덩그러니 남겨두는 오류를 범하지 않도록 하였다.

7. 나는 한때 영감을 준 저술가들을 제외하고는 다른 어떤 것에 의존하지 않고 내 마음에 일어나는 것만 적어내려고 했었다. 하지만 기독교 세계의 위대한 빛이라 할 수 있는 벵겔리우스(Bengelius)를 알게 된 이후로 (최근에 그는 별세했다)[1) 나는 내 모든 계획을 완전히 바꾸어서 그의 『신약성서지침』(Gnomon Novi Testamenti)을 그저 번역하는 것이 그것에 대한 여러 권의 책을 저술하는 것보다 더욱 기독교를 위하는 일이라는 분명한 확신을 하게 되었다. 따라서 나는 그의 주석 가운데 훌륭한 부분은 많이 번역하였다. 더 많은 부분은 내가 요약하였고, 완전히 비평적인 부분은 삭제하였으며, 그 외에 나머지 부분들은 요지를 설명하였다. 이 방대한 분량의 내용물들에서 그는 상당히 많은 주요 고대 사본과 그 번역을 보여주는데, 나는 어떠한 주저함도 없이 그의 본문들을 성서 텍스트와 섞어

놓았다. 나는 그가 했던 방식대로 모든 본문을 문맥의 의미가 통하도록 내용에 따라서 크거나 작은 덩어리로 묶어서 나누었다(물론 그렇다고 해서 일반적으로 사용하는 장과 절의 구분 표기를 없애버리지는 않았다. 이것들은 여러 면에서 유용하기 때문이다). 이러한 시도를 해보지 않은 사람들은 이해하기 힘들겠지만, 이러한 방식은 여러 곳에서 아주 큰 도움이 된다.

8. 나는 또한 헤일린(Heylin) 박사의 신학 강의에 유익한 도움을 받았다. 거이스(Guyse) 박사와 작고하신 다드릿지(Doddridge) 박사―이 분은 참 경건하고 학식이 높은 분이셨다―의 『패밀리 익스포지터』(Family Expositor)에도 많은 도움을 받았다. 나는 때때로 내가 참조한 글을 쓴 사람들의 이름을 매번 인용할 때마다 달아놓아야 하는지 고민이 되었다. 특히 내가 그것들을 옮겨 적기도 했고, 더 많은 경우에서는 요약했는데, 그때 대부분 그 저술가들이 한 말을 이용해서 그렇게 했다는 점을 생각하면 더욱 그런 고민이 들었다. 하지만 조금 더 생각해 보니 그들의 이름을 일일이 쓰지 않아도 되겠다는 생각이 들었다. 왜냐하면 그렇게 해야만 독자들이 내용에 좀 더 집중할 수 있을 것 같기 때문이었고, 또한 그 글을 쓴 사람의 명성에 의존하지 않고 오로지 그 글의 내용 자체가 담고 있는 가치를 독자들이 얻으리라 생각했기 때문이었다.

9. 이처럼 매우 어려운 작업을 하면서 내가 전혀 실수하지 않았다고 생각할 정도로 나는 자신만만하고 싶지 않다. 그러나 나 자신의 양심에 비추어 볼 때, 나는 성경 말씀 가운데 그 어떤 하나라도 일부러 왜곡하는 잘못은 저지르지 않았다고, 그리스도인들의 마음에 불을 질러서 서로를 적대시하려는 목적으로 쓴 것은 단 한 줄도 없다고 당당하게 말할

수 있다. 하나님께서는 가장 온유하시고 자애로우신 예수님의 말씀을 그런 독을 퍼뜨리는 도구로 사용하는 것을 금하신다. 모든 당파의 이름이나 비성경적인 문구나 양식은 그리스도인들의 세계를 나누어놓았는데, 하나님께서 이 모든 것을 잊어주시길 바랄 뿐이다. 또한, 우리 모두 한마음을 가지고 겸손하고 사랑이 넘치는 제자들처럼 우리 모두의 주님 발 앞에 함께 모여서 그분의 말씀을 듣고 그분의 성령을 들이마시며, 그리하여서 그분의 삶을 우리 자신의 삶에 그대로 옮겨 놓게 되기를 간절히 바랄 뿐이다.

10. 일반적으로 성경 말씀이라는 것을 생각해보았을 때, 우리는 살아계신 하나님의 말씀, 그 옛날 첫 족장들에게 명하셨던 그 말씀을 모세의 시대에는 글로 기록되도록 하셨다는 것을 알 수 있다. 그 이후에 몇 세대에 걸쳐서 이렇게 기록되기 시작한 말씀들에 성령의 영감을 받은 다른 선지자들의 글이 덧붙여지게 되었다. 그 후에 하나님의 아들이 선포하시고 성령께서 말씀하셨고, 사도들과 복음서 저자들이 쓴 것이 더해져서 오늘날 우리가 성경이라고 부르는 모양새를 갖추게 되었다. 이것이 영원히 남을 하나님의 말씀이다. 천지는 없어지겠으나 이 말씀의 일점일획도 사라지지 않을 것이다. 따라서 성경이라고 함은 구약과 신약을 가리키는 것이며, 이 말씀은 굳건하고 소중한 하나님의 진리 체계이다. 그러므로 이 성경 말씀의 모든 부분은 하나님과 같으며, 하나의 온전한 몸이다. 이 몸에는 어떠한 모자람도 더 넘치는 것도 없다. 이것은 하늘 지혜의 샘이며, 이 샘물을 맛볼 수 있는 자는 제아무리 지혜롭고 학식이 높고 거룩하다고 하는 그 어떠한 인간이 만들어 낸 모든 글보다 이 말씀을 더욱 사모하게 된다.

11. 영감을 받은 저자들은 진리에 대한 정확한 지식과 더불어 빈틈없는 논쟁들과 그 의미들에 대한 정확한 표현 그리고 그에 걸맞은 진정한 애정도 함께 담아 두었다. 각 권의 성경마다 담겨있는 일련의 논쟁은 목차에 서문으로 간략하게 달아놓았다. 거기에는 그것들에 관한 내용 요약이 담겨있으며, 각 장에 매번 이런 논쟁을 서문으로 달아놓는 것보다 이렇게 하는 것이 차라리 더 유용할 것이다. 신약성경을 장별로 나누어 놓는 것은 중세 암흑기 시절에 한 것인데, 사실 이는 매우 부정확하다. 즉, 매우 밀접하게 연결된 것들을 나눠 놓기도 했고, 완전히 서로 분리되어야 하는 것을 도리어 붙여놓기도 했다.

12. 성경 말씀의 언어들을 살펴볼 때, 우리는 아주 깊게 들어가기도 하겠지만 또한 아주 쉽게 할 것이다. 인간적인 모든 우아한 평정심은 이 말씀 앞에서 아무것도 아닌 것이 된다. 하나님께서는 사람처럼 말씀하지 않으시고 하나님으로서 말씀하신다. 그분의 생각은 매우 깊고, 그 말씀은 한없는 덕을 갖추고 있다. 그 말씀을 전달하는 자들이 사용했던 그 언어도 매우 높은 수준으로 되어 있다. 왜냐하면 그들에게 주어진 말씀들은 그들의 마음에 정확하게 아로새겨져서 응답된 것들이기 때문이다. 이러한 점에서 루터는 "신성은 다름 아닌 성령의 언어의 문법이다"라고 말했다. 이 점을 온전히 이해하기 위해서 우리는 모든 말씀에 담긴 강조점들을 자세히 살펴볼 것이다. 그 말씀에 표현된 거룩한 사랑, 모든 저자의 손을 통해서 드러내신 거룩한 성품을 살펴볼 것이다. 아무리 작은 것이라 하더라도, 특히 거룩한 성품에 대해서는 아무리 작게 드러난 것이라 하더라도 꼭 살펴볼 것이다. 비록 이것들이 모든 신약성경에 아주 훌륭하게 흩어져 녹아있지만, 참으로 그 말씀들은 행동하시

고 말씀하시고 손으로 쓰시는 그분의 끊임없는 권면의 말씀이다.

13. 신약성경은 새로운 약속이 기록된 거룩한 글이다. 이 책의 전반부는 복음서 저자들과 사도들의 글을 담고 있으며, 후반부는 예수 그리스도의 계시를 담고 있다. 전반부에는 먼저 예수 그리스도께서 육신의 몸으로 이 땅에 오신 것에서 시작하여 하늘로 올라가시기까지의 모든 역사를 전한다. 그다음에는 그분의 승천으로부터 시작하여 그리스도인의 교회 역사를 담고 있다. 계시록은 모든 만물이 다 이루어질 때까지 그리스도에 대하여, 교회에 대하여, 온 우주에 대하여 앞으로 이루어질 일들을 다룬다.

브리스톨 핫(Bristol Hot)에서
1754년 1월 4일

차 례

요한복음

요한복음 개요

이 책에는 인간들 가운데 거하시는 하나님 아들의 역사가 기록되어 있는데, 그 내용은 다음과 같다.

I. 태초에 관한 이야기로, 전체 이야기의 요약을 전제로 함 1:1-14

요한의 증언에 대한 언급, 그리스도께서 세례를 받으신 이후와 사도들 가운데 몇 사람을 처음 부른 이야기. 여기에서는 생략된 것들을 언급하는데, 첫째 날 1:15-18; 다음 날 1:29-34; 그다음 날 1:35-42; 그다음 날 1:43-52; 셋째 날 2:1-11; 그 이후 2:12

II. 예루살렘을 오가는 여정에서 주로 보내신 2년에 대하여

A. 첫째 유월절 여행 2:13

　a. 도성에서 벌어진 일

　　1. 아버지의 집에 대한 열정 2:14-22

　　2. 예수의 능력과 지혜 2:23-25

　　3. 니고데모를 가르치심 3:1-21

b. 유대 지역에 머무심; 세례 요한의 나머지 증언 3:22-36

c. 사마리아 지역을 통과하서서(사마리아 여인과 대화) 갈릴리로 가신 여정. 그 곳에서 그분께서는 고관의 아들을 치유하심 4:1-54

B. 오순절 명절을 위한 두 번째 여행. 여기에서 다음과 같은 일이 벌어짐
a. 도성에서 불구가 된 사람을 베데스다 연못에서 고치심 5:1-47

b. 갈릴리에서. 두 번째 유월절 전후로. 여기에서 다음의 이야기가 나옴
1. 오천 명을 먹이심 6:1-14
2. 바다를 걸으심 6:15-21
3. 생명의 떡으로서 자기 자신에 대한 강론 6:22-59
4. 생명의 떡을 거부하는 자들을 꾸짖으심 6:60-65
5. 많은 사람이 뒤돌아서지만, 사도들은 꾸준한 모습을 보임 6:66-71
6. 갈릴리에 머무심 7:1

C. 초막절 절기를 위한 셋째 여행 7:2-13. 여기에서는 다음과 같은 일이 벌어짐
a. 도성에서
1. 명절의 중간과 끝부분에서 7:14-53; 8:1
1) 간음하다 잡혀 온 여인 8:2-12
2) 그리스도의 설교와 자신의 가르침 설파 8:13-30
3) 유대인들과 논쟁하시고 그들에게서 피하심 8:31-59
4) 태어나면서부터 눈먼 사람을 고치심 9:1-7

5) 이 사건과 관련한 몇 개의 강론 9:8-41

6) 양의 목이요 목자가 되신 그리스도 10:1-18

7) 자신에 대한 다양한 의견들 10:19-21

2. 수전절 절기에. 여기에서 벌어지는 일들은

1) 유대인들과 논쟁 10:22-38

2) 그들에게서 벗어나심 10:39

b. 요단강 건너편에서 10:40-42

III. 마지막 날에 대하여. 여기에서는

A. 중요한 주간 이전에 벌어진 일로, 다음과 같은 일이 벌어짐.

a. 유대를 벗어나서 이틀간 보내신 기간으로서, 이때 나사로가 병들어 죽다 11:1-6

b. 유대 지역으로의 여정; 나사로를 살리심; 가야바의 충고; 예수께서 에브라임에 머무시다; 예수의 적대자들이 내린 명령 11:7-57

c. 유월절 이전, 제6일째; 베다니에서의 저녁; 예수께 향유를 붓다 12:1-11

B. 중요한 주간의 일로, 이때 세 번째 유월절이 있으며, 다음과 같은 일이 벌어짐.

a. 처음 3일간, 예수께서 왕으로 입성하시다; 그리스인들의 열정; 유대인들의 완고함; 하늘에서 예수께 대하여 증언하는 소리가 들리다 12:12-50

b. 제4일에, 제자들의 발을 씻기시다; 배신자가 드러나고, 그가 밤에 밖으로 나가다 13:1-30

c. 제5일에,

    1. 그분의 강론

        1) 유월절 식사 전에 13:31; 14:1-31

        2) 식사 후에 15:1-16:33

    2. 예수의 기도 17:1-26

    3. 수난의 시작

        1) 동산에서 18:1-11

        2) 가야바의 집에서 18:12-27

d. 제6일에

    1. 빌라도에게 고난을 받으심

        1) 빌라도의 궁전에서 18:28; 19:1-16

        2) 십자가 위에서 19:17-30

    2. 그분의 죽으심 19:30-37

    3. 그분의 장례 19:38-42

C. 중요한 주간 이후에

    a. 부활하신 날에 20:1-25

    b. 8일 후에 20:26-31

c. 그 이후에

1. 그분께서 디베랴 바닷가에서 자신들의 제자들에게 나타나심 21:1-14

2. 베드로에게 자신의 양과 어린양을 먹이라고 명령하심 21:15-17

3. 베드로의 죽음에 대해 예고하심. 성 요한에 대한 그의 궁금증을 제지하심 21:18-23

4. 결론 21:24-25

요한복음 1장

¹ 태초에 '말씀'이 계셨다. 그 '말씀'은 하나님과 함께 계셨다. 그 '말씀'은 하나님이셨다. ² 그는 태초에 하나님과 함께 계셨다. ³ 모든 것이 그로 말미암아 창조되었으니, 그가 없이 창조된 것은 하나도 없다. 창조된 것은 ⁴ 그에게서 생명을 얻었으니, 그 생명은 사람의 빛이었다. ⁵ 그 빛이 어둠 속에서 비치니, 어둠이 그 빛을 이기지 못하였다. ⁶ 하나님께서 보내신 사람이 있었다. 그 이름은 요한이었다. ⁷ 그 사람은 그 빛을 증언하러 왔으니, 자기를 통하여 모든 사람을 믿게 하려는 것이었다. ⁸ 그 사람은 빛이 아니었다. 그는 그 빛을 증언하러 왔을 따름이다. ⁹ 참 빛이 있었다. 그 빛이 세상에 와서 모든 사람을 비추고 있다. ¹⁰ 그는 세상에 계셨다. 세상이 그로 말미암아 생겨났는데도, 세상은 그를 알아보지 못하였다. ¹¹ 그가 자기 땅에 오셨으나, 그의 백성은 그를 맞아들이지 않았다. ¹² 그러나 그를 맞아들인 사람들, 곧 그 이름을 믿는 사람들에게는, 하나님의 자녀가 되는 특권을 주셨다. ¹³ 이들은 혈통에서나, 육정에서나, 사람의 뜻에서 나지 아니하고, 하나님에게서 났다. ¹⁴ 그 말씀은 육신이 되어 우리 가운데 사셨다. 우리는 그의 영광을 보았다. 그것은 아버지께서 주신, 외아들의 영광이었다. 그는 은혜와 진리가 충만하였다. ¹⁵ (요한은 그에 대하여 증언하여 외쳤다. "이분이 내가 말씀드린 바로 그분입니다. 내 뒤에 오시는 분이 나보다 앞서신 분이라고 말씀드린 것은, 이분을 두고 말한 것입니다. 그분은

사실 나보다 먼저 계신 분이기 때문입니다.") **16** 우리는 모두 그의 충만함에서 선물을 받되, 은혜에 은혜를 더하여 받았다. **17** 율법은 모세를 통하여 받았고, 은혜와 진리는 예수 그리스도로 말미암아 생겨났다. **18** 일찍이, 하나님을 본 사람은 아무도 없다. 아버지의 품속에 계신 외아들이신 하나님께서 하나님을 알려주셨다. **19** 유대 사람들이 예루살렘에서 제사장들과 레위 지파 사람들을 [요한에게] 보내어서 "당신은 누구요?" 하고 물어 보게 하였다. 그 때에 요한의 증언은 이러하였다. **20** 그는 거절하지 않고 고백하였다. "나는 그리스도가 아니오" 하고 그는 고백하였다. **21** 그들이 다시 요한에게 물었다. "그러면, 당신은 누구란 말이오? 엘리야요?" 요한은 "아니오" 하고 대답하였다. "당신은 그 예언자요?" 하고 그들이 물으니, 요한은 "아니오" 하고 대답하였다. **22** 그래서 그들이 말하였다. "그러면, 당신은 누구란 말이오? 우리를 보낸 사람들에게 대답할 말을 좀 해주시오. 당신은 자신을 무엇이라고 말하시오?" **23** 요한이 대답하였다. "예언자 이사야가 말한 대로, 나는 '광야에서 외치는 이의 소리'요. '너희는 주님의 길을 곧게 하여라' 하고 말이오." **24** 그들은 바리새파 사람들이 보낸 사람들이었다. **25** 그들이 또 요한에게 물었다. "당신이 그리스도도 아니고, 엘리야도 아니고, 그 예언자도 아니면, 어찌하여 세례를 주시오?" **26** 요한이 대답하였다. "나는 물로 세례를 주오. 그런데 여러분 가운데 여러분이 알지 못하는 이가 한 분 서 계시오. **27** 그는 내 뒤에 오시는 분이지만, [나는] 그분의 신발 끈을 풀 만한 자격도 없소." **28** 이것은 요한이 세례를 주던 요단 강 건너편 베다니에서 일어난 일이다. **29** 다음 날 요한은 예수께서 자기에게 오시는 것을 보고 말하였다. "보시오, 세상 죄를 지고 가는 하나님의 어린 양입니다. **30** 내가 전에 말하기를 '내 뒤에 한 분이 오실 터인데, 그분은 나보다 먼저 계시기에, 나보다 앞서신 분입니다' 한 적이 있습니다. 그것은 이분을 두고 한 말입니다. **31** 나도 이분을 알지 못하였습니다. 내가 와서 물로 세례를 주는 것은, 이분을 이스라엘에게 알리려고 하는 것입니다." **32** 요한이 또 증언하여 말하였다. "나는 성령이 비둘기같이 하늘에서 내려와서 이분 위에 머무는 것을 보았습니다. **33** 나도 이분을 몰랐습니다. 그러나 나를 보내어 물로 세례를 주게 하신 분이 나에게 말씀하시기를, '성령이 어떤 사람 위에 내려와서 머무는 것을 보거든, 그가 바로 성령으로 세례를 주시는 분임을 알아라' 하셨습니다. **34** 그런데 나는 그것을 보았습니다. 그래서 나는, 이분이 하나님의 아들이라고 증언하였습니다." **35** 다음 날 요한이 다시 자기 제자 두 사람과 같이 서 있다가, **36** 예수께서 지나가시는 것을 보고서, "보아라, 하나님의 어린 양이다" 하고 말하였다. **37** 그 두 제자는 요한이 하는 말을 듣고, 예수를 따라갔다. **38** 예수께서 돌아서서, 그들이 따라오는 것을 보시고 물으셨다. "너희는 무엇을 찾고 있느냐?" 그들은 "랍비님, 어디에 묵고 계십니까?" 하고 말하였다. (랍비'는 '선생님'이라는 말이다.) **39** 예수께서 그들에게 대답하셨다. "와서 보아라." 그들이 따라가서, 예수께서 묵고 계시는 곳을 보고, 그 날을 그와 함께 지냈다. 때는 오후 네 시 쯤이었다. **40** 요한의 말을 듣고 예수를 따라간 두 사람 가운데 한 사람은, 시몬 베드로와 형제간인 안드레였다. **41** 이 사람은 먼저 자기 형 시몬을 만나서 말하였다. "우리가 메시아를 만났소." ('메시아'는 '그리스도'라는 말이다.) **42** 그런 다음에 시몬을 예수께로 데리고 왔다. 예수께서 그를 보시고 말씀하셨다. "너는 요한의 아들 시몬이로구나. 앞으로는 너를 게바라고 부르겠다." ('게바'는 '베드로' 곧 '바위'라는 말이다.) **43** 다음 날 예수께서 갈릴리로 떠나려고 하셨다. 그 때에 빌립을 만나서 말씀하셨다. "나를 따라오너라." **44** 빌립은 벳새다 출신으로, 안드레와 베드로와 한 고향 사람이었다. **45** 빌립이 나다나엘을 만나서 말하였다. "모세가 율법책에 기록하였고, 또 예언자들이 기록한 그분을 우리가 만났습니다. 그분은 나사렛 출신으로, 요셉의 아들 예수입니다." **46** 나다나엘이 그에게 말하였다. "나사렛에서 무슨 선한 것이 나올 수 있겠소?" 빌립이 그에게 말하였다. "와서 보시오." **47** 예수께서 나다나엘이 자기에게로 오는 것을 보시고,

그를 두고 말씀하셨다. "보아라, 저 사람이야말로 참으로 이스라엘 사람이다. 그에게는 거짓이 없다." **⁴⁸** 나다나엘이 예수께 물었다. "어떻게 나를 아십니까?" 예수께서 대답하셨다. "빌립이 너를 부르기 전에, 네가 무화과나무 아래에 있는 것을 내가 보았다." **⁴⁹** 나다나엘이 말하였다. "선생님, 선생님은 하나님의 아들이시요, 이스라엘의 왕이십니다." **⁵⁰** 예수께서 그에게 말씀하셨다. "네가 무화과나무 아래 있을 때에 내가 너를 보았다고 해서 믿느냐? 이것보다 더 큰 일을 네가 볼 것이다." **⁵¹** 예수께서 그에게 또 말씀하셨다. "내가 진정으로 진정으로 너희에게 말한다. 너희는, 하늘이 열리고 하나님의 천사들이 인자 위에 오르락내리락하는 것을 보게 될 것이다."

웨슬리와 함께 읽기

1 **태초에** – (창 1:1과 잠 8:23을 암시함) 모든 것이 그 말씀으로 창조되기 시작했을 때. 하늘과 땅의 태초에 그리고 창조된 모든 것의 이러한 전체 틀에서 말씀은 존재하셨고, 그분에게는 시작이라는 것이 없다. 그분께서는 시작이라고 하는 것이 있는 모든 것이 존재하기 시작했을 때 계셨다. **말씀** – 시편 33편 6절 등 70번이나 이렇게 언급되어 있으며, 갈대(Chaldee) 문구들에도 이것이 발견된다. 성 요한은 이 표현을 필로(Philo)나 다른 이교도 저술가들에게서 빌려오지 않았다. 그분은 아직 예수 혹은 그리스도라고 불리지 않는다. 그분은 성부께서 낳으신, 영원 전부터 말씀하신 그 말씀이시다. 성부께서 그분을 통해 말씀하셔서 모든 것을 만드신다. 그 말씀은 우리에게 성부를 말씀하신다. 요한복음 1장 18절에는 이 말씀에 대한 실제적인 묘사와 왜 그분이 그렇게 불리는지에 대하여 나온다. 그분은 성부께서 낳은 독생자이시며, 성부의 품에 계시고, 성부를 선포하셨다. **말씀이 하나님과 함께 계셨다** – 그러므로 이 말씀은 성부 하나님과는 별개의 존재이다. 이 단어는 본질이 하나라는 점에 있어서 성자께서 성부께 대한 있는 그대로의 영속적인 속성을 드러내거나 그런 의미를 담고 있다. 그분은 홀로 하나님과 함께 계셨다. 왜냐하

면 그때에는 어떠한 존재도 하나님 곁에 있지 않았기 때문이다. 그 말씀은 곧 하나님이셨다 – 최고의, 영원한, 독립적인 하나님. 요한이 상대적인(relative) 의미에서 하나님이라고 특징지을 수 있던 차원에서는 어떠한 피조물도 존재하지 않았다. 따라서 그분은 절대적인(absolute) 의미에서 그렇게 특징지어지는 것이다. 삼위일체의 메시아는 구약에서 분명하게 드러난다(렘 23:7; 호 1:6; 시 23:1). 다른 복음서 저자들은 이것에 중점을 두어서 예수께서 참 인간이시며 메시아라는 것을 증명하려고 했다. 그러나 어떤 사람들이 여기에서 더 나아가서 그분의 삼위일체에 대해 의심하기 시작했다. 그래서 성 요한이 노골적으로 그분께서 삼위일체 하나님이심을 분명히 선언한 것이며, 이 복음서를 쓴 것이다. 이 복음서는 다른 복음서들을 보완하는 책인데, 이것은 마치 계시록이 예언서들을 보완하는 것과 같은 관계이다.

2 이 구절은 앞에서 언급했던 세 개의 포인트를 하나로 축약하여 반복한 것이다. 예수께서 말씀하신 것은 하나님이신 이 말씀이 태초에 계셨고, 그때 하나님과 함께 계셨다는 것이다.

3 하나님 이외의 다른 모든 것은 창조된 것들이다. 그리고 그 창조된 모든 것은 그 말씀으로 만들어진 것이다. 요한복음 1장 1-2절은 창조 이전에 만물의 상태에 대해 묘사한 것이다. 요한복음 1장 3절은 창조의 때를, 1장 4절은 인간의 죄가 없던 시절에 대한 것을, 1장 5절은 인간이 타락한 때에 대한 것을 말한다.

4 그에게서 생명이 있었다 – 그분은 모든 존재하는 것뿐만 아니라 모든 살아 있는 것의 생명의 근원이시다. 그 생명은 사람의 빛이었다 – 생명의 본질이시고 모든 살아있는 것에게 생명을 주시는 그분께서는 또한 인간의 빛이시기도 하다. 그분은 태초의 인간에게 지혜, 거룩함 그리고

행복의 근원이시다.

5 그 빛이 어둠 속에서 비치니 – 심지어 타락한 인간에게도 비추신다.[2] 그러나 어둠이 – 어둠, 즉 죄지은 인간은 그것을 알아차리지 못한다.

6 사람이 있었다 – 복음서 저자는 이제 그 빛을 증언하던 사람에게로 넘어간다. 그는 이미 앞선 5개의 절에서 빛에 대해 말했다.

7 그 사람은 증언하러 왔으니 – 복음서 저자는 가장 강하고 부드러운 감정으로 세례자 요한이 했던 증언과 자신의 증언을 서로 엮는다. 복음서 저자는 점잖은 방식으로 말을 돌리는데, 거기에서 그는 세례자 요한의 임무에 관해 설명한다. 여기에서 그는 이 짧은 문장에 좀 더 자세한 설명을 한편으로는 전제로서, 다른 한편으로는 추가하는 것으로서 더해 놓는다. 성 마태, 마가 그리고 누가는 이전에 주어진 약속에 대한 차원에서 복음서라는 것을 말하는데, 성 요한은 보통 이야기꾼이 가지고 있는 어떤 지식을 상세히 설명하는 것으로 증언이라는 것을 말한다. 그 빛을 증언하러 – 즉, 그리스도를 증언하러.

9 모든 사람을 비추고 있다 – 적나라하게 말해서, 적어도 선과 악을 일반적으로 구분하는 자연적인 양심이라는 것을 통해서. 이 빛은 사람들이 감추지 않았다면 더욱더 완전한 날을 비춰주었을 것이다.

10 그가 세상에 계셨다 – 심지어 피조물로부터.

11 그가 오셨으나 – 때가 차서. 자기 땅에 – 나라, 도시, 성전에. 그의 백성 – 사람들은 그를 맞아들이지 않았다.

12 그러나 그를 맞아들인 사람들 – 유대인이나 이방인이나. 그의 이름을 믿는 사람들 – 즉, 그를 믿는 사람들. 그들이 믿는 순간 그들은 자녀가 된다. 그리고 그들이 자녀들이기 때문에 하나님께서는 아들의 영을 그들의 마음속에 보내셔서 아바, 아버지라고 부르게 하신다.

13 **났다** – 하나님의 자녀가 된 사람. **혈통이 아닌** – 아브라함의 혈통에 의한 것이 아니라. **사람의 뜻으로 나지 아니하고** – 자연적인 탄생에 의하지 않고 혹은 **사람의 의지에 의하지 않고** – 사람이 입양하는 것. **하나님께로서** – 그분의 영으로.

14 육신은 때로 타락한 본성을 가리킨다. 이것은 종종 육체를 가리키기도 한다. 이따금 여기에서처럼 모든 인간을 가리킨다. **우리는 그의 영광을 보았다** – 그분의 사도인 우리, 특히 베드로와 야고보와 요한(눅 9:32). **은혜와 진리** – 우리는 본질에서 모두 거짓말쟁이요 진노의 자식이었으며 은혜와 진리라는 것에 대해서는 알지도 못했다. 그러나 우리가 그 사랑하시는 자를 통해 받아들여졌을 때, 우리는 비로소 그 은혜와 진리에 참여할 수 있게 되었다. 따라서 이 전체 구절은 다음과 같이 풀어서 쓸 수 있다: "우리를 세우셔서 이 존엄과 행복에 이르도록 하시기 위해서 영원하신 말씀은 가장 놀라운 낮아지심으로 육체가 되셨다." 그리고 자신의 순결한 연약함을 가지고 자신을 우리의 비참한 본성에 결합하셨다. 그리고 그분께서는 잠시 우리를 방문하신 것이 아니라 이 땅 위에 우리 가운데 장막을 치고 거하셨다. 그리고 자신의 영광을 그 옛날 모세의 장막에서 나타나신 것보다 더욱 분명히 드러나는 방식으로 드러내셨다. 이 모든 일을 기록하는 우리는 그분의 영광을 매우 분명하게 목격했으며, 그래서 우리는 모든 면에서 그 영광이 성부의 독생자가 되신 분의 영광이라는 것을 증언할 수 있다. 그 영광은 그분께서 변화하실 때뿐만 아니라 그분께서 일으키신 일련의 기적들에서 그리고 그분의 모든 성품 가운데서, 그분의 사역과 그분께서 자신의 생애 전체를 통해서 하신 모든 것 가운데서 빛이 났다. 모든 것 가운데서 그분은 은혜와 진리의 충만함으로 나타나셨다. 그분은 가장 자비로우시고 의로

우신 분이셨다. 그분은 죄인들에게 모세의 속죄 제의로 할 수 없는 가장 크고 위대한 용서를 하셨다. 그분은 축복의 가장 본질적인 것을 실제로 보이셨으나, 그것은 그저 앞으로 다가올 모든 좋은 것의 그림자에 지나지 않았다.

15 요한은 외쳤다 – 기쁨과 확신으로. 이분이 내가 말씀드린 바로 그분입니다 – 요한은 이전에 우리 주님이 세례를 받으실 때 (그는 그 당시에는 비록 개인적으로 그분을 알지 못했었지만) 말했던 바 있다. 요한은 그분께서 세례를 받으실 때 처음 그를 알았다. 그리고 나중에 이렇게 외쳤다. "바로 이분이 내가 말씀드린 그분이다." 내 뒤에 오시는 분 – 임무를 맡으신 순서로 보자면. 그분은 나보다 먼저 계신 분 – 본질에서는 나보다 앞서계신 분.

16 그리고 – 여기에서 사도 요한은 세례 요한의 말을 확증한다. 그는 "그분은 정말로 너보다 앞선 분이다. 우리는 그렇게 경험했다"라고 말했다. 우리 모두 – 믿는 자. 받았다 – 그분의 풍성함으로 우리가 누리는 모든 것. 특히 은혜 위에 은혜 – 축복 위에 또 다른 축복이며, 헤아릴 수 없는 은혜와 사랑이다.

17 율법 – 실제로 작동하는 진노이며 그 그림자를 담고 있다. 받았고 – 성 요한은 율법이 모세를 통하여 주어졌다고 말하는데, 어떠한 철학자나 시인 그리고 웅변가도 성 요한만큼 정확하게 자신의 용어를 선택한 사람은 없다: "은혜는 예수 그리스도로 말미암아." 왜 각 단어를 이런 식으로 배열하는지 그 이유를 잘 관찰해보라. 모세의 율법은 자기 자신의 것이 아니다. 그러나 그리스도의 은혜는 그분 자신의 것이다. 그분의 은혜는 진노와 반대되는 것이다. 그분의 진리는 율법의 그늘진 의식들과는 반대되는 것이다. 예수 – 성 요한은 성육신에 대해 말한 적이 있다(요 1:14). 그는 자신의 책에서 더 이상 말씀이라는 이름을 사용하지 않는다.

18 하나님을 본 사람은 아무도 없다 - 육신의 눈을 통해서. 그러나 신자들은 믿음의 눈을 통해서 그분을 뵙는다. **아버지의 품에 계신** - 이 표현은 가장 높은 연합, 가장 친밀한 지식을 의미한다.

19 유대 사람들 - 아마도 가장 높은 의회가 보낸 사람들일 것이다.

20 나는 그리스도가 아니오 - 왜냐하면 많은 사람이 그렇다고 생각했기 때문에.

21 엘리야요? - 그는 그들이 말하는 엘리야(디셉 사람)가 아니었다. **당신은 그 예언자요?** - 모세가 말했던 그 예언자(신 18:15).

23 그가 말했다 - 나는 이사야가 말했던 그리스도 앞에 오는 사람이다. **나는 소리요** - 그는 "그리스도도 아니고 심지어 엘리야도 절대로 아니다"라고 말하는 것 같다. **나는 그저 소리이다** - 이 소리는 무엇인가를 가리키는 표시로, 그 생각을 표현하자마자 곧바로 공기 중에 사라져서 더는 알 수 없는 속성을 가지고 있다(사 40:3).

24 그들은 특히 과거의 전통에 무척 집착하고, 혁신을 일으키는 어떤 사람이 그 한 일에 대해 신적인 권위를 분명하게 증명하지 않는 이상 그 사람이 일으킨 혁신적인 것에 대해서는 질투심을 느낀다.

25 그들이 왜 세례를 주느냐고 물었다 - 산헤드린의 허락도 받지 않고. **이교도들뿐만 아니라**(그들은 할례를 받기 전에 항상 먼저 세례를 받았다) 유대인들에게도 왜 세례를 주느냐고.

26 요한이 대답하였다. "나는 세례를 주오" - 메시아에 대한 준비를 위해서. 그래서 이방인들뿐만 아니라 유대인들도 그리스도께로 돌아서야만 한다는 것을 보여주고, 그래서 이들뿐만 아니라 저들도 자신이 저지른 죄에서 깨끗하게 씻김을 받을 필요가 있다는 것을 보여주려고.

28 요한이 세례를 주고 있던 곳 - 즉, 세례를 주곤 하던 곳.

29 그가 예수께서 오시는 것을 보고 말하였다. **"보라 어린양이다"** – 흠이 없는. 제물로 바쳐지기에 흠이 없는. 이사야가 예언했던 양(사 53:7). 이 양은 유월절 양을 표상하는 것이며, 매일 드려지는 제물을 표상하는 것이다. **하나님의 어린양** – 하나님께서 주셨고, 허락하셨으며 받으신 어린양. **지고 가는** – 대속하는. **죄를** – 즉, 모든 죄를. **세상의** – 모든 인류의. 죄와 세상은 같은 것이다.

31 **나도 이분을 알지 못하였습니다** – 그분께서 오셔서 세례를 받으실 때까지는. 이 두 분이 서로 연관된 사이라는 것을 생각해볼 때, 이 두 분이 어떻게 수태되었는지 생각해볼 때 이 얼마나 놀라운 일인가! 그러나 탄생에서 시작하여 세례를 받으시기까지 나사렛에서의 우리 구세주의 생애에는 특별한 섭리가 있었다. 요한은 나사렛에서 90마일 이상 떨어진 유대 광야에서 늘 은둔자 생활을 하고 있었다(눅 1:80). 그래서 그는 예수를 알아보지 못했고, 그 덕분에 그리스도에 대한 요한의 증언이 의심스러워지지 않게 된 것이다.

34 **나는 그것을 보았습니다** – 즉, 성령이 내려와서 그분 위에 머무는 것을. 그리고 **증언하였습니다** – 그때부터.

37 **그들은 예수를 따라갔다** – 그들은 그분의 뒤를 따라 걸어갔다. 그러나 그분에게 말을 걸 용기는 없었다.

41 **그는 먼저 자기 형 시몬을 만나서 말하였다** – 아마도 그들 모두 그분을 찾았을 것이다. 즉, 풀어서 말하자면 **그리스도를** – 이 부분은 요한복음 1장 38절에서 풀어 말하면 주님이라고 했던 것처럼 복음서 저자가 풀어서 설명으로 덧붙인 것이다.

42 **예수께서 "너는 요한의 아들 시몬이로구나"라고 말씀하셨다** – 누구도 우리 주님께 이런 이름들을 말씀드린 적이 없다. 그래서 이 말을 들은

베드로는 깜짝 놀랄 수밖에 없었다. 게바, 즉 베드로 - 헬라어로 바위라는 단어인 이 말은 시리아어로 말하면 이렇게 게바라고 부른다.

45 나사렛 예수 - 빌립은 이렇게 생각했다. 그는 예수께서 베들레헴에서 태어나신 것을 알지 못했다. 나다나엘은 아마도 바돌로매, 즉 돌로매의 아들과 동일한 인물이었을 것이다. 성 마태는 바돌로매를 빌립과 연결한다(마 10:3). 그리고 성 요한은 나다나엘을 도마의 바로 뒤에 이어서 사도 중의 한 사람으로 꼽는데(요 21:2), 사도행전 1장 13절에서는 그 자리에 바돌로매가 들어간다.

46 나사렛에서 무슨 선한 것이 나올 수 있겠소 - 우리는 흔히 저질러지는 편견에 대해 정말로 주의해야 한다. 이러한 편견이 나다나엘같이 순수한 사람의 마음을 완전히 사로잡자 그도 결국 나사렛에서 자라나셨다는 이유로 복되신 예수님을 사기꾼으로 의심하게 된 것이다. 그러나 그분의 인격은 이 어리석은 편견을 압도하여서 결국 그가 눈을 뜨고 증거의 위력을 보게끔 했다. 이 증거는 진솔한 궁금증을 품고 있는 사람이 전혀 예기치 못했던 새로운 발견을 하게 되더라도 항상 기꺼이 수긍하게끔 해주는 것이다. **선한 것이** - 즉, 메시아 혹은 다른 어떤 뛰어난 예언자가 나사렛에서 나온다는 어떤 성경적 근거가 있는지 묻는 것이다. **빌립은 와서 보라고 말하였다** - 이 대답은 그 전날 그가 우리 주님으로부터 직접 받았던 똑같은 답변이기도 하다.

48 네가 무화과나무 아래에 있을 때 내가 보았다 - 아마도 기도하고 있었을 것이다.

49 [나다나엘이 말하였다. "선생님, 선생님은 하나님의 아들이시요, 이스라엘의 왕이십니다."] 나다나엘이 대답하였다 - 기꺼이 믿으려고 하는 자, 하나님의 진리와 은혜를 빠르게 받아들이는 자는 복이 있다. 당

신은 하나님의 아들이십니다 – 그가 빌립에게서 들었던 것보다 더 많은 것을 이렇게 깨달았다. 즉, **하나님의 아들, 이스라엘의 왕** – 이것은 그리스도의 본성과[3] 그분의 직임에[4] 대한 각각의 고백이다.

51 이후로 너희는 보게 될 것이다 – 이 모든 것을. 인간으로 낮아진 내 모습 상태에서 나를 믿는 너는 내가 영광 가운데 하나님의 천사들을 거느리고 오는 것을 나중에 보게 될 것이다. 비록 이 말이 그분의 승천을 가리키는 것이기도 하지만, 그냥 이 말 그대로를 의미하는 것 같다.

역자 해설

각 복음서의 서두는 그 복음서를 축약하는 아주 중요한 부분입니다. 마태복음의 족보는 마태복음이 말하고자 하는 요지를 잘 담아냈고, 마가복음 첫 절도 그러합니다. 요한복음의 서두(1-18절)도 요한복음 전체의 요지를 담아냈습니다. 소위 로고스 찬가라고 부르는 이 서두는 예수님이 누구이신지, 사람들은 예수님을 어떻게 대했고, 요한의 공동체는 어떤 입장에 있는지 보여줍니다. 요한은 예수님이 말씀, 생명, 빛이신 하나님이라고 밝힙니다. 예수님은 태초에 하나님께서 천지를 창조하실 때 함께 그 사역을 하신 하나님 자신입니다.

하나님이신 예수께서 성육신하여 이 세상에 빛으로 오셨습니다. 그러나 요한은 세상에 빛이신 예수님을 사람들이 어떻게 대했는지 두 가지 반응을 말합니다. 어떤 이들은 자신의 창조자인 예수님을 알아보지 못하고 배척합니다. 그러나 어떤 이들은 그분을 영접하는데, 그들이 예수님을 영접할 수 있는 이유는 그들이 하나님으로부터 나온 하나님의 자녀이기 때문입니다. 이어서 요한은 자기 공동체 사람들이 위의 두 부류 중에서 후자, 즉 빛으로 오신 예수님을 영접한 사람들임을 밝힙니다. 성육신하신 그 하나님은 자기 안에 거하시며, 자신들은 그 하나님께서 계시하신 예수님을 직접 본 사람들임을 말합니다.

이어서 요한은 세례 요한에 관해 소개합니다. 19-34절에 이르는 부분에서 우리는 세례 요한을 소개받습니다. 그런데 이 부분을 가만히 보면 세례 요한에 관해 말하지 않고 예수님에 관해 말한다는 것을 알 수 있습니다. 사람들은 세례 요한에게 당신이 누구인지 말해달라고 요구합니다. 그러나 요한은 자기가 누구인지 말하기보다는 자기가 누구가 아닌지에 관해 돌려서 말합니다. 결국 마지막 답변으로 요한은 자기가 그리스도의 오심을 예비하는 광야의 소리임을 말합니다. 사람들이 요한에게 왜 세례를 주느냐고 묻는 것도 사실 예수님을 소개하기 위한 것입니다(25-27절). 즉, 사람들은 세례 요한에 관해 질문하지만, 그의 답변은 모두 예수님이 누구신가라는 것으로 향합니다.

드디어 예수님과 세례 요한이 만납니다(29-34절). 여기에서도 이야기는 예수님은 누구신가라는 것으로 향합니다. 그분은 세상 죄를 지고 가는 하나님의 어린양, 성령으로 세례를 주시는 하나님의 아들입니다. 이어 나오는 두 단락은 베드로와 안드레, 빌립과 나다나엘이 예수님의 제자가 되는 내용을 담고 있습니다(35-42, 43-51절). 그러나 이 부분 또한 가만히 살펴보면 예수님은 누구신가라는 것으로 결국 향합니다. 세례 요한의 제자였던 안드레와 다른 한 제자는 예수님을 소개받고 예수님을 따릅니다. 예수님을 직접 만난 안드레는 자기 형 베드로를 예수님께로 데려오고 이에 베드로도 예수님의 제자가 됩니다. 빌립도 예수님을 만나고 나다나엘에게 예수님을 소개하여 그도 예수님의 제자가 되게 합니다.

요한복음 1장은 이처럼 여러 이야기를 담고 있지만 중요한 핵심은 결국 두 개입니다. 첫째, 예수님은 누구이신가? 둘째, 그 예수님을 어떻게 대할 것인가? 요한복음은 전체적으로 예수님을 다양한 비유적 언어로 소개합니다. 그리고 1장에는 그중 상당 부분이 나옵니다. 예수님은 말씀(1절), 태초에 하나님과 천지를 지으신 창조주(2-3절), 생명이자 모든 생명의 근원(4절), 어둠을 비추는 빛(5절), 세상 죄를 지고 가는 하나님의 어린양(29, 36절), 성령 세례를 주시는 분(33절), 하나님의 아들(34, 49절), 선생님(38절), 메시아/그리스도(41절), 예언의 성취(45절), 요셉의 아들(45절), 이스라엘의 왕(49절), 다시 오실 인자(51절). 예수님을 한 마디로 다 정의하는 것은 불가능하기에 요한은 다양한 비유적 언어로 예수님을 소개합니다.

둘째, 요한은 그런 예수님이 세상에 오셨는데 그분을 어떻게 할 것인지 질문합니다. 로고스 찬가에서는 거부하는 자(10-11절)와 영접하는 자(12-13절)를 말합니다. 예수님이 오셨을 때 어떤 사람은 그분을 거부하지만, 어떤 이들은 그분을 구세주로 맞아들였습니다. 요한복음 전체는 이런 주제를 담습니다. 예수님은 누구신가? 당신은 그 예수님을 어떻게 대할 것인가? 요한은 앞으로 펼쳐질 자기의 이야기를 이런 구도 안에서 말합니다. 그리고 우리에게도 질문합니다. "예수님은 이런 분입니다. 그렇다면 당신은 그 예수님을 맞이하시렵니까, 거절하시렵니까?"

요한복음 2장

¹ 사흘째 되는 날에 갈릴리 가나에 혼인 잔치가 있었다. 예수의 어머니가 거기에 계셨고, ² 예수와 그의 제자들도 그 잔치에 초대를 받았다. ³ 그런데 포도주가 떨어지니, 예수의 어머니가 예수에게 말하기를 "포도주가 떨어졌다" 하였다. ⁴ 예수께서 어머니에게 말씀하셨다. "여자여, 그것이 나와 당신에게 무슨 상관이 있습니까? 아직도 내 때가 오지 않았습니다." ⁵ 그 어머니가 일꾼들에게 이르기를 "무엇이든지, 그가 시키는 대로 하세요" 하였다. ⁶ 그런데 유대 사람의 정결 예법을 따라, 거기에는 돌로 만든 물항아리 여섯이 놓여 있었는데, 그것은 물 두세 동이들이 항아리였다. ⁷ 예수께서 일꾼들에게 말씀하셨다. "이 항아리에 물을 채워라." 그래서 그들은 항아리마다 물을 가득 채웠다. ⁸ 예수께서 그들에게 말씀하시기를 "이제는 떠서, 잔치를 맡은 이에게 가져다 주어라" 하시니, 그들이 그대로 하였다. ⁹ 잔치를 맡은 이는, 포도주로 변한 물을 맛보고, 그것이 어디에서 났는지 알지 못하였으나, 물을 떠온 일꾼들은 알았다. 그래서 잔치를 맡은 이는 신랑을 불러서 ¹⁰ 그에게 말하기를 "누구든지 먼저 좋은 포도주를 내놓고, 손님들이 취한 뒤에 덜 좋은 것을 내놓는데, 그대는 이렇게 좋은 포도주를 지금까지 남겨 두었구려!" 하였다. ¹¹ 예수께서 이 첫 번 표징을 갈릴리 가나에서 행하여 자기의 영광을 드러내시니, 그의 제자들이 그를 믿게 되었다.

¹² 이 일이 있은 뒤에, 예수께서는 그의 어머니와 형제들과 제자들과 함께 가버나움에 내려가셔서, 거기에 며칠 동안 머물러 계셨다. ¹³ 유대 사람의 유월절이 가까워져서, 예수께서 예루살렘으로 올라가셨다. ¹⁴ 그는 성전 뜰에서, 소와 양과 비둘기를 파는 사람들과 돈 바꾸어 주는 사람들이 앉아 있는 것을 보시고, ¹⁵ 노끈으로 채찍을 만들어 양과 소와 함께 그들을 모두 성전에서 내쫓으시고, 돈 바꾸어 주는 사람들의 돈을 쏟아 버리시고, 상을 둘러 엎으셨다. ¹⁶ 비둘기 파는 사람들에게는 "이것을 걷어치워라. 내 아버지의 집을 장사하는 집으로 만들지 말아라" 하고 말씀하셨다. ¹⁷ 제자들은 '주님의 집을 생각하는 열정이 나를 삼킬 것이다' 하고 기록한 성경 말씀을 기억하였다. ¹⁸ 유대 사람들이 예수께 물었다. "당신이 이런 일을 하다니, 무슨 표징을 우리에게 보여 주겠소?" ¹⁹ 예수께서 그들에게 말씀하셨다. "이 성전을 허물어라. 그러면 내가 사흘 만에 다시 세우겠다." ²⁰ 그러자 유대 사람들이 말하였다. "이 성전을 짓는 데에 마흔여섯 해나 걸렸는데, 이것을 사흘 만에 세우겠다구요?" ²¹ 그러나 예수께서 성전이라고 하신 것은 자기 몸을 두고 하신 말씀이었다. ²² 제자들은, 예수께서 죽은 사람들 가운데서 살아나신 뒤에야, 그가 말씀하신 것을 기억하고서, 성경 말씀과 예수께서 하신 말씀을 믿게 되었다. ²³ 예수께서 유월절에 예루살렘에 계시는 동안에, 많은 사람이 그가 행하시는 표징을 보고 그 이름을 믿었다. ²⁴ 그러나 예수께서는 모든 사람을 알고 계시므로, 그들에게 몸을 맡기지 않으셨다. ²⁵ 그는 사람에 대해서는 어느 누구의 증언도 필요하지 않으셨기 때문이다. 그는 사람의 마음 속에 있는 것까지도 알고 계셨던 것이다.

웨슬리와 함께 읽기

1 **셋째 날에** – 그분께서 이것을 말씀하신 후에. 갈릴리의 가나에서 – 이런 똑같은 이름을 가진 마을이 두 개 더 있었는데, 하나는 에브라임 (Ephraim) 부족에게, 다른 하나는 캘로시리아(Caelosyria)[5] 지역에 있었다.

2 그리스도께서는 인간 사회를 없애시는 것이 아니라 도리어 그것을 거룩하게 하신다. 물은 사람들의 갈증을 해소해주었을 것이다. 그러나 우리 주님은 포도주를 허용하신다. 특히 엄숙한 잔치 때에 그러하다. 이러한 것은 그분께서 이후에 더 험한 길을 통과해야 하는 자신의 제자들을 처음에 이끄시는 수단이었다.

3 **포도주가 떨어지니** – 얼마나 많은 날 동안 잔치가 계속되었는지, 며칠째에 우리 주님께서 오셨는지 혹은 제자 중에서 몇 명이 예수님을 따라왔는지는 나타나 있지 않다. 그분의 어머니는 그분께 그들이 포도주가 **없다고 말씀하신다** – 그녀가 하고자 했던 말은 기적을 통해서 그들에게 포도주를 마련해주라는 것이었을 수도 있다. 혹은 "가자. 다른 사람들도 음식이 더 부족해지기 전에 가려고 하니까"라는 의미로 한 말일 수도 있다.

4 **예수께서 그녀에게 말씀하셨다. 여자여** – 우리 주님께서 요한복음 19

장 26절에서도 이렇게 말씀하신다. 아마도 예수께서는 그녀를 평소에도 이렇게 부르신 것 같다. 그분께서는 육체를 따라서 자신의 어머니는 알지 않으셨고, 그저 하늘에 계신 성부만을 인정하신 것 같다.[6) **그것이 나와 당신에게 무슨 상관이 있습니까** - 이것은 성모 마리아가 과도하게 관심을 가지고 적절하지도 않은 때에 끼어드는 모습을 부드럽게 나무라는 모습이다. **내 때는 아직 오지 않았습니다** - 내가 이 기적을 행할 시간이 혹은 내가 잔치 자리를 떠나갈 시간이 아직 오지 않았다.[7) 우리는 이 부분에서 다음과 같은 것을 배울 수 있다. 즉, 만약에 그분의 어머니가 예수께서 육신을 입고 있는 동안에 예수께 이래라저래라 지시하려고 한 것으로 인해 꾸지람을 들었다면, 예수께서 영광의 보좌에 앉아 계시는데 성모 마리아가 예수께 명령을 내릴 권리를 가지고 있는 것처럼 성모 마리아에 대해 생각하는 것이 얼마나 말도 안 되는 소리인가?[8) 이와 마찬가지로 우리가 다급하다면 언제든지 그분께서 우리를 위해 나타나셔야 한다고 그 시기와 방식에 대해 그분의 지고하신 지혜에게 지시하는 것 또한 얼마나 말도 안 되는 소리인가!

5 **그 어머니가 일꾼들에게 이르기를** - 그분께서 무엇인가 특별한 일을 하려고 하신다는 것을 그분의 답변을 통해 생각하고 그들을 불러 모았다.

6 **유대 사람의 정결 예법** - 그들은 특히 식사 전에 자주 씻어서 정결하게 했다.

9 **잔치를 맡은 이** - 신랑은 흔히 자기 친구를 지목하여서 그가 접대하는 모든 일을 관장하도록 하였다.

10 **말하기를** - 성 요한이 비록 이런 말은 하지만 그렇다고 해서 그가 이러한 내용이 좋은 것이라고 용인하는 것은 아니다. 손님들이 다 취한 다

음에 - 잔치가 끝나갈 즈음이라는 의미이다.

11 그의 제자들이 그를 믿게 되었다 - 더욱 굳건히.

14 소, 양, 비둘기 - 희생 제사를 위해 사용된 것들. 돈 바꾸어주는 사람들 - 이 사람들은 먼 지역에서 오는 사람들의 편의를 위해서 외국 화폐를 예루살렘에서 통용되는 화폐로 바꾸어주던 사람들을 가리킨다.[9]

15 노끈으로 채찍을 만들어 - (땅에 흩뿌려버리고) 그분께서는 성전에서 모두 내쫓으셨다. 양과 소를 - 비록 그분께서 이 짐승들도 때리신 것은 나오지 않지만. 따라서 사람들을 때리신 것은 더욱 아닐 것이다. 그러나 분명한 것은 하나님으로부터 두려움이 그들에게 임했다는 것이다.

17 시편 69편 9절.

18 유대인들이 물었다 - 예수께서 조금 전에 몰아냈던 사람 중에서 어떤 사람이. 혹은 그들의 친구들이. 무슨 표징을 보이겠소 - 이처럼 그들은 기적을 확증하기 위한 기적을 요구했다!

19 이 성전 - 예수께서 이 말씀을 하실 때 삼위 하나님의 거처이자 성전인 자기 자신의 몸을 가리키신 것은 의심할 여지가 없다.

20 마흔여섯 해 - 지금 이 대화가 이루어지기 훨씬 오래전에 헤롯 대왕은 자신의 가장 엄청난 성전 보수 작업을 시작했다(한 부분 끝나면 또 다른 부분으로). 이 공사는 그의 평생에 거쳐 한 것으로서, 그 당시에도 진행되고 있었고, 이후에도 36년 더 걸렸다. 이 공사가 끝난 지 6~7년 만에 로마인들에 의해서 나라와 도시와 성전이 다 파괴되었다.

22 그들은 성경 말씀과 예수께서 하신 말씀을 믿게 되었다 - 그분의 부활에 관한 말씀.

23 많은 사람이 믿었다 - 그분께서 하나님으로부터 보내심을 받은 선생이라는 것을.

24 그분께서는 그들을 믿지 않으셨다 – 이 말씀을 통해서 우리가 배워야 할 점은 너무 성급하게 우리 자신을 다른 사람들의 능력에 내맡기지 말아야 한다는 것이다. 전체적으로 일단 의심을 품는 것과 쉽게 받아들이는 것 사이에서 지혜롭고 행복한 중용의 자세를 공부하도록 하자. 이러한 것은 우리가 친절과 존경을 원하는 모든 사람에게 그러한 성품을 갖출 수 있도록 해줄 것이다.

25 그는 – 그분 앞에서 모든 만물은 벌거벗겨진 것처럼 되며, 그분은 사람의 마음속에 있는 모든 것을 아신다 – 즉, 완전히 속이는 마음을.

역자 해설

요한복음에는 모두 7개의 표적 이야기가 나옵니다. 다른 복음서에서는 기적이나 이적 등으로 표현되지만, 요한은 예수님이 하신 놀라운 일을 기적이라고 하지 않고 표적(semeion)이라는 말로 표현합니다. 이 단어는 요한이 바라보는 독특한 관점을 잘 반영하는 단어인데, 표적이라는 말은 어떤 것을 가리키는 표지를 나타내는 단어입니다. 이 세메이온이라는 말에서 기호학(semiotics), 표지(sign) 등과 같은 영어 단어가 나왔습니다. 즉, 요한복음에 나오는 놀라운 기적은 단순히 기적이 아니라 그 사건이 무엇을 가리키는 표지판 같은 역할을 하는 것입니다. 요한복음의 표적은 예수님이 놀라운 기적을 일으키셨다는 것을 넘어서 그것을 통해 예수님이 누구이신지 보여주는 표지판과 같은 것입니다.

요한은 그 첫째 표적으로 가나에서 있었던 결혼 잔치 사건을 말합니다. 많고 많은 기적이 있는데, 왜 요한은 하필 이 사건을 첫째 표적으로 제시했을까요? 요한이 자신의 복음서를 쓸 때 아무렇게나 생각나는 대로 늘어놓지 않았습니다. 그는 나름대로 목적을 가지고 신중하게 이야기를 고르고 골라서 배치하고 기술했습니다(20:30-31). 그렇다면 우리는 왜 이 가나 결혼 잔치 이야기가 여기에 있는지 생각해볼 필요가 있습니다. 더구나 이 이야기 바로 뒤에는 성전에서 벌어진 사건이 나옵니다. 앞선 세 복음서에서 성전 사건은 예수님의 공생애 마지막 부분, 즉 소위 고난주간에 벌어진 일로 나옵니다. 그런데 요한은 이 사건을 예수님의 사역 초기에 벌어진 것으로 제시합니다. 왜 요한은 이 이야기를 여기에 배치했을까요?

먼저 가나 결혼 잔치 이야기부터 살펴봅시다. 이 이야기에는 이해하기 어려운 부분이 있습니다. 결혼 잔치에서 포도주가 떨어진 난감한 상황이 벌어지자 예수님의 어머니 마리아가 예수님께 포도주가 동났다고 말합니다. 이에 예수님은 "그게 나하고 무슨 상관입니까?"라고 답하시지요. 예수님의 말은 냉정해 보이기는 해도 틀린 말은 아닙니다. 난감한 일인 것은 사실이지만, 그것은 혼주의 사정이지 손님으로 초대받아 온 예수님과는 아무 상관이 없습니다. 마리아가 이 말을 한 것은 예수님에게 뭔가 손을 좀 써달라는 부탁처럼 들리고 예수님의 답변은 그 부탁을 거절한 것처럼 보입니다.

그런데 예수님은 이어서 "아직 나의 때가 오지 않았다"라고 말씀하십니다. 이 말을 어떻게 이해할까요? 분명히 나와 상관없다는 말은 거절의 의미가 있습니다. 그렇다면 나의 때가 오지 않았다는 말은 수락일까요, 거절일까요? 이 말씀 뒤에 마리아는 일꾼들에게 예수님이 시키는 대로 하라고 하고, 예수님은 기적을 일으키십니다. 그러하면 내 때가 오지 않았다는 말은 수락이겠지요. 그러나 내 때가 오지 않았다는 말은 마치 거절의 말처럼 들립니다. 이를 어떻게 이해해야 할까요? 이것을 이해하려면 요한복음 안에서 '때'라는 말이 어떤 의미인지 봐야 합니다.

요한복음에서 '때'라는 말은 매우 자주 등장하는 표현인데, 특히 예수님께서 하나님께로 돌아가실 때(13:1 등)를 가리킵니다. 따라서 이때가 되기 전에는 예수님을 죽이려는 사람들도 예수님의 앞길을 막을 수 없습니다(7:30; 8:20). 즉, "아직 내 때가 이르지 않았다"는 말은 하나님께로 돌아갈 때가 안 되었다는 말입니다. 그래서 예수님께서 하신 말씀을 풀어

보면 "비록 잔칫집에 포도주가 떨어진 것과 나와 아무런 상관이 없지만, 내가 아직 아버지께로 돌아갈 때가 안 되었다. 즉, 지금은 내가 일해야 하는 때이다"라는 말이 됩니다. 그래서 예수님은 포도주 이적을 일으키십니다.

이어 나오는 성전 사건 장면은 요한복음에서는 단순히 성전 정화뿐만 아니라 성전을 허물고 사흘 만에 다시 짓겠다는 말씀까지 첨가됩니다. 그리고 요한은 이 성전을 가리켜 예수님의 몸을 가리킨다고 말합니다. 즉, 이것은 예수님의 죽음과 부활을 가리키며, 기존에 예루살렘 성전 제사가 아니라 이제 새로운 시대에는 영과 진리로 예배하게 된다는 것을 말합니다. 앞서 나온 결혼 잔치 포도주 사건은 지금까지 맛본 포도주와는 전혀 다른 좋은 새 포도주의 시대(10절), 이전의 시대가 지나고 새로운 시대가 되었음을 상징적으로 보여주고, 이 새로운 시대는 예루살렘 성전에서의 예배가 아닌(4:21), 참 성전(21절)이요 참 진리이신(14:6) 예수님을 통해 예배가 이루어집니다.

요한복음 1장 1절은 "태초에 말씀이 계시니라"라는 말로 시작하는데, 이 구절은 태초에 하나님께서 천지를 창조하실 때(창 1:1)를 연상시킵니다. 그 옛날 하나님께서 말씀으로 천지를 창조하셔서 새로운 세계가 열렸다면, 이제 그 말씀이신 예수께서 친히 오셔서 새로운 시대의 세계를 여셨습니다. 그 시대는 이전에 맛보지 못하던 새로운 포도주의 시대이며, 이 시대의 예배는 예수 그리스도를 통한 예배가 이루어지는 시대입니다. 이제 예수님을 통해 구원이 이루어지는 새 시대가 되었고, 그 새 시대 한가운데는 예수님이 계십니다. 예수님은 첫 번째 표적을 통해 예수님을 손가락으로 가리킵니다.

그러나 안타깝게도 사람들은 그 표적의 의미를 제대로 이해하지 못합니다. 세메이온, 즉 표적은 예수님이 누구신지 손가락으로 가리켜주는 표지판과 같습니다. 그 표지판을 보고 그 방향대로 따라가면 거기에 목적지가 있습니다. 그러나 사람들은 종종 표지판을 보고 목적지를 향해 가지 않고 그 표지판만 바라보면서 그것이 전부라고 생각할 때가 많습니다. 마치 달을 보라고 손가락으로 달을 가리키니 보라는 달은 안 보고 손가락만 본다는 말처럼 말입니다. 사람은 그렇게 당장 눈에 보이는 것에 현혹되어 본질을 보지 못할 때가 많습니다. 이 표적을 보고 많은 사람이 예수님을 믿었지만, 예수님은 그들의 속을 꿰뚫어 보셨기에 그들이 환호하고 믿는다고 추앙하는 그 모습을 의지하지 않으십니다 (23-25절).

요한은 우리에게 참 예수님의 모습을 보라고, 그래서 그분을 믿으라고 손가락으로 예수님을 가리킵니다. 그러나 우리는 예수님의 표적을 본 사람들처럼 겉으로 드러나는 피상적인 것만 보면서 본질은 놓치고 마는 오류를 범하기 쉽습니다. 그들의 "믿습니다"라는 고백은 참된 고백처럼 보이지만, 왜 예수님이 그들의 신앙고백을 믿지 않으셨는지 우리는 한번 돌아봐야 합니다. 우리도 예수님을 구주로, 주님으로 고백합니다. 그러나 무엇을 보고 우리는 그런 고백을 할까요? 왜 그런 고백을 할까요? 혹시 우리의 고백도 표적을 보고 좋다고 고백하며 따르던 그 무리의 고백과 같지는 않을까요?

요한복음 3장

¹ 바리새파 사람 가운데 니고데모라는 사람이 있었다. 그는 유대 사람의 한 지도자였다. ² 이 사람이 밤에 예수께 와서 말하였다. "랍비님, 우리는, 선생님이 하나님께로부터 오신 분임을 압니다. 하나님께서 함께 하지 않으시면, 선생님께서 행하시는 그런 표징들을, 아무도 행할 수 없습니다." ³ 예수께서 그에게 말씀하셨다. "내가 진정으로 진정으로 너에게 말한다. 누구든지 다시 나지 않으면, 하나님 나라를 볼 수 없다." ⁴ 니고데모가 예수께 말하였다. "사람이 늙었는데, 그가 어떻게 태어날 수 있겠습니까? 어머니 뱃속에 다시 들어갔다가 태어날 수야 없지 않습니까?" ⁵ 예수께서 대답하셨다. "내가 진정으로 진정으로 너에게 말한다. 누구든지 물과 성령으로 나지 아니하면, 하나님 나라에 들어갈 수 없다. ⁶ 육에서 난 것은 육이요, 영에서 난 것은 영이다. ⁷ 너희가 다시 태어나야 한다고 내가 말한 것을, 너는 이상히 여기지 말아라. ⁸ 바람은 불고 싶은 대로 분다. 너는 그 소리는 듣지만, 어디에서 와서 어디로 가는지는 모른다. 성령으로 태어난 사람은 다 이와 같다." ⁹ 니고데모가 예수께 물었다. "어떻게 이런 일이 있을 수 있습니까?" ¹⁰ 예수께서 대답하셨다. "너는 이스라엘의 선생이면서, 이런 것도 알지 못하느냐? ¹¹ 내가 진정으로 진정으로 너에게 말한다. 우리는, 우리가 아는 것을 말하고, 우리가 본 것을 증언하는데, 너희는 우리의 증언

을 받아들이지 않는다. ¹² 내가 땅의 일을 말하여도 너희가 믿지 않거든, 하물 며 하늘의 일을 말하면 어떻게 믿겠느냐? ¹³ 하늘에서 내려온 이 곧 인자 밖에 는 하늘로 올라간 이가 없다. ¹⁴ 모세가 광야에서 뱀을 든 것 같이, 인자도 들려 야 한다. ¹⁵ 그것은 그를 믿는 사람마다 영생을 얻게 하려는 것이다. ¹⁶ 하나님께 서 세상을 이처럼 사랑하셔서 외아들을 주셨으니, 이는 그를 믿는 사람마다 멸 망하지 않고 영생을 얻게 하려는 것이다. ¹⁷ 하나님께서 아들을 세상에 보내신 것은, 세상을 심판하시려는 것이 아니라, 아들을 통하여 세상을 구원하시려는 것이다. ¹⁸ 아들을 믿는 사람은 심판을 받지 않는다. 그러나 믿지 않는 사람은 이미 심판을 받았다. 그것은 하나님의 독생자의 이름을 믿지 않았기 때문이다. ¹⁹ 심판을 받았다고 하는 것은, 빛이 세상에 들어왔지만, 사람들이 자기들의 행 위가 악하므로, 빛보다 어둠을 더 좋아하였다는 것을 뜻한다. ²⁰ 악한 일을 저지 르는 사람은, 누구나 빛을 미워하며, 빛으로 나아오지 않는다. 그것은 자기 행 위가 드러날까 보아 두려워하기 때문이다. ²¹ 그러나 진리를 행하는 사람은 빛 으로 나아온다. 그것은 자기의 행위가 하나님 안에서 이루어졌음을 드러내려 는 것이다." ²² 그 뒤에 예수께서 제자들과 함께 유대 지방으로 가서서, 거기서 그들과 함께 지내시면서, 세례를 주셨다. ²³ 살렘 근처에 있는 애논에는 물이 많 아서, 요한도 거기서 세례를 주었다. 사람들이 나와서 세례를 받았다. ²⁴ 그 때 는 요한이 아직 옥에 갇히기 전이었다. ²⁵ 요한의 제자들과 어떤 유대 사람 사 이에 정결예법을 두고 논쟁이 벌어졌다. ²⁶ 요한의 제자들이 요한에게 와서 말 하였다. "랍비님, 보십시오. 요단 강 건너편에서 선생님과 함께 계시던 분 곧 선 생님께서 증언하신 그분이 세례를 주고 있는데, 사람들이 모두 그분에게로 모 여듭니다." ²⁷ 요한이 대답하였다. "하늘이 주시지 않으면, 사람은 아무것도 받 을 수 없다. ²⁸ 너희야말로 내가 말한 바 '나는 그리스도가 아니고, 그분보다 앞 서서 보내심을 받은 사람이다' 한 말을 증언할 사람들이다. ²⁹ 신부를 차지하는 사람은 신랑이다. 신랑의 친구는 신랑이 오는 소리를 들으려고 서 있다가, 신랑의 음성을 들으면 크게 기뻐한다. 나는 이런 기쁨으로 가득 차 있다. ³⁰ 그는 흥하여야 하고, 나는 쇠하여야 한다." ³¹ 위에서 오시는 이는 모든 것 위에 계신다. 땅에서 난 사람은 땅에 속하여서, 땅의 것을 말한다. 하늘에서 오시는 이는 [모든 것 위에 계시고], ³² 자기가 본 것과 들은 것을 증언하신다. 그러나 아무도 그의 증언을 받아들이지 않는다. ³³ 그의 증언을 받아들인 사람은, 하나님의 참되심을 인정한 것이다. ³⁴ 하나님께서 보내신 이는 하나님의 말씀을 전한다. 그것은, 하나님께서 그에게 성령을 아낌없이 주시기 때문이다. ³⁵ 아버지는 아들을 사랑하셔서, 모든 것을 아들의 손에 맡기셨다. ³⁶ 아들을 믿는 사람에게는 영생이 있다. 아들에게 순종하지 않는 사람은 생명을 얻지 못하고, 도리어 하나님의 진노를 산다.

웨슬리와 함께 읽기

1 지도자 – 큰 의회의 구성원 중 한 사람.

2 이 사람이 왔다 – 욕구 때문에. 그러나 밤에 – 부끄러움 때문에. 우리는 압니다 – 우리 통치자들과 바리새인들조차도.

3 예수께서 말씀하셨다 – 네가 만일 다시 나지 않으면 지식은 너에게 아무런 소용도 없다 – 다시 태어나지 않는다면 너는 영광스러운 하나님 나라 혹은 내적인 그 나라를 볼 수도 없고, 경험할 수도 없고, 누릴 수도 없다. 이 엄중한 대화에서 우리 주님께서는 겉으로 어떤 고백을 하든, 어떤 의식에 대한 명령을 준행하거나 태생적으로 어떤 특권을 가지고 있다 하더라도 메시아 왕국의 축복을 얻을 수 없다는 것을 보여주신다. 그분께서는 삶뿐만 아니라 마음을 온전히 새롭게 변화하는 것이 이런 목적을 이루기 위해 꼭 필요한 것임을 보여주신다. 또한 이러한 일은 전능하신 하나님의 능력으로만 가능하다는 것을 보여주신다. 그리고 이 세상에 태어난 모든 인간은 죄와 정죄와 비참함 가운데서 태어났다는 것을 보여주신다. 또한 하나님께서 자신의 거저 주시는 자비하심을 통해 자기 아들을 보내어 사람들을 구속하셨다는 것을, 그들을 높여서 영원한 축복을 얻도록 하셨다는 것을 보여주신다. 그분은 모든 인

간이, 유대인이나 이방인이나 상관없이, 이러한 축복에 참여할 수 있으며, 그분께서 십자가에 높이 매달리신 것으로 인해서 이러한 축복을 확보하셨고, 그분을 믿음으로써 이것을 받을 수 있다는 것을 보여주신다. 그러나 그분께서는 만일 인간이 그분을 거절한다면 그들에게 영원하고도 고통스러운 정죄가 그 결과로 분명히 주어지게 되리라는 것도 보여주신다. **사람이 다시 태어나지 않으면** – 우리 주님께서 다시 태어난다는 말을 어떤 새로운 것을 발견하는 것보다는 그저 삶을 새롭게 갱신하는 것으로만 국한하여 의미하신 것이라면, 이전에는 분명하고 확실했던 것을 도리어 상당히 모호하게 만들어놓으신 셈이 될 뿐이다.

4 **늙었는데** – 니고데모도 실제로 늙었다.

5 **사람이 물과 성령으로 나지 아니하면** – 성령을 통하여 내적인 변화를 크게 경험하지 않는다면 그리고 그러한 것을 외적으로 표시하는 것으로서 세례를 받지 않는다면.

6 **육으로 난 것은 육이다** – 그저 성령이 없는 육체일 따름이다. 그렇다, 성령과 이 육체는 서로 원수지간이다. **영으로 난 것은 영이다** – 그 영의 주인이신 분처럼 영적이며, 천국의 것이며, 신성한 것이다.

7 **너희가 다시 태어나야 한다는** – 다시 태어난다는 것은 모든 죄악된 것으로부터 내적인 변화를 받아서 모든 거룩함에 이르는 것을 의미한다.[10] 사람은 더럽다고 할 수 있다. 왜냐하면 이 위대한 변화가 영혼에 일어날 때 그러한 것처럼, 사람이 이 세상에 태어날 때 그 더러움이 육체에 전이되기 때문이다.[11]

8 **바람이 불매** – 너의 의지에 따라서 부는 것이 아니라 자연적으로 그냥 분다. **너는 그 소리는 듣지만** – 너는 바람이 불고 있다는 것은 확신한다. 그러나 그것이 어떻게 부는지 그 특정한 방식에 관해 설명할 수 없

다. 성령으로 태어난 사람은 다 이와 같다 - 이 사실은 자명하지만 그것이 어떻게 이루어지는지는 설명할 수 없다.

11 우리는 우리가 아는 것을 말한다 - 나와 나를 믿는 모든 사람은.

12 땅의 일 - 이 땅에서 벌어지는 일. 예를 들면 신생과 하나님의 자녀들이 갖는 현재의 특권 같은 것. 하늘의 일 - 성자의 영원하심과 성부, 성자, 성령의 하나이심과 같은 것.

13 누구도 없다 - 여기에서 너희는 그저 내가 주는 하나의 증언만을 의지해야 한다. 그러나 그곳에는 수많은 증인이 있다. 그분은 하늘로 올라가셨지만, 하늘에서 내려오셨다. 하늘에 계신 분 - 따라서 그분은 편재하신다(omnipresent). 그렇지 않았다면 그분이 하늘에도 계시면서 이 땅에도 계신다는 것이 불가능했을 것이다. 이것이 바로 신적 속성과 인간적 속성 사이에 이루어지는 품성의 소통(communication of properties)이라고 흔히 일컫는 것이다. 신적 속성에 해당하는 것으로 인간적 속성을 말하며, 인간적 속성에 해당하는 것으로 신적 속성을 말한다.

14 모세가 ~것 같이 - 그러나 이러한 하나의 증거도 머지않아 너희에게서 사라질 것이다. 그렇다, 가장 수치스러운 방식으로 그렇게 될 것이다 (민 21:8-9).

15 누구든지 - 그분은 높이 들려야만 한다. 이로써 그분은 모든 믿는 자를 위한 구원을 이루실 수 있다. 이 뱀을 쳐다보았던 모든 사람이 육신의 건강을 회복했던 것처럼, 누구든지 믿음으로 그분을 바라보는 사람은 영적인 건강을 회복할 것이다.

16 그렇다. 이것이 바로 이 세상에 그분을 보내신 하나님의 사랑이 깃든 계획이었다. 누구든지 그를 믿으면 - 사랑으로 역사하는 믿음으로. 또한 자기의 그 확신을 끝까지 꾸준하게 잘 붙들면. 하나님이 세상을 이

처럼 사랑하사 – 즉, 하늘 아래 있는 모든 인간을. 심지어 그분의 사랑과 뜻을 무시하는 사람들을(그런 연유 때문에 그들은 결국 멸망한다). 만일 그렇지 않았다면 설령 그들이 믿지 않는다고 하더라도 그것이 결코 그들에게 죄가 되지 않았을 것이다. 그들이 믿어야만 하는 사실은 하나님께서 자기들을 위해서 그리스도를 주셨다는 것이다. 그때 하나님은 그들을 위해 그분을 주셨다. 외아들을 주셨으니 – 진실로 또한 정말로. 하나님의 아들은 자기 자신을 진실로, 정말로 내어주셨다(갈 4:4).

17 하나님께서 아들을 세상에 보내신 것은 세상을 심판하시려는 것이 아니라 – 비록 많은 사람이 하나님께서 심판하려 하셨다고 비난했지만.

18 그를 믿는 사람은 심판을 받지 않는다 – 그는 하나님 앞에서 무죄를 선고받고 의롭다 하심을 얻었다. 하나님 독생자의 이름을 – 한 사람의 이름은 종종 그 사람 자체를 가리킨다. 그러나 이것은 아마도 불리는 그 사람이 위대하고 대단하다는 바로 그 표현에서 더 구체적으로 설명되었을 것이다. 따라서 이것은 일반적으로 성부 하나님이나 성자를 표현하는 데 사용된다.

19 이것이 심판이다 – 즉, 그 심판을 받는 원인이다. 하나님은 이렇게 분명하시다.

21 진리를 행하는 사람은 빛으로 나아온다 – 그래서 니고데모도 나중에 그렇게 했다. 하나님 안에서 이루어졌다 – 즉, 빛과 능력과 하나님의 사랑 가운데서.

22 예수께서 가셨다 – 수도인 예루살렘에서 떠나서 유대 땅으로 – 즉, 지방으로. 거기에서 세례를 주셨다 – 자신이 직접 주신 것은 아니고 그분의 명령으로 그 제자들이 한 것이다(요 4:2).

23 요한도 세례를 주었다 – 그는 세례를 받겠다고 온 사람들을 내쫓지

는 않았지만, 될 수 있으면 그들을 예수께로 보내려고 했었다.

25 유대 사람 – 유대에서 온 사람들로서, 그들은 예수께 세례를 받으려고 갔다. 요한의 제자들은 대부분 갈릴리 사람들이었다. **정결 예법을 두고** – 세례를 가리킨다. 그들은 자기들이 누구에게서 세례를 받아야 하는지 논쟁을 벌였다.

27 사람은 아무것도 받을 수 없다 – 그 사람도 나도 할 수 없다. 하나님께서 그분을 보내시지 않으셨다면 그분도 할 수 없다. 또한 내가 그리스도라는 호칭을 받을 수도 없거니와, 그분께서 하늘로부터 받으신 것에 견줄 수 있는 어떠한 영예로운 호칭도 받을 수 없다. 그들은 시기심과 분에 차서 말한 것처럼 보인다. 요한은 부드럽고 안정된 영으로 답변한다.

29 신부를 차지하는 사람은 신랑이다 – 신부는 그 사람을 따른다. 그러나 이제는 모든 사람이 예수께로 간다. 왜냐하면 그분이 신랑인 것이 분명하기 때문이다. **그의 소리를 듣는 친구** – 신부와 함께 말한다. **크게 기뻐한다** – 이것은 시기심이나 분개하는 마음과는 거리가 멀다.

30 그래서 세례 요한처럼 지금 불타서 빛을 비추는 사람들은 (설령 다른 사람들이 이들 주변에 점점 몰려든다고 하더라도) 요한처럼 점점 쇠해야 한다(갑자기 사라지는 않는다고 하더라도). 그들은 이전 세대가 쇠하여 가는 동안 자기들은 순서에 따라서 커지는 상황에 놓이게 된 것뿐이다. 우리도 어떻게 흥해야 하며, 쇠할 때는 어떻게 쇠해야 하는지 깨닫도록 하자. 또한 우리가 쇠하여 갈 때 우리의 뒤를 이어서 일들을 계속해 나갈 사람들에게서 매우 유익한 미래를 찾아보면서 그것을 우리의 위로로 삼자.

31 이 장 마지막 부분에 덧붙여진 이 부분은 세례자 요한이 아니라 요한복음 저자의 말인 것 같다. **세상에 속한 사람** – 평범한 한 인간. 이 땅

에 기원을 둔 한 인간으로서, 이에 관해 설명할 수 있는 영과 할 말을 가지고 있다.

32 아무도 ~ 않는다 – 비교적 아무도. 거의 없다. 그의 증언을 받아들이지 – 참된 믿음을 가지고.

33 그분의 인을 가지고 있는 사람은 – 유대인들의 관습에 따르면 증인은 자기가 하는 증언에 자신의 인장을 찍는다. 하나님의 참되심을 – 메시아께서 하나님의 말씀을 전하신다.

34 하나님께서 그에게 성령을 계산해가면서 주시지 않는다 – 그분께서 선지자들에게 그러하셨던 것처럼, 헤아릴 수 없을 정도로 무한정 주신다. 이렇게 그분께서는 하나님의 말씀을 가장 완벽한 방식으로 말씀하신다.

36 아들을 믿는 사람에게는 영생이 있다 – 그는 이미 그것을 가졌다. 왜냐하면 그가 하나님을 사랑하기 때문이다. 그리고 사랑은 천국의 본질이다. 순종하지 않는 사람은 – 믿지 않았기 때문에 그 결과로 순종하지 않는다.

역자 해설

요한은 니고데모라는 한 유명한 학자의 일화를 소개합니다. 그는 밤에 예수님을 찾아와서 예수님이 하나님으로부터 온 분임을 고백합니다 (2절). 그러자 예수님은 그에게 하나님 나라에 가기 위한 거듭남에 관해 말씀하십니다. 하나님 나라라는 표현이 나오는 것은 요한복음 안에서 이 장면이 유일합니다. 거듭남의 방편으로 예수님은 '물과 성령'을 제시하십니다. '물과 성령'으로 거듭남에 관해 사람들은 보통 물세례와 성령세례를 생각했습니다. 실제로 사도행전에서는 물세례와 성령을 받는 것이 늘 연결되어 나옵니다. 그리고 초대교회에서는 세례식 이후에 성령을 상징하는 도유(동방교회에서는 도유를 먼저하거나 세례 앞뒤에 도유식을 했습니다)의식을 통해 이를 반영했습니다.

물론 이렇게 볼 수도 있지만, 요한복음만을 놓고 보면 물세례와 성령세례 이 둘을 모두 받아야 한다는 것을 의미한다고만 말할 수는 없습니다. 요한복음에서 물은 종종 성령을 가리킵니다(4:13-14; 7:37-39). 그리고 요한은 성령을 받는 것을 매우 중요하게 생각합니다(14:16-17; 16:5-15). 부활하신 예수님은 제자들에게 나타나셔서 그들에게 직접 성령을 불어넣어 주시기도 합니다(20:22). 따라서 요한은 하나님 나라로 들어가기 위한 거듭남의 방편과 그 증거로 성령 받는 것을 말합니다.

성령으로 거듭난다는 것은 이 땅의 사람에서 하늘의 사람으로 다시 태어나는 것입니다. 성령으로 거듭난 자는 이 땅에 속하지 않고 하늘에 속합니다. 하늘에 속해야만 영생을 얻을 수 있고, 하늘에 속하기 위해서는 먼저 예수님을 영접해야 합니다. 그러면 그런 이에게 하나님은 성령을 선물로 주시고, 비로소 그는 거듭나서 영생을 얻어 하늘에 속한 사람이 될 수 있습니다(31-36절). 만일 하늘로부터 오신 예수님의 증언을 받아들이지 않으면(11-12절) 그 사람은 심판을 받습니다(18절). 하나님은 세상을 사랑하셔서 예수 그리스도를 우리에게 보내셨고, 그분을 맞아들이면 누구든지 영원한 생명을 얻을 수 있습니다(16절). 영생을 얻은 자는 심판을 받지 않습니다(18절).

영생을 얻은 자는 빛에 속한 사람이 됩니다. 왜냐하면 예수님은 세상에 빛으로 오신 분이기 때문입니다(1:5). 그러나 예수님을 거부하는 자는 어둠에 남아 있으려고 고집하는 사람입니다. 그가 어둠에 남아 있으려는 이유는 자기의 악한 모습이 발각될까 두렵기 때문입니다(19-20절). 그러나 예수님을 영접한 사람, 즉 하나님의 자녀가 된 사람은(1:12-13) 빛으로 나아가기를 두려워하지 않습니다. 왜냐하면 그에게는 감출 것이 없고, 그의 행실은 하나님 앞에서 진실한 것이기 때문입니다(21절). 예수님은 진리이시고(14:6), 그 사람은 진리를 따르기에(21절) 그는 진리 안에 거할 수 있게 됩니다.

요한복음 3장은 우리가 어떻게 해야 영생을 얻을 수 있는지 말해줍니다. 그것은 다름 아닌 성령으로 거듭나는 것입니다. 성령으로 거듭난다는 말은 예수님을 영접하는 것입니다. 하나님이 우리에게 주신 그분을 내 안에 모셔 들이는 것, 영생의 길입니다. 그는 심판을 받지 않게 되며, 이미 이 땅에 사는 동안 영생을 누리게 됩니다. 영생을 누리는 자는 하나님과 그 아들 예수 그리스도를 압니다(17:3). 그는 진리이신 예수님을 따르기에 늘 진리 안에 거합니다. 그는 빛이신 예수님을 따르기에 늘 빛 가운데 걸어갑니다(21절). 그는 생명이신 예수를 받아들였기에 그 안에는 영원한 생명이 있습니다(36절).

니고데모는 유대인의 스승이었지만 이런 사실을 깨닫지 못했습니다(10절). 그러나 적어도 그는 이 진리를 알고 싶어 하는 열망을 갖고 있었습니다. 비록 사람들의 눈을 피해 밤에 몰래 찾아왔지만, 그는 영생을 향한 첫걸음을 내디뎠고 이제 머지않아 그는 영생을 마음에 품고 빛 가운데 걸어가는 사람으로 자라날 것입니다. 그래서 그는 담대하게 예수님을 변호하기도 하고(7:45-52), 결국 제자들이 내버린 예수님을 모시는 제자가 됩니다(19:39). 이제 그의 삶이 새로워지기 시작했습니다. 우리의 삶도 니고데모처럼 그렇게 될 것입니다.

요한복음 4장

¹ 요한보다 예수께서 더 많은 사람을 제자로 삼고 세례를 주신다는 소문이 바리새파 사람들의 귀에 들어간 것을 예수께서 아셨다. ² –사실은, 예수께서 직접 세례를 주신 것이 아니라, 그 제자들이 준 것이다.– ³ 예수께서는 유대를 떠나, 다시 갈릴리로 가셨다. ⁴ 그렇게 하려면, 사마리아를 거쳐서 가실 수밖에 없었다. ⁵ 예수께서 사마리아에 있는 수가라는 마을에 이르셨다. 이 마을은 야곱이 아들 요셉에게 준 땅에서 가까운 곳이며, ⁶ 야곱의 우물이 거기에 있었다. 예수께서 길을 가시다가, 피로하셔서 우물가에 앉으셨다. 때는 오정쯤이었다. ⁷ 한 사마리아 여자가 물을 길으러 나왔다. 예수께서 그 여자에게 마실 물을 좀 달라고 말씀하셨다. ⁸ 제자들은 먹을 것을 사러 동네에 들어가서, 그 자리에 없었다. ⁹ 사마리아 여자가 예수께 말하였다. "선생님은 유대 사람인데, 어떻게 사마리아 여자인 나에게 물을 달라고 하십니까?" (유대 사람은 사마리아 사람과 상종하지 않기 때문이다.) ¹⁰ 예수께서 그 여자에게 대답하셨다. "네가 하나님의 선물을 알고, 또 너에게 물을 달라는 사람이 누구인지를 알았더라면, 도리어 네가 그에게 청하였을 것이고, 그는 너에게 생수를 주었을 것이다." ¹¹ 여자가 말하였다. "선생님, 선생님에게는 두레박도 없고, 이 우물은 깊은데, 선생님은 어디에서 생수를 구하신다는 말입니까? ¹² 선생님이 우리 조상 야곱보다 더 위대하신 분이라는 말입

니까? 그는 우리에게 이 우물을 주었고, 그와 그 자녀들과 그 가축까지, 다 이 우물의 물을 마셨습니다." **13** 예수께서 말씀하셨다. "이 물을 마시는 사람은 다시 목마를 것이다. **14** 그러나 내가 주는 물을 마시는 사람은, 영원히 목마르지 아니할 것이다. 내가 주는 물은, 그 사람 속에서, 영생에 이르게 하는 샘물이 될 것이다." **15** 그 여자가 말하였다. "선생님, 그 물을 나에게 주셔서, 내가 목마르지도 않고, 또 물을 길으러 여기까지 나오지도 않게 해주십시오." **16** 예수께서 그 여자에게 말씀하셨다. "가서, 네 남편을 불러 오너라." **17** 그 여자가 대답하였다. "나에게는 남편이 없습니다." 예수께서 여자에게 말씀하셨다. "남편이 없다고 한 말이 옳다. **18** 너에게는, 남편이 다섯이나 있었고, 지금 같이 살고 있는 남자도 네 남편이 아니니, 바로 말하였다." **19** 여자가 말하였다. "선생님, 내가 보니, 선생님은 예언자이십니다. **20** 우리 조상은 이 산에서 예배를 드렸는데, 선생님네 사람들은 예배드려야 할 곳이 예루살렘에 있다고 합니다." **21** 예수께서 말씀하셨다. "여자여, 내 말을 믿어라. 너희가 아버지께, 이 산에서 예배를 드려야 한다거나, 예루살렘에서 예배를 드려야 한다거나, 하지 않을 때가 올 것이다. **22** 너희는 너희가 알지 못하는 것을 예배하고, 우리는 우리가 아는 분을 예배한다. 구원은 유대 사람들에게서 나기 때문이다. **23** 참되게 예배를 드리는 사람들이 영과 진리로 아버지께 예배를 드릴 때가 온다. 지금이 바로 그 때이다. 아버지께서는 이렇게 예배를 드리는 사람들을 찾으신다. **24** 하나님은 영이시다. 그러므로 하나님께 예배를 드리는 사람은 영과 진리로 예배를 드려야 한다." **25** 여자가 예수께 말했다. "나는 그리스도라고 하는 메시아가 오실 것을 압니다. 그가 오시면, 우리에게 모든 것을 알려 주실 것입니다." **26** 예수께서 말씀하셨다. "너에게 말하고 있는 내가 그다." **27** 이 때에 제자들이 돌아와서, 예수께서 그 여자와 말씀을 나누시는 것을 보고 놀랐다. 그러나 예수께 "웬일이십니까?" 하거나, "어찌하여 이 여자와 말씀을 나누고 계십니까?" 하고 묻는 사람이 한 사람도 없었다. **28** 그 여자는 물동이를 버려 두고 동네로 들어가서, 사람들에게 말하였다. **29** "내가 한 일을 모두 알아맞히신 분이 계십니다. 와서 보십시오. 그분이 그리스도가 아닐까요?" **30** 사람들이 동네에서 나와서, 예수께로 갔다. **31** 그러는 동안에, 제자들이 예수께, "랍비님, 잡수십시오" 하고 권하였다. **32** 그러나 예수께서는 그들에게 말씀하시기를 "나에게는 너희가 알지 못하는 먹을 양식이 있다" 하셨다. **33** 제자들은 "누가 잡수실 것을 가져다 드렸을까?" 하고 서로 말하였다. **34** 예수께서 그들에게 말씀하셨다. "나의 양식은, 나를 보내신 분의 뜻을 행하고, 그분의 일을 이루는 것이다. **35** 너희는 넉 달이 지나야 추수 때가 된다고 하지 않느냐? 그러나 나는 너희에게 말한다. 눈을 들어서 밭을 보아라. 이미 곡식이 익어서, 거둘 때가 되었다. **36** 추수하는 사람은 품삯을 받으며, 영생에 이르는 열매를 거두어들인다. 그리하면 씨를 뿌리는 사람과 추수하는 사람이 함께 기뻐할 것이다. **37** 그러므로 '한 사람은 심고, 한 사람은 거둔다'는 말이 옳다. **38** 나는 너희를 보내서, 너희가 수고하지 않은 것을 거두게 하였다. 수고는 남들이 하였는데, 너희는 그들의 수고의 결실에 참여하게 된 것이다." **39** 그 동네에서 많은 사마리아 사람이 예수를 믿게 되었다. 그것은 그 여자가, 자기가 한 일을 예수께서 다 알아맞히셨다고 증언하였기 때문이다. **40** 사마리아 사람들이 예수께 와서, 자기들과 함께 머무시기를 청하므로, 예수께서는 이틀 동안 거기에 머무르셨다. **41** 그래서 더 많은 사람들이 예수의 말씀을 듣고서, 믿게 되었다. **42** 그들은 그 여자에게 말하였다. "우리가 믿는 것은, 이제 당신의 말 때문만은 아니오. 우리가 그 말씀을 직접 들어보고, 이분이 참으로 세상의 구주이심을 알았기 때문이오." **43** 이틀 뒤에 예수께서는 거기를 떠나서 갈릴리로 가셨다. **44** (예수께서 친히 밝히시기를 "예언자는 자기 고향에서는 존경을 받지 못한다" 하셨다.) **45** 예수께서 갈릴리에 도착하시니, 갈릴리 사람들이 예수를 환영하였다. 그들도 명절을 지키러 예루살렘에 갔다가, 예수께서 거기서 하신 모든 일을 보았기 때문이다. **46** 예수께서 또다시 갈릴리 가나로 가셨다. 그 곳은 전에 물로 포도주를 만드신 곳이다. 거기에 왕의 신하가 한 사람 있었는데, 그의 아들이 가버나움에서 앓고 있었다. ⁴⁷ 그 사람은, 예수께서 유대에서 나와 갈릴리로 들어오셨다는 소문을 듣고, 예수께 와서 "제발 가버나움으로 내려오셔서, 아들을 고쳐 주십시오" 하고 애원하였다. 아들이 거의 죽게 되었기 때문이다. ⁴⁸ 예수께서 그에게 말씀하셨다. "너희는 표징이나 기이한 일들을 보지 않고는, 결코 믿으려고 하지 않는다." ⁴⁹ 그 신하가 예수께 간청하였다. "선생님, 내 아이가 죽기 전에 내려와 주십시오." ⁵⁰ 예수께서 말씀하셨다. "돌아가거라. 네 아들이 살 것이다." 그는 예수께서 자기에게 하신 말씀을 믿고 떠나갔다. ⁵¹ 그가 내려가는 도중에, 종들이 마중나와 그 아이가 살았다고 보고하였다. ⁵² 그가 종들에게 아이가 낫게 된 때를 물어 보니 "어제 오후 한 시에, 열기가 떨어졌습니다" 하고 종들이 대답하였다. ⁵³ 아이 아버지는 그 때가, 예수께서 그에게 "네 아들이 살 것이다" 하고 말씀하신, 바로 그 시각인 것을 알았다. 그래서 그와 그의 온 집안이 함께 예수를 믿었다. ⁵⁴ 이것은 예수께서 유대에서 나와서 갈릴리로 돌아오신 뒤에 행하신 두 번째 표징이다.

웨슬리와 함께 읽기

1 **주님께서 아셨다** - 비록 아무도 그분께 알려드리지 않았지만.

3 **그분께서 유대를 떠나서** - 그들의 분개함으로 인한 결과를 피하시기 위해서.

4 **사마리아를 거쳐서 가실 수밖에 없었다** - 길이 그곳을 곧바로 통과하도록 놓여 있다.

5 **수가** - 이전에는 시켐 혹은 세겜이라고 불렸다. **야곱이 주었다** - 죽을 때에(창 48:22).

6 **예수께서 앉으셨다** - 피곤하셨기 때문에. **제6시 즈음** - 정오. 가장 뜨거운 한낮.

7 **내게 마실 물을 달라** - 이 대화에서 그분께서는 사도들이 그토록 오랫동안 도달하려 했던 지식을 그녀에게 주신다.

8 **제자들은 없었다** - 그렇지 않았더라면 그분께서 그녀에게 부탁하지도 않으셨을 것이다.

9 **어떻게 그러십니까** - 그녀가 매우 단순하다는 것은 그녀가 내뱉은 첫 마디에 잘 나타나 있다. **유대인들은 상종하지 않는다** - 친구 관계를 맺지 않는다. 유대인들은 사마리아인들에게서 어떠한 호의도 받을 수 없

었다.

10 만일 네가 선물을 알았더라면 – 생수. **그가 누구인지를 알았더라면** – 그 물을 줄 수 있는 유일하신 분. **도리어 네가 그에게 청하였을 것이고** – 이 말에 강조점이 있다. 물 – 이러한 방식으로 그분께서는 빵에서(요 6:27) 그리고 빛에서(8:12) 알레고리를 유도하신다. 이러한 것들은 자연에서 가장 첫째가는 것이요, 가장 단순하면서도 필요하고, 가장 흔하면서도 좋은 것들이다. 생수 – 성령과 그 열매들. 그러나 그녀는 그분께서 뜻하시는 바를 아주 쉽게 오해한다. 왜냐하면 생수라는 것은 유대인들에게 샘물을 가리키는 일상적인 표현이기 때문이다.

12 우리 조상 야곱 – 그들은 이렇게 야곱을 불렀다. 그러나 사실 그들은 아시리아의 왕이 거기에 살던 이스라엘 사람들을 포로로 끌고 가면서 그 빈자리로 이주시켰던 그 여러 국가가 혼합된 결과들이었다(왕하 17:24). **우리에게 우물을 주었다** – 그들이 조상이라고 생각하는 요셉에게. 그리고 **거기에서 마셨다** – 그래서 요셉도 이보다 더 좋은 물을 갖고 있지 못했다.

14 절대 목마르지 않을 것이다 – 절대(그가 거기에서 계속 물을 길어 마신다는 전제하에) 비참해지지 않을 것이며, 실망하지도, 안식하지 못하는 일도 없을 것이다. 만일 다시 목마르게 된다면 그것은 물이 아니라 그 사람의 잘못이다. **내가 주는 물은** – 사랑으로 역사하는 믿음의 영은 그 사람 안에서 내적으로 살아 있는 원리, **샘물이 될 것이다** – 이것은 곧 말라버리는 우물이 아니라 **영원한 생명에 이르도록 솟아나는 샘물이다** – 이것은 합류(合流) 혹은 더 정확하게 말하자면 이 샘에서 솟아나는 물줄기들의 바다이다.

15 내가 목마르지 않게 – 그녀는 아직도 그분을 대충 이해하고 있다.

16 **예수께서 그 여자에게 말씀하셨다** – 이제 예수께서는 그녀가 구하는 것보다 더 좋은 그런 물을 그녀에게 주시기 위해 정리하신다. **가서, 네 남편을 불러오너라** – 그분께서는 그녀의 가슴 속에 있는 죄를 직접 내리치신다.

17 **네 말이 옳다** – 우리는 우리 주님께서 하시는 모든 대화 가운데서 그분의 가장 비중 있으면서도 예의 있는 모습을 발견할 수 있다.

18 **네게 남편이 다섯이나 있었고** – 그들이 모두 죽었든지 살아 있는지 상관없이 이제 깨어난 그녀 자신의 양심이 그녀에게 말한다.

19 **선생님, 내가 보니** – 그토록 빨리 그녀의 마음을 건드렸다.

20 그녀가 이것을 깨닫는 순간, 그녀는 모든 질문 중에서 가장 중요하다고 생각했던 것을 물어본다. **이 산** – 그리심산을 가리킨다. 알렉산더 대왕의 허락을 받은 산발랏(Sanballat)이 그리심산 위에 성전을 건축했다. 이것은 므낫세를 위한 것이었는데, 이 사람은 산발랏의 딸과 결혼하는 바람에 제사장직과 예루살렘에서 쫓겨났다(느 13:28). 이곳은 사마리아 사람들이 예루살렘에 반대하여서 예배를 드리던 곳이었다. 이곳은 수가와 가까운 곳이어서 남자가 소리를 지르면 서로 들을 수 있는 정도였다. **우리 조상들은 예배를 드렸는데** – 이것은 여기에 제단을 세웠던 아브라함과 야곱을(창 12:6-7; 33:18, 20) **가리킨다**(사마리아 사람들은 자신이 이들의 후손인 척한다). 어쩌면 이것은 모든 회중을 가리키는 것일 수도 있는데, 그들은 자신이 가나안 땅에 들어가면 그리심산에서 축복을 선언하라는 지시를 받았다(신 11:29). **당신 유대인들은 예루살렘에 있다고 한다** – 즉, 성전.

21 **내 말을 믿어라** – 우리 주님께서는 딱 한 번 이런 식으로 표현하신다. 그리고 그것은 사마리아인에게 한 말씀이었다. 자기 자신의 백성인 유대인들에게는 보통 "내가 네게 말하노니"라는 식으로 말씀하셨다. 너희

– 사마리아인과 유대인들 모두가 예배할 때가 오나니, **여기서도 아니고 예루살렘에서도 아니다** – 어느 한 곳을 선호하는 것처럼 하는 것이 아니다. 진정한 예배는 더 이상 어떤 장소나 국가에 국한되지 않는다.

22 너희는 너희가 알지 못하는 것을 예배하고 – 너희 사마리아인들은 무지하여서 그 장소를 알지 못할 뿐만 아니라 예배의 목적도 모르고 있다. 정말로 그들은 풍습을 따라서 주님을 두려워하였다. 그러나 그들은 그와 동시에 자기 자신의 신들도 섬겼다(왕하 17:33). **구원은 유대인에게서 난다** – 모든 예언자가 구세주가 유대 나라에서 일어날 것이라고 말하였다. 그리고 거기에서 그분을 아는 지식이 하늘 아래 있는 모든 나라로 퍼져나갈 것이라고 말하였다.

23 참된 예배자는 아버지께 예배할 것이다 – 여기 혹은 저곳에서만이 아니라 언제 어디에서든지.

24 하나님은 영이시다 – 육체와 육체의 모든 부분으로부터 떨어져 멀리 있을 뿐만 아니라 모든 영적인 완전함, 능력, 지혜, 사랑 그리고 거룩함으로 가득하시다. 우리의 예배는 그분의 이러한 성품에 적합한 것이어야 한다. 우리는 참된 영으로 믿음과 사랑과 거룩함의 예배를 드려야 하며, 우리의 모든 성품과 생각과 말과 행동에 생기를 불어넣어서 그분께 이러한 예배를 드려야 한다.

25 여자가 말했다 – 자신이 조금 전에 배운 것으로 인해 기뻐하면서. 그리고 더 많이 배우고 싶은 욕구를 가지고.

26 예수께서 말씀하셨다 – 자신의 제자들이 돌아오기 전에 그녀가 바라는 것을 속히 만족시켜주시려고. **내가 그다** – 우리 주님께서는 메시아의 나라가 이 땅에서의 나라라고 잔뜩 기대하고 있는 유대인들에게 이처럼 대놓고 말씀하지 않으신다. 만일 예수께서 그렇게 하셨더라면 많

은 사람은 예수의 팔을 잡고 모셔가려고 했었을 것이고, 어떤 사람들은 로마 당국에 그분을 고발했을 것이다. 그러나 그분께서는 특정한 호칭을 거부하면서도 이러한 것을 실질적으로는 선언하셨다. 예수께서는 여러 곳에서 자기 자신을 인자로 그리고 하나님의 아들로 드러내셨다. 이 두 가지 표현은 일반적으로 유대인들에게 특히 메시아를 가리키는 말로 이해되던 말이었다.

27 **그의 제자들이 그분께서 여인과 함께 말씀을 나누시는 것을 보고 놀랐다** – 유대 랍비들은 유명한 사람이 이런 행동을 하는 것에 대해 불미스러운 것으로 여겼다. 그들도 마찬가지로 예수께서 특히 유대인들이 미워하는 나라의 한 여인과 대화를 나누시는 것을 보고 놀랐다. 그러나 **묻는 사람이 한 사람도 없었다** – 여인에게 "당신이 원하는 것이 무엇이요?"라고 묻는. 혹은 그리스도께 "왜 이 여자와 이야기를 나누십니까?"라고 묻는.

28 **그 여자는 그녀의 물동이를 버려두고** – 작은 것은 잊어버리고.

29 **내가 한 일을 모두 알아맞히신 분이** – 우리 주님께서는 그녀에게 그저 조금만 말씀하셨다. 그러나 그분의 말씀은 그녀의 양심을 일깨웠다. 그래서 그 양심은 그녀에게 나머지 모든 것을 말해주었다. **그분이 그리스도가 아닐까요** – 그녀 자신은 이점을 의심하지 않는다. 다만 그 사람들을 자극해서 질문을 던지게 하는 것이다.

31 **그러는 동안에** – 사람들이 오기 전에.

34 **내 음식** – 내 영혼의 가장 강한 식욕을 만족시키는 것.

35 **밭은 이미 희게 되었다** – 영적인 추수 때가 이미 무르익었다고 말씀하시는 것 같다. 사마리아인들은 복음에 무르익어서 그들 주변에 있는 밭을 뒤덮었다.

36 [추수하는 사람은 품삯을 받으며, 영생에 이르는 열매를 거두어들인다. 그리하면 씨를 뿌리는 사람과 추수하는 사람이 함께 기뻐할 것이다.]
추수하는 사람 – 누구든지 영혼은 구하는 사람은 그 대가를 받는다 – 자기 자신에게는 특별한 축복이다. 열매를 거두어들인다 – 많은 영혼을. 씨를 뿌리는 사람 – 그리스도는 위대한 씨를 뿌리는 자이다. 추수하는 사람이 그와 함께 기뻐한다 – 천국에서.

37 **말 – 흔히 하는 속담. 한 사람은 심고 – 예언자와 그리스도. 다른 사람은 거둔다 – 사도들과 그 뒤를 이른 사역자들.**

38 **나 –모든 추수의 주인이신 그분이 너희를 보냈다 – 그분께서 그들을 이미 고용하여서 세례를 주도록 하셨다**(요 4:2).

42 **우리는 이분이 참으로 세상의 구주이심을 안다 – 유대인들의 구세주이신 것만이 아니라.**

43 **그분께서 갈릴리로 가셨다 – 즉, 갈릴리 지방으로.** 그러나 나사렛으로 가시지는 않았다. 예수께서는 유일하게 그 동네에서만 존경을 받지 못하셨다. 그러므로 그분께서는 다른 마을로 가셨다.

44 마태복음 13장 57절.

47 **내려오셔서 –** 가나는 가버나움보다 더 높은 곳에 있다.

48 **너희는 표징이나 기이한 일들을 보지 않고는 –** 비록 사마리아 사람들은 그런 것 없이도 믿었지만.

52 **그가 아이가 낫게 된 때를 물어보니 –** 하나님의 역사를 더욱 정확하게 생각할수록 믿음은 더욱 커진다.

역자 해설

    요한은 하늘로부터 세상의 빛으로 찾아오신 예수님을 알아보고, 그분을 구세주로 영접해야 참된 영생을 얻을 수 있다고 거듭 말합니다. 그분은 세상을 구원하실 참 메시아이시며, 예수님을 통해서만 하나님을 만날 수 있습니다. 요한복음 4장도 이런 이야기를 펼칩니다. 앞서 3장의 니고데모 이야기와 4장 사마리아 여인 이야기는 서로 짝을 이룹니다. 니고데모가 지체 높은 유대인의 지도자 남성이라면 사마리아 여인은 천시받는 사마리아의 보잘것없는 여성으로 대조를 이룹니다. 니고데모가 한밤중에 예수님을 만났다면 사마리아 여인은 한낮에 예수님을 만납니다. 그러나 한밤중이 사람의 시선을 피하기 좋은 시간이라면 뙤약볕이 내리쬐는 한낮의 우물가 또한 사람들의 시선을 피하기 좋은 시간이라는 점에서 공통점이 있습니다. 두 사람 모두 예수님과 대화를 통해 영생을 얻는 길을 깨닫게 됩니다. 두 사람 모두 처음에는 잘 이해하지 못하지만, 예수님과의 대화를 통해 점점 변화하는 모습을 보입니다.

    사마리아 여인은 대낮에 물을 길으러 나옵니다(7절). 이 시간은 여인들이 보통 물을 길으러 나오는 시간이 아닌 것을 볼 때 이 여인은 사람들을 피해 다니는 사람임을 알 수 있습니다. 예수님과의 대화에서 드러났듯이 전남편이 다섯이고, 현재 동거남도 남편이 아니라는 것을 보면(18절) 이 여인이 당시 보수적인 마을 공동체에서 어떻게 사람들에게 인식되었냐는 것은 굳이 설명할 필요가 없을 정도입니다.

여인과 예수님 사이의 대화는 다소 난해합니다. 예수님은 여인에게 "내가 누구인지 알았더라면 도리어 네가 나에게 물을 달라고 했을 것"이라고 말씀하십니다(10절). 그러자 여인은 "당신은 두레박도 없는데 어떻게 제게 물을 준다는 겁니까?"라고 되묻습니다(11절). 이 대화는 거듭남에 대한 예수님의 말씀에 어머니 뱃속으로 다시 들어가야 하냐고 되물었던 니고데모와의 대화와 비슷합니다. 예수님은 영적인 것을 말씀하시는데 니고데모와 여인은 그것을 이해하지 못하고 땅의 것으로 이해합니다(3:31). 이에 니고데모에게 물과 성령으로 거듭나는 것에 대해 난해한 말씀을 하시는 것처럼 여인에게 예수님은 영원히 목마르지 않는 물을 말씀하십니다(13-14절).

이 대화 중간에 여인이 남긴 말이 난해합니다. "선생님이 우리 조상 야곱보다 위대한 분이라는 겁니까?"(12절) 왜 갑자기 야곱 이야기가 여기에 나오는 걸까요? 이것을 이해하려면 사마리아 종교의 배경을 알 필요가 있습니다. 이스라엘이 남북왕국으로 분열되면서 남 유다는 다윗의 자손과 메시아를 연결해서 기다렸습니다. 반면에 사마리아 종교 전통에서는 '타헤브'라는 메시아를 기다렸고, 그 타헤브는 다윗이 아닌 야곱에게서 나온다고 믿었습니다. 즉, "당신이 야곱보다 위대한 분입니까?"라는 여인의 질문은 직설적으로 다시 표현하면, "혹시 당신이 우리가 기다리던 그 타헤브(메시아)이십니까?"라는 말입니다.

예수님과의 대화를 통해 여인은 혹시 이분이 타헤브 메시아가 아닌지 마음에 뭔가 이상함을 감지했던 것입니다. 그리고 이어지는 영생의 물에 관한 예수님은 그 여인에게 점점 확신을 심어주는 가르침이 된 것입니다. 이어 나오는 예배 장소에 관한 대화도 예수님이 누구신지 그 여인에게 드러내는 이야기가 됩니다. 예수님은 사마리아 그리심산도 예루살렘 시온산도 아닌 제3의 장소에서 참된 예배가 이루어질 것이라고 하십니다. 22절에서 말하는 '너희'와 '우리'는 사마리아인과 유대인을 각각 가리키는 것이 아닙니다. '너희'는 예수님을 모르는 자, '우리'는 예수님을 알아보고 영접한 자(1:14-18)를 말합니다.

영과 진리로 예배해야 참 예배라는 말씀은 무슨 뜻일까요? 거룩하고 진실된 마음으로 드리는 예배가 참된 예배라는 말일까요? 그렇지 않습니다. 영은 성령이고 진리는 예수님입니다(14:6). 예배는 우리가 하나님을 만나는 시간입니다. 영과 진리가 하나님을 만날 수 있는 참된 방법으로 제시됩니다. 즉, 영과 진리로 하나님께 예배드린다는 것은 14장 6절에서 말씀하시는바, 예수님을 통해서만 하나님을 알고 만날 수 있다는 말씀입니다. 그리고 하나님은 예수님을 통해서 자신을 만나려는 사람들을 찾으십니다. 이를 위해 예수님이 이 땅에 오셨습니다.

결국 예수님은 단도직입적으로 말씀하십니다. "내가 바로 그 [메시아]이다"(26절). 이에 놀란 여인은 마을로 달려가 복음을 전합니다. 그리고 예수님의 말씀을 듣고 사마리아인들이 예수님을 믿습니다(40절). 이들은 예수님을 영접한 사람들(요한은 이런 사람들을 '우리'[we]라고 합니다)이 되었습니다. 그리고 예수님을 '세상의 구주'(42절)로 고백합니다. 예수님을 만난 이들은 1장 12-13절에서 말한 '영접하는 자'가 된 것입니다. 예수님은 우리의 유일한 구원의 통로이십니다. 하나님을 만나는 유일한 길은 예수 그리스도밖에 없습니다. 예수님을 통하지 않고는 절대로 하나님을 만나지도 그분을 알 수도 없습니다. 영생의 길은 예수님에게만 있기 때문입니다.

요한복음 5장

¹ 그 뒤에 유대 사람의 명절이 되어서, 예수께서 예루살렘으로 올라가셨다. ² 예루살렘에 있는 '양의 문' 곁에, 히브리 말로 베드자다라는 못이 있는데, 거기에는 주랑이 다섯 있었다. ³ 이 주랑 안에는 많은 환자들, 곧 눈먼 사람들과 다리저는 사람들과 중풍병자들이 누워 있었다. [그들은 물이 움직이기를 기다리고 있었다. ⁴ 주님의 천사가 때때로 못에 내려와 물을 휘저어 놓는데 물이 움직인 뒤에 맨 먼저 들어가는 사람은 무슨 병에 걸렸든지 나았기 때문이다.] ⁵ 거기에는 서른여덟 해가 된 병자 한 사람이 있었다. ⁶ 예수께서 누워 있는 그 사람을 보시고, 또 이미 오랜 세월을 그렇게 보내고 있는 것을 아시고는 물으셨다. "낫고 싶으냐?" ⁷ 그 병자가 대답하였다. "주님, 물이 움직일 때에, 나를 들어서 못에다가 넣어주는 사람이 없습니다. 내가 가는 동안에, 남들이 나보다 먼저 못에 들어갑니다." ⁸ 예수께서 그에게 말씀하셨다. "일어나서 네 자리를 걷어 가지고 걸어가거라." ⁹ 그 사람은 곧 나아서, 자리를 걷어 가지고 걸어갔다. 그 날은 안식일이었다. ¹⁰ 그래서 유대 사람들은 병이 나은 사람에게 말하였다. "오늘은 안식일이니, 자리를 들고 가는 것은 옳지 않소." ¹¹ 그 사람이 대답하였다. "나를 낫게 해주신 분이 나더러, '네 자리를 걷어 가지고 걸어가거라' 하셨소." ¹² 유대 사람들이 물었다. "그대에게 자리를 걷어 가지고 걸어가라고 말한 사람이 누구

요?" **13** 그런데 병 나은 사람은, 자기를 고쳐 주신 분이 누구인지를 알지 못하였다. 거기에는 사람들이 많이 붐비었고, 예수께서는 그 곳을 빠져나가셨기 때문이다. **14** 그 뒤에 예수께서 성전에서 그 사람을 만나서 말씀하셨다. "보아라. 네가 말끔히 나았다. 다시는 죄를 짓지 말아라. 그리하여 더 나쁜 일이 너에게 생기지 않도록 하여라." **15** 그 사람은 가서, 자기를 낮게 하여 주신 분이 예수라고 유대 사람들에게 말하였다. **16** 그 일로 유대 사람들은, 예수께서 안식일에 그러한 일을 하신다고 해서, 그를 박해하였다. **17** 그러나 [예수]께서는 그들에게 말씀하셨다. "내 아버지께서 이제까지 일하고 계시니, 나도 일한다." **18** 유대 사람들은 이 말씀 때문에 더욱더 예수를 죽이려고 하였다. 그것은, 예수께서 안식일을 범하셨을 뿐만 아니라, 하나님을 자기 아버지라고 불러서, 자기를 하나님과 동등한 위치에 놓으셨기 때문이다. **19** 예수께서 그들에게 말씀하셨다. "내가 진정으로 진정으로 너희에게 말한다. 아들은 아버지께서 하시는 것을 보는 대로 따라 할 뿐이요, 아무것도 마음대로 할 수 없다. 아버지께서 하시는 일은 무엇이든지, 아들도 그대로 한다. **20** 아버지께서는 아들을 사랑하셔서, 하시는 일을 모두 아들에게 보여 주시기 때문이다. 또한 이보다 더 큰 일들을 아들에게 보여 주셔서, 너희를 놀라게 하실 것이다. **21** 아버지께서 죽은 사람들을 일으켜 살리시니, 아들도 자기가 원하는 사람들을 살린다. **22** 아버지께서는 아무도 심판하지 않으시고, 심판하는 일을 모두 아들에게 맡기셨다. **23** 그것은, 모든 사람이 아버지를 공경하듯이, 아들도 공경하게 하려는 것이다. 아들을 공경하지 않는 사람은, 아들을 보내신 아버지도 공경하지 않는다. **24** 내가 진정으로 진정으로 너희에게 말한다. 내 말을 듣고 또 나를 보내신 분을 믿는 사람은, 영원한 생명을 가지고 있고 심판을 받지 않는다. 그는 죽음에서 생명으로 옮겨갔다. **25** 내가 진정으로 진정으로 너희에게 말한다. 죽은 사람들이 하나님의 아들의 음성을 들을 때가 오는데, 지금이 바로 그 때이다. 그리고 그 음성을 듣는 사람들은 살 것이다. ²⁶ 그것은, 아버지께서 자기 속에 생명을 가지고 계신 것 같이 아들에게도 생명을 주셔서, 그 속에 생명을 가지게 하여 주셨기 때문이다. ²⁷ 또, 아버지께서는 아들에게 심판하는 권한을 주셨다. 그것은 아들이 인자이기 때문이다. ²⁸ 이 말에 놀라지 말아라. 무덤 속에 있는 사람들이 다 그의 음성을 들을 때가 온다. ²⁹ 선한 일을 한 사람들은 부활하여 생명을 얻고, 악한 일을 한 사람들은 부활하여 심판을 받는다." ³⁰ "나는 아무것도 내 마음대로 할 수 없다. 나는 아버지께서 하라고 하시는 대로 심판한다. 내 심판은 올바르다. 그것은 내가 내 뜻대로 하려 하지 않고, 나를 보내신 분의 뜻대로 하려 하기 때문이다." ³¹ "내가 내 자신을 위하여 증언한다면, 내 증언은 참되지 못하다. ³² 나를 위하여 증언하여 주시는 분은 따로 있다. 나를 위하여 증언하시는 그 증언이 참되다는 것을 나는 안다. ³³ 너희가 요한에게 사람을 보냈을 때에 그는 이 진리를 증언하였다. ³⁴ 내가 이 말을 하는 것은, 내가 사람의 증언이 필요해서가 아니다. 그것은 다만 너희로 하여금 구원을 얻게 하려는 것이다. ³⁵ 요한은 타오르면서 빛을 내는 등불이었다. 너희는 잠시 동안 그의 빛 속에서 즐거워하려 하였다. ³⁶ 그러나 나에게는 요한의 증언보다 더 큰 증언이 있다. 아버지께서 나에게 완성하라고 주신 일들, 곧 내가 지금 하고 있는 바로 그 일들이, 아버지께서 나를 보내셨다는 것을 증언하여 준다. ³⁷ 또 나를 보내신 아버지께서 친히 나를 위하여 증언하여 주셨다. 너희는 그 음성을 들은 일도 없고, 그 모습을 본 일도 없다. ³⁸ 또 그 말씀이 너희 속에 머물러 있지도 않다. 그것은 너희가, 그분이 보내신 이를 믿지 않기 때문이다. ³⁹ 너희가 성경을 연구하는 것은, 영원한 생명이 그 안에 있다고 생각하기 때문이다. 성경은 나에 대하여 증언하고 있다. ⁴⁰ 그런데 너희는 생명을 얻으러 나에게 오려고 하지 않는다. ⁴¹ 나는 사람에게서 영광을 받지 않는다. ⁴² 너희에게 하나님을 사랑하는 마음이 없는 것도, 나는 알고 있다. ⁴³ 내가 내 아버지의 이름으로 왔는데, 너희는 나를 영접하지 않는다. 그러나 다른 이가 자기 이름으로 오면 너희는 그를 영접할 것이다. [44] 너희는 서로 영광을 주고받으면서 오직 한 분이신 하나님께서 주시는 영광은 구하지 않으니, 어떻게 믿을 수 있겠느냐? [45] 내가 너희를 아버지께 고발하리라고는 생각하지 말아라. 너희를 고발하는 이는 너희가 희망을 걸어온 모세이다. [46] 너희가 모세를 믿었더라면 나를 믿었을 것이다. 모세가 나를 두고 썼기 때문이다. [47] 그러나 너희가 모세의 글을 믿지 않으니, 어떻게 내 말을 믿겠느냐?"

웨슬리와 함께 읽기

1 명절 – 오순절.

2 예루살렘에 있는 – 이렇게 한 것은 성 요한이 자신의 복음서를 예루살렘이 멸망하기 이전에 썼기 때문으로 보인다.[12] 멸망은 예수께서 승천하신 지 30년 정도 지난 후에 벌어졌다. **주랑이 다섯 있었다** – 병자들이 사용하라고 만든 것이다. 아마도 이 저수조는 다섯 개의 면이 있었을 것이다! 베데스다는 은혜의 집이라는 뜻이다.

4 천사가 – 당시에 사람들은 이러한 모든 일을 아주 자연스러운 일로 의심 없이 생각하였다. **때때로** – 아마도 이 유월절 주간에 있는 어느 날에 어떤 시간일 것이다. **내려와** – 헬라어로 이 단어는 성 요한이 이것을 기록할 시점 이전에 그가 내려가는 것을 이미 멈추었다는 것을 의미한다. 하나님께서는 적절한 시간이 다가오고 있다는 기대감을 불러일으키기 위해서, 자기 아들이 일으키는 표적에 놀라운 광채를 더해주기 위해서 그리고 하나님께서 자신의 그 옛날 이 백성들을 절대로 잊고 계시지 않는다는 것을 보여주기 위해서 이 일을 계획하셨을 것이다. **맨 먼저** – 하나님의 아들께서는 하루만 사람들을 고쳐주신 것이 아니라 매일 고쳐주셨고, 자신을 의지하는 모든 군중을 고쳐주셨다.

7 그 병자가 대답하였다 - 그렇게 간절히 바라면서도 왜 자신이 온전해지지 못했는지에 대한 이유를 대면서.

14 다시는 죄를 짓지 말아라 - 아마도 이 사람이 이전에 아팠던 것은 그가 지은 죄의 결과나 형벌 때문인 것처럼 보인다.[13)

15 우리는 이 사람이 자기를 고쳐주신 분의 이름을 널리 알렸을 때 군중이 예수 주변에 몰려들어서 그분의 입에서 나오는 말씀을 듣고 복된 복음을 받아들였을 것이라고 기대했을 것이다. 그러나 그 대신에 그들은 적개심에 차서 그분 주변에 몰려들었다. 그들은 모략을 꾸며서 그분을 죽이려고 했고, 종교적 의식에 관하여 어떤 규정을 위반했다는 상상을 하여 이스라엘의 이 빛을 꺼뜨리려고 하였다. 혹시 우리의 선한 것이 도리어 악한 말을 듣게 되더라도 놀라지 말자. 우리의 정직, 선의 그리고 남을 유익하게 했던 선행이 자비보다 희생 제사를 더 선호하도록 배워왔던 사람들이 가지는 우리에 대한 적개심을 누그러뜨리지 못한다고 하더라도 놀라지 말자. 또한 참된 복음을 혐오하고, 그래서 신앙을 고백하는 사람들을, 특히 복음을 변호하는 사람들을 비방하고 핍박하는 자들이 우리에게 가지는 적개심을 누그러뜨리지 못한다고 하더라도 놀라지 말자.

17 내 아버지께서 이제까지 일하고 계시니 나도 일한다 - 창세로부터 지금까지 그분께서는 쉼 없이 일하신다. 그와 같이 나도 일한다. 이것은 요 5장 19-30절에 설명된 전제인데, 이것은 요한복음 5장 31절 이하에서 확증되고 있다.

18 자기 아버지 - 헬라어로 이 단어는 어떤 피조물도 감히 말할 수 없는 그런 의미에서 자기 자신의 아버지라고 말한다는 뜻을 담고 있다. **자기를 하나님과 동등한 위치에 놓으셨기 때문** - 그 자리에서 말을 듣고 있

던 모든 사람이 그렇게 그분을 이해했다는 것이 분명하며, 우리 주님께서는 결코 그 사실을 부인하지 않고 도리어 확실히 해두셨다.

19 **아들은 아무것도 마음대로 할 수 없다** – 이것은 그분께서 불완전하신 분이라고 말하는 것이 아니라, 그분께서 영원하고(eternal) 친근하며(intimate), 나눌 수 없을 정도로 천부와 하나가 되신 것(indissoluble unity)에서 비롯된 그분의 영광을 가리킨다. 따라서 아들이 아버지 없이 혼자서 심판하고, 어떤 것을 의도하고, 시험하고 가르친다는 것은 전혀 생각도 할 수 없는 일이다(요 5:30; 6:38; 7:16). 또한 그분을 성부와 별개로 알거나 믿는다는 것 또한 완전히 불가능하다.[14] 여기에서 그분은 자신이 쉼 없이 매일 선한 일을 하시는 것에 대해 자신과 분리될 수 없는 성부의 예를 들어서 자신을 변호하신다. **아들도 그대로 한다** – 이러한 일들, 오직 이러한 일들만을 가리킨다. 왜냐하면 그분과 아버지는 하나이시기 때문이다.

20 **아버지께서는 자신이 하시는 일을 모두 아들에게 보여주신다** – 이것은 이 두 분이 가장 친밀한 하나이시다는 것을 보여주는 것이다. **그분께서는 그분에게 보여주신다** – 이러한 일을 함으로써. 이와 동시에(다른 시간이 아니라) 아버지는 보여주시고 일하시며, 아들 또한 보시고 일하신다. **큰 일** – 예수께서는 이러한 일들을 표적이나 기적이라고 하기보다는 일이라고 언급하시는데, 왜냐하면 이러한 일들은 그분 자신이 보시기에는 그리 놀랄 만한 일이 아니기 때문이다. **너희를 놀라게 하실 것이다** – 그래서 그들은 그분께서 나사로를 살려내셨을 때 놀랐다.

21 **왜냐하면** – 그분께서는 더 큰 일들을 선포하시는데, 그것은 곧 죽은 자를 일으키시고 세상을 심판하시는 것이다. 자신이 원하시는 자들을 일으키시는 권능 뒤에는 심판의 능력이 뒤따른다. 이 두 가지, 즉 죽은

자를 살리고 심판하는 것은 요한복음 5장 21-22절에 나와 있다. 믿는 자들이 심판을 받지 않게 하는 것(사실 이것은 이미 그들이 심판의 과정을 통과했음을 전제로 한다)은 요한복음 5장 24절에서 다루고 있다. 죽은 자를 다시 살리는 것은 요한복음 5장 25절에, 일반적인 부활에 대한 것은 5장 28절에서 다룬다.

22 아버지께서는 아무도 심판하지 않으시고 – 아들 없이 혼자서 심판하지 않으신다. 그분께서는 자신이 지명하신 사람들을 통해서 심판하신다(행 17:31).

23 모든 사람이 아버지를 공경하듯이 아들도 공경하게 하려는 것이다 – 정죄를 당하지 않으려고 일부러 하든지 혹은 믿음을 가지고 그렇게 하든지 혹은 심판의 진노를 느껴서 자기의 의지와는 상관없이 그렇게 하든지. 이것은 성자와 성부의 동등성(Equality)을 설명해준다. 만일 우리 주님께서 모든 면에 있어서 삼위일체 하나님과 동등하신 분이지만 본질적인 신성의 하나 됨(unity of the Divine essence)에 의한 것이 아니라 어떤 직무(office)나 수여 행위(investiture)로만 하나님이 되신다고 한다면, 그분께서는 그들이 성부께 돌리는 공경과 똑같은 그런 공경을 받으실 수 없었을 것이다. 아들을 공경하지 않는 사람 – 똑같은 공경을 돌리지 않는 자는 그분을 보내신 성부를 공경하지 않는 셈이다.

24 심판을 받지 않는다 – 그가 믿음의 파선을 하지 않는 이상.

25 죽은 사람들이 하나님 아들의 음성을 들을 것이다 – 그래서 야이로의 딸과 과부의 아들과 나사로가 그랬다.

26 아들에게도 주셨다 – 세세토록. 그 속에 생명을 가지도록 – 절대적이고도 독립적인 생명.

27 아들이 인자이기 때문이다 – 그분은 인간이 되셨기 때문에 인간을

심판하는 일을 맡으셨다.

28 때가 온다 – 그저 두세 사람이 아니라 모든 사람이 일으키심을 받을 때.

29 부활하여 생명을 얻고 – 영원한 생명으로 인도하는 부활.

30 나는 아무것도 내 마음대로 할 수 없다 – 내가 내 아버지와 분리되어서 어떤 것을 한다는 것은 불가능하다. **듣는 대로** – 아버지께서 하시는 말씀에 따라. 그리고 내가 아버지께 본 그대로 나는 심판하고 행동한다. 왜냐하면 나는 본질에서 그분과 하나로 연합되어 있기 때문이다(요 5:19).

31 내가 내 자신을 위하여 증언한다면 – 즉, 나 혼자 한다면(이것은 사실 불가능하다)[15] 내 증언은 무효이다.

32 또 다른 분 – 성부(요 5:37). 그리고 나는 너희의 판단에서조차 그분의 증언이 상상을 뛰어넘는 것이라는 사실을 알고 있다.

33 그는 이 진리를 증언하였다 – 내가 그리스도라는 사실을.

34 내가 증언이 필요해서가 아니다. 다만 그것은 – 너희들이 존경하는 요한에 대한 그것. **너희가 구원을 얻도록** – 그분은 정말로 그들이 구원받도록 하려고 하셨다. 그러나 그들은 구원받지 못했다. 전부는 아니더라도 대부분은 자기의 죄 가운데서 죽었다.

35 그는 타오르면서 빛을 내는 등불이었다 – 내면적으로는 사랑과 열정으로 불타올랐고, 외적으로는 모든 거룩함으로 빛이 났다. **너희도 잠시 그의 빛 속에서 즐거워하려고 했다** – 그저 잠깐만.

37 그분께서 친히 나를 증언하셨다 – 이를테면 내가 세례를 받을 때. 나는 내 인간적인 아버지 요셉을 말하는 것이 아니다. 너희는 내가 말하는 그분에 대해 전혀 알지 못한다.

38 그 말씀이 너희 속에 머물러 있지 않다 – 모든 믿는 자에게는 성부의 말씀(성자의 말씀과 같은 것이다)이 그들 안에 머물러 있다. 즉, 그들의 마음속

에 깊이 새겨져 있다.

39 성경을 연구하는 – 모든 사람이 지켜야 할 규례이다. **영원한 생명이 그 안에 있다고 생각하기 때문이다** – 너희는 그 성경이 너희에게 영생의 길을 보여준다는 것을 알고 있다. 바로 그 성경 말씀이 나에 대해 증언하고 있다.

40 그런데 너희는 내게 오려고 하지 않는다 – 성경은 너희에게 그렇게 하라고 지시하는데도.

41 나는 이것이 필요 없다. 나는 나 자신을 위해서 이런 것들을 너희에게서 찾지 않는다.

42 그러나 나는 알고 있다 – 예수께서는 이 빛으로 듣는 자들의 마음을 꿰뚫어 보실 수 있다. 그리고 의심할 여지 없이 그분께서는 부드러운 마음으로 이렇게 말씀하셨다.

43 다른 이가 오면 – 다른 거짓 그리스도가.

44 너희는 서로 영광을 주고받으면서 – 즉, 너희는 하나님으로부터 칭찬받기보다는 사람들로부터 칭송받으려고 한다. 오순절 명절은 모세가 시나이산에서 율법을 준 것을 기리는 명절인데, 그들의 설교에는 율법과 그 율법을 받은 사람들을 칭송하는 내용으로 가득하곤 했다. 그렇다면 우리 주님께서 모세와 그 율법을 칭송하는 그 사람들에게 다음과 같은 말씀을 하신 것이 그들에게 얼마나 굴욕적인가!

45 너희를 고발하는 이가 있다 – 그 쓴 율법으로.

46 그가 나를 두고 썼다 – 곳곳에서. 그가 쓴 모든 글에서. 특히 신명기 18장 15, 18절에서.

역자 해설

사마리아 여인과의 일화 뒤에 한 고관의 아들을 고쳐주시는 두 번째 표적 이야기가 나옵니다(4:43-54). 그리고 이어서 베데스다 연못에서 38년간 움직이지 못하던 병자를 고치시는 세 번째 표적 이야기가 이어집니다(5:1-18). 이 두 이야기는 서로 연결됩니다. 요한은 고관의 아들을 고치시는 이야기가 첫째 표적이 있었던 갈릴리 가나에서 일어난 이야기라고 언급합니다(4:46). 즉, 요한은 우리에게 이 고관의 아들 이야기를 2장 가나 결혼 잔치 사건과 연결해서 보라고 말하는 것입니다.

사람들이 갈릴리에 오신 예수님을 환영합니다(45절). 그런데 바로 앞에서는 예언자가 고향에서 존경받지 못한다는 것을 말합니다(44절). 이것이 어찌 된 일인가요? 예수님의 말씀이 틀린 걸까요? 요한은 갈릴리 사람들이 왜 예수님을 환영했는지 말합니다. 바로 표적을 봤기 때문입니다(45절). 앞서 2장에서도 언급했지만, 표적은 예수님이 누구신지 보여주기 위한 방편입니다. 문제는 사람들이 표적의 의미를 제대로 깨닫지 못한 채 그저 눈으로 드러나는 현상에만 마음이 쏠려서 그것에 좌지우지된다는 것입니다.

요한은 표적에 대한 반응으로 세 가지를 제시합니다. 첫째, 보아야 비로소 믿는 사람, 둘째, 보고도 안 믿는 사람, 셋째, 보지도 않았지만 믿는 사람. 요한복음 안에는 이 세 종류의 사람들이 곳곳에서 등장합니다. 가나와 가버나움을 배경으로 한 이 4장의 사건은 첫째 부류를 보여줍니다. 예수님은 그들이 표적을 보기 전에는 안 믿는 사람이라고 말씀하십니다(48절). 실제로 기적이 벌어지자 그제야 그 고관과 그 집 사람들이 믿습니다(53절).

5장 첫머리 베데스다 연못의 표적은 둘째 부류의 사람들을 보여줍니다. 예수님은 안식일에 38년간 못 움직이던 병자를 고쳐주십니다. 그런데 문제는 사람들이 이 모습을 보고 시비를 건다는 사실입니다. 사람들은 예수님의 표적 사건을 보고서 예수님을 믿은 것이 아니라 도리어 안식일 규정을 어겼다는 점만 보면서 예수님을 박해합니다(16절). 이 표적 사건은 예수님이 누구신지 보여주기 위한 것입니다(18절). 그런데 그들은 이 표적을 통해 예수님이 누구신지 깨닫자 영접하지 않고 도리어 예수님을 박해합니다.

이에 예수님은 자기가 누구인지 길게 설명하십니다(19-47절). 요한복음 전반부는 독특한 형태로 구성되는데, 먼저 표적 이야기(semeion)를 소개하고 그 표적 이야기를 바탕으로 예수님이 긴 강해(discourse)를 하시는 방식입니다. 이 5장도 이렇게 구성되었습니다. 사실 중요한 것은 표적 일화가 아니라 그 뒤에 나오는 강해에 담겨 있습니다. 어쩌면 표적 이야기는 뒤이어 나오는 강해를 끌어내기 위한 도입 역할을 합니다.

19절부터 5장 마지막 절까지 길게 이어지는 강해의 내용은 한마디로 "예수님은 누구신가"에 관한 논의입니다. 여기에서 요한은 예수님이 하나님께로부터 오신 하나님의 아들이시며, 예수님의 모든 행동은 하나님에 따라 이루어지는 것임을 말합니다. 즉, 예수님과 하나님이 하나로 엮인 일체이심을 말합니다. 둘째로 이 강해 부분은 그런 예수님을 맞아들일 것을 요구합니다. 지금은 그 아들의 음성을 들을 때입니다(25절). 그 음성을 듣고 그를 맞아들이는 자는 생명을 얻지만 거부하는 이는 심판을 받습니다(26-29절). 세례 요한도, 성경도, 예수님께서 하시는 표적도 모두 예수님이 누구신지 증언합니다(31-39절). 그러나 많은 사람이 예수님을 영접하지 않습니다(40-47절).

가나와 가버나움에서 일어난 둘째 표적을 보고 사람들이 보였던 반응, 베데스다 연못에서 일어난 셋째 표적을 보고 사람들이 보였던 반응을 생각해봅시다. 예수님은 이런 표적을 통해 자기가 누구인지 계시하셨습니다. 그런데 사람들은 어떻게 반응했던가요? 요한은 끊임없이 예수님이 어떤 분인지 우리에게 소개해줍니다. 그리고 그분이 하나님의 아들 구세주이심을 말하면서 그분을 믿고 영접하여 영생을 얻으라고 종용합니다. 요한복음의 목적이 바로 여기에 있습니다(20:30-31). 우리를 부르시는 그 초대의 음성을 듣고 어떤 이는 빛 가운데로 나아와 영생을 얻지만, 어떤 이들은 무시하고 또 어떤 이들은 도리어 강하게 거부하면서 도리어 박해하기도 합니다. 어떤 이들은 표적을 보고 따르지만, 어떤 이들은 굳이 보지 않더라도 예수님을 믿어 영접합니다. 예수님은 이런 사람을 가리켜 복되다고 말씀하십니다(20:29). 우리는 어느 부류에 속한 사람입니까?

요한복음 6장

¹ 그 뒤에 예수께서 갈릴리 바다 곧 디베랴 바다 건너편으로 가시니 ² 큰 무리가 예수를 따라갔다. 그것은, 그들이 예수가 병자들을 고치신 표징들을 보았기 때문이다. ³ 예수께서 산에 올라가서, 제자들과 함께 앉으셨다. ⁴ 마침 유대 사람의 명절인 유월절이 가까운 때였다. ⁵ 예수께서 눈을 들어서, 큰 무리가 자기에게로 모여드는 것을 보시고, 빌립에게 말씀하셨다. "우리가 어디에서 빵을 사다가, 이 사람들을 먹이겠느냐?" ⁶ 예수께서는 빌립을 시험해 보시고자 이렇게 말씀하신 것이었다. 예수께서는 자기가 하실 일을 잘 알고 계셨던 것이다. ⁷ 빌립이 예수께 이렇게 대답하였다. "이 사람들에게 모두 조금씩이라도 먹게 하려면, 빵 이백 데나리온어치를 가지고서도 충분하지 못합니다." ⁸ 제자 가운데 하나이며 시몬 베드로와 형제간인 안드레가 예수께 말하였다. ⁹ "여기에 보리빵 다섯 개와 물고기 두 마리를 가지고 있는 한 아이가 있습니다. 그러나 이렇게 많은 사람에게 그것이 무슨 소용이 있겠습니까?" ¹⁰ 예수께서는 "사람들을 앉게 하여라" 하고 말씀하셨다. 그 곳에는 풀이 많았다. 그래서 그들이 앉았는데, 남자의 수가 오천 명쯤 되었다. ¹¹ 예수께서 빵을 들어서 감사를 드리신 다음에, 앉은 사람들에게 나누어주시고, 물고기도 그와 같이 해서, 그들이 원하는 대로 주셨다. ¹² 그들이 배불리 먹은 뒤에, 예수께서 제자들에게 이렇게 말씀하

셨다. "남은 부스러기를 다 모으고, 조금도 버리지 말아라." **13** 그래서 보리빵 다섯 덩이에서, 먹고 남은 부스러기를 모으니, 열두 광주리에 가득 찼다. **14** 사람들은 예수께서 행하신 표징을 보고 "이분은 참으로 세상에 오시기로 된 그 예언자이다" 하고 말하였다. **15** 예수께서는, 사람들이 와서 억지로 자기를 모셔다가 왕으로 삼으려고 한다는 것을 아시고, 혼자서 다시 산으로 물러가셨다. **16** 날이 저물었을 때에, 예수의 제자들은 바다로 내려가서, **17** 배를 타고, 바다 건너편 가버나움으로 갔다. 이미 어두워졌는데도, 예수께서는 아직 그들이 있는 곳으로 오시지 않았다. **18** 그런데 큰 바람이 불고, 물결이 사나워졌다. **19** 제자들이 배를 저어서, 십여 리쯤 갔을 때였다. 그들은, 예수께서 바다 위로 걸어서 배에 가까이 오시는 것을 보고, 무서워하였다. **20** 예수께서 그들에게 말씀하셨다. "나다. 두려워하지 말아라." **21** 그래서 그들은 기꺼이 예수를 배 안으로 모셔들였다. 배는 곧 그들이 가려던 땅에 이르렀다. **22** 그 다음날이었다. 바다 건너편에 서 있던 무리는, 거기에 배 한 척만 있었다는 것과, 예수께서는 제자들과 함께 그 배를 타지 않으셨고, 제자들만 따로 떠나갔다는 것을 알았다. **23** 그런데 디베랴에서 온 배 몇 척이, 주님께서 감사 기도를 드리고 무리에게 빵을 먹이신 곳에 가까이 닿았다. **24** 무리는 거기에 예수도 안 계시고 제자들도 없는 것을 알고서, 배를 나누어 타고, 예수를 찾아 가버나움으로 갔다. **25** 그들은 바다 건너편에서 예수를 만나서 말하였다. "선생님, 언제 여기에 오셨습니까?" **26** 예수께서 그들에게 대답하셨다. "내가 진정으로 진정으로 너희에게 말한다. 너희가 나를 찾는 것은 표징을 보았기 때문이 아니라, 빵을 먹고 배가 불렀기 때문이다. **27** 너희는 썩어 없어질 양식을 얻으려고 일하지 말고, 영생에 이르도록 남아 있을 양식을 얻으려고 일하여라. 이 양식은, 인자가 너희에게 줄 것이다. 아버지 하나님께서 인자를 인정하셨기 때문이다." **28** 그들이 예수께 물었다. "우리가 무엇을 하여야 하나님의 일을 하는 것이 됩니까?" **29** 예수께서 그들에게 대답하셨다. "하나님께서 보내신 이를 믿는 것이 곧 하나님의 일이다." **30** 그들은 다시 물었다. "우리에게 무슨 표징을 행하셔서, 우리로 하여금 보고 당신을 믿게 하시겠습니까? 당신이 하시는 일이 무엇입니까? **31** '그는 하늘에서 빵을 내려서, 그들에게 먹게 하셨다' 한 성경 말씀대로, 우리 조상들은 광야에서 만나를 먹었습니다." **32** 예수께서 그들에게 대답하셨다. "내가 진정으로 진정으로 너희에게 말한다. 하늘에서 너희에게 빵을 내려다 주신 이는 모세가 아니다. 하늘에서 참 빵을 너희에게 주시는 분은 내 아버지시다. **33** 하나님의 빵은 하늘에서 내려와 세상에 생명을 주는 것이다." **34** 그들은 예수께 말하였다. "주님, 그 빵을 언제나 우리에게 주십시오." **35** 예수께서 그들에게 말씀하셨다. "내가 생명의 빵이다. 내게로 오는 사람은 결코 주리지 않을 것이요, 나를 믿는 사람은 다시는 목마르지 않을 것이다. **36** 그러나 내가 이미 말한 대로, 너희는 [나를] 보고도 믿지 않는다. **37** 아버지께서 내게 주시는 사람은 다 내게로 올 것이요, 또 내게로 오는 사람은 내가 물리치지 않을 것이다. **38** 그것은, 내가 내 뜻을 행하려고 하늘에서 내려온 것이 아니라, 나를 보내신 분의 뜻을 행하려고 왔기 때문이다. **39** 나를 보내신 분의 뜻은, 내게 주신 사람을 내가 한 사람도 잃어버리지 않고, 마지막 날에 모두 살리는 일이다. **40** 또한 아들을 보고 그를 믿는 사람은 누구든지 영생을 얻게 하시는 것이 내 아버지의 뜻이다. 나는 마지막 날에 그들을 살릴 것이다." **41** 유대인들은 예수께서 "내가 하늘에서 내려온 빵이다" 하고 말씀하셨으므로, 그분을 두고 수군거리면서 **42** 말하였다. "이 사람은 요셉의 아들 예수가 아닌가? 그의 부모를 우리가 알지 않는가? 그런데 이 사람이 어떻게 하늘에서 내려왔다고 하는가?" **43** 그 때에 예수께서 그들에게 말씀하셨다. "서로 수군거리지 말아라. **44** 나를 보내신 아버지께서 이끌어 주지 아니하시면, 아무도 내게 올 수 없다. 나는 그 사람들을 마지막 날에 살릴 것이다. **45** 예언서에 기록하기를 '그들이 모두 하나님께 가르침을 받을 것이다' 하였다. 아버지께 듣고 배운 사람은 다 내게로 온다. ⁴⁶ 이 말은, 하나님께로부터 온 사람 외에 누가 아버지를 보았다는 것을 뜻하지 않는다. 하나님께로부터 온 사람만이 아버지를 보았다. ⁴⁷ 내가 진정으로 진정으로 너희에게 말한다. 믿는 사람은 영생을 가지고 있다. ⁴⁸ 나는 생명의 빵이다. ⁴⁹ 너희의 조상은 광야에서 만나를 먹었어도 죽었다. ⁵⁰ 그러나 하늘에서 내려오는 빵은 이러하니, 누구든지 그것을 먹으면 죽지 않는다. ⁵¹ 나는 하늘에서 내려온 살아 있는 빵이다. 이 빵을 먹는 사람은 누구나 영원히 살 것이다. 내가 줄 빵은 나의 살이다. 그것은 세상에 생명을 준다."

⁵² 그러자 유대 사람들은 서로 논란을 하면서 말하였다. "이 사람이 어떻게 우리에게 [자기] 살을 먹으라고 줄 수 있을까?" ⁵³ 예수께서 그들에게 말씀하셨다. "내가 진정으로 진정으로 너희에게 말한다. 너희가 인자의 살을 먹지 아니하고, 또 인자의 피를 마시지 아니하면, 너희 속에는 생명이 없다. ⁵⁴ 내 살을 먹고, 내 피를 마시는 사람은 영원한 생명을 가지고 있고, 마지막 날에 내가 그를 살릴 것이다. ⁵⁵ 내 살은 참 양식이요, 내 피는 참 음료이다. ⁵⁶ 내 살을 먹고, 내 피를 마시는 사람은 내 안에 있고, 나도 그 사람 안에 있다. ⁵⁷ 살아 계신 아버지께서 나를 보내셨고, 내가 아버지 때문에 사는 것과 같이, 나를 먹는 사람도 나 때문에 살 것이다. ⁵⁸ 이것은 하늘에서 내려온 빵이다. 이것은 너희의 조상이 먹고서도 죽은 그런 것과는 같지 아니하다. 이 빵을 먹는 사람은 영원히 살 것이다." ⁵⁹ 이것은 예수께서 가버나움 회당에서 가르치실 때에 하신 말씀이다. ⁶⁰ 예수의 제자들 가운데서 여럿이 이 말씀을 듣고 말하기를 "이 말씀이 이렇게 어려우니 누가 알아들을 수 있겠는가?" 하였다. ⁶¹ 예수께서, 제자들이 자기의 말을 두고 수군거리는 것을 아시고, 그들에게 말씀하셨다. "이 말이 너희의 마음에 걸리느냐? ⁶² 인자가 전에 있던 곳으로 올라가는 것을 보면, 어떻게 하겠느냐? ⁶³ 생명을 주는 것은 영이다. 육은 아무 데도 소용이 없다. 내가 너희에게 한 이 말은 영이요 생명이다. ⁶⁴ 그러나 너희 가운데는 믿지 않는 사람들이 있다." 처음부터

예수께서는, 믿지 않는 사람이 누구이며, 자기를 넘겨줄 사람이 누구인지를, 알고 계셨던 것이다. [65] 예수께서 또 말씀하셨다. "그러므로 내가 너희에게 이르기를, 아버지께서 허락하여 주신 사람이 아니고는 아무도 나에게로 올 수 없다고 말한 것이다." [66] 이 때문에 제자 가운데서 많은 사람이 떠나갔고, 더 이상 그와 함께 다니지 않았다. [67] 예수께서 열두 제자에게 물으셨다. "너희까지도 떠나가려 하느냐?" [68] 시몬 베드로가 대답하였다. "주님, 우리가 누구에게로 가겠습니까? 선생님께는 영생의 말씀이 있습니다. [69] 우리는, 선생님이 하나님의 거룩한 분이심을 믿고, 또 알았습니다." [70] 예수께서 그들에게 대답하셨다. "내가 너희 열둘을 택하지 않았느냐? 그러나 너희 가운데서 하나는 악마이다." [71] 이것은 시몬 가룟의 아들 유다를 가리켜서 하신 말씀인데, 그는 열두 제자 가운데 한 사람으로, 예수를 넘겨줄 사람이었다.

웨슬리와 함께 읽기

1 **그 뒤에** – 다른 복음서 저자들에 의하면 이 사이에는 역사적으로 10~11개월의 시간이 있다(마 14:13; 막 6:32; 눅 9:10).

3 **예수께서 올라가서** – 사람들이 그분 주위에 잔뜩 몰려오기 전에.

5 **예수께서 빌립에게 말씀하셨다** – 아마도 빌립은 사도들의 먹거리를 공급하는 일을 맡았던 사람인 듯하다.

15 **그는 혼자서 산으로 물러가셨다** – 제자들에게는 호수를 건너편으로 가라고 명하신 후에.

16 마태복음 14장 22절; 마가복음 6장 45절.

22 **건너편에 서 있던 자들** – 그들은 타고 갈 배가 없었기 때문에 거기에 있을 수밖에 없었다. 그들이 거기에 머문 것은 자기가 원해서 그렇게 한 것도 있다. 왜냐하면 그들은 예수께서 배를 타고 떠나지 않으시는 것을 보았기 때문이다.

26 우리 주님께서는 그들의 호기심을 풀어주지 않으시고 그들이 자신을 찾아다니는 그 잘못된 동기를 고쳐주신다. **너희가 먹었기 때문이다** – 그저 잠시 육신의 유익을 위해서. 여기에서 그리스도께서는 청중을 모으셨다. 그분께서는 자신의 수난에 대한 비유적인 이야기를 통해서

믿음으로 받아들여야 하는 그들의 진정성과 그 열매를 시험하기 시작하신다.

27 **썩어 없어질 양식을 얻으려고 일하지 말고** – 육신을 위한 음식을 위해. 단지 그것만을 위해서 '주로' 그렇게 하지 않는 것이 아니라 '절대로' 그렇게 해서는 안 된다. 도리어 은혜와 믿음과 사랑이라고 하는 영생에 이르는 음식을 얻으려고 하라. 오직 이것, 영원한 생명만을 얻으려고 일하고 애쓰라. 우리 주님께서는 삶에서, 믿음과 사랑이라는 원칙에서 생명을 위하여 일하라고 분명히 명하신다. **하나님께서 인자를 인정하셨다** – 그에 대한 하나님의 모든 증언뿐만 아니라 바로 이 기적을 통해서(요 3:33) 인정(봉인)하는 것은 쓴 글이 바로 그분 자신이 쓰신 것이라는 사실을 증명하는 표시이다.

28 **하나님의 일** – 하나님을 기쁘시게 해드리는 일들.

29 **이것이 곧 하나님의 일이다** – 하나님께 가장 기쁨이 되는 일. 그리고 다른 모든 것의 기초. **너희가 믿는 것이** – 그분께서는 이것을 가장 먼저 말씀하시고 나중에는 비유적 설명으로 보여주신다.

30 **무슨 표징을 행하셔서** – 놀라지 않을 수 없다! 방금 자기들이 기적을 보고서도 이런 말을 하다니!

31 **우리 조상들은 만나를 먹었습니다** – 모세가 그들에게 준 표적이다. **그는 하늘에서 빵을 내려서** – 이 세상에서 보이는 하늘에서부터. 그러나 예수께서 주시는 빵은 이 세상에서 보이는 그런 하늘이 아닌 높은 하늘에서[16] 내려온다. 그분께서는 이러한 의미로 자신이 하늘에서 내려오셨다고 일곱 차례나 말씀하신 바 있다(요 6:32, 33, 38, 50, 58, 62).

32 **모세는 너희에게 하늘에서 내려오는 빵을 주지 않았다** – 너희 조상에게 만나를 준 것은 모세가 아니다. 하늘에서 내려오는 참된 빵을 주시

는 분은 내 아버지이시다(시 78:24).

33 그분 – 세상에 생명을 주시는 그분은 만나를 내려주실 때처럼 어떤 한 백성들에게만 주시지 않는다. 그분은 세세토록 모든 세대에게 그것을 주신다. 우리 주님께서는 내가 그 빵이라고는 아직 말씀하지 않으셨다. 다른 곳에서 유대인들은 다음 구절과 같이 그분에게 공손하게 말을 하지 않는다(요 6:34).

34 우리에게 그 빵을 주십시오 – 아직 그들은 문자 그대로 먹는 빵을 말하고 있다. 그러나 이제 이들은 머지않아 믿음을 갖게 될 것으로 보인다.

35 나는 생명의 빵이다 – 생명을 가지고 있고 생명을 주는. **내게로 오는 사람은** – 즉, 믿는 사람은. **결코 주리거나 목마르지 않을 것이다** – 만족과 행복을 영원토록 얻게 될 것이다.

36 내가 이미 말한 대로 – 요한복음 6장 26절.

37 아버지께서 내게 주시는 사람은 다 – 길을 잃은 모든 사람과 성부의 인도하심을 따르는 모든 사람을 성부께서는 특별한 방식으로 성자에게 주신다. **내게로 올 것이요** – 믿음으로. 또한 **내게로 오는 사람은 내가 물리치지 않을 것이다** – 만일 그 사람이 끝까지 견디면 나는 그를 용서하고, 그를 거룩하게 하며, 그에게 천국을 안겨줄 것이다. 그래서 그분의 빛 안에서 기뻐하도록 할 것이다.

39 내게 주신 사람을 – 요한복음 17장 6, 12절을 보라. 만일 그들이 끝까지 견딘다면. 그러나 유다는 그렇게 하지 못했다.

40 이 구절은 앞에서 나온 세 개의 구절을 요약한 것이다. **이것이 나를 보내신 분의 뜻이다** – 이것이 내가 말했던 모든 것이다. 이것은 하나님의 영원히 변치 않는 뜻이다. 진정으로 믿는 모든 사람은 영생을 얻을 것이다. **보고 믿는 모든 사람은** – 유대인들은 보기는 했으나 아직 믿지

는 않았다. **내가 그를 살릴 것이다** - 이것이 나를 보내신 분의 뜻이기 때문에 나는 실제로 그런 일을 할 것이다.

44 그리스도께서는 그들이 수군거리는 것을 보시고 계속해서 하시던 말씀을 계속하신다(요 6:40). **내 아버지께서 이끌어 주지 아니하시면 아무도 내게 올 수 없다** - 하나님께서 능력을 주시지 않으면 누구도 그리스도를 믿을 수 없다. 그분께서는 우리를 선한 의지로 먼저 이끄신다. 그 이끄심은 어떤 충동이나 어떤 필요 때문에 의지를 갖고 하려는 그러한 것에 의해서 되는 것이 아니다. 이것은 그분의 하늘의 은혜, 강하면서도 부드러운, 그러나 여전히 거부할 수 없는 그 은혜의 역사를 통해 이루어지는 것이다.

45 **들은 사람은 누구나 다** - 하나님의 비밀스러운 음성을 들은 사람, 그런 사람만이 믿을 수 있다(사 54:13).

46 그분이 눈에 보이는 모습으로 나타날 것이라고 기대해서는 안 된다. **하나님께로부터 온 사람 혹은 하나님과 함께 있던 사람** - 다른 어떤 피조물보다 더 탁월한 방식으로 함께 있던.

50 **죽지 않는다** - 영적으로 죽지 않는다. 영원히 죽지 않는다.

51 **이 빵을 먹는 사람은 누구나** - 즉, 나를 믿는 자는 누구나. **그는 영원히 살 것이다** - 다른 말로 하자면 끝까지 믿는 사람은 구원을 얻을 것이다. **내가 너희에게 줄 내 육체** - 그분의 살과 피에 대한 모든 이야기는 바로 이 수난을 직접 가리킨다. 그리고 이것은 전부는 아니더라도 간접적으로는 어느 정도 주님의 최후의 만찬을 가리킨다.

52 어느 정도로 시험을 받는지 눈여겨보라. 유대인들은 여기에서 시험을 받는데, 제자들은 요한복음 6장 60-66절에서, 사도들은 요한복음 6장 67절에서 시험 과정을 거친다.

53 만일 너희가 인자의 살을 먹지 않으면 - 영적으로. 만일 너희가 믿음으로 그분에게서 끊임없이 덕을 끌어당겨 오지 않는다면. 그분의 살을 먹는다는 것은 믿는다는 것의 또 다른 표시일 뿐이다.

55 [내 살은 참 양식이요, 내 피는 참 음료이다.]

양식 - (당연히 음료도) 믿는 자의 영혼이 진정으로 먹게 되는 음료를 먹고 마신다. 왜냐하면 그분의 몸은 양식이요 음료이기 때문이다.

57 내가 아버지 때문에 사는 것 - 그분과 하나가 되는 것. **그는 나 때문에 살 것이다** - 나와 하나가 되는 것. 얼마나 놀라운 연합인가!

58 이것은 - 즉, 내가 빵이다 - 너희 조상들이 먹었던, 그러나(그런데도 결국 죽었다) 그 만나와는 다른.

60 이 말씀이 어려우니 - 이 세상의 자녀들에게는 어렵다. 그러나 하나님의 자녀들에게는 부드럽다. 우리 주님께서는 이처럼 놀랍게 말씀하신 적이, 심지어 사도들에게 개인적으로라도 이렇게 놀랍게 말씀하신 적이 없다. **알아들을 수 있는 사람** - 견디는 사람.

62 그렇다면 인자가 너희에게 자신의 살을 먹으라고 준다면 하물며 이것이 얼마나 너희에게 있어서 믿지 못할 놀라운 일이겠느냐?.

63 그것은 영이다 - 즉, 이 말씀들의 영적인 의미로서, 하나님께서는 이것으로 생명을 주신다. **육** - 말 그대로 맨살로 드러나는 육체로서, 아무것에도 유익을 주지 못하는 것. **내가 너희에게 한 이 말은 영이다** - 이것들은 영적인 의미로 받아들여져야 하며, 이것들을 그렇게 이해했을 때 그것은 **생명이다** - 즉, 듣는 자에게 영적인 생명의 수단이 된다.

64 그러나 너희 가운데는 믿지 않는 사람들이 있다 - 이 사람들은 그 말씀들을 통해서는 생명을 받지 못한다. 왜냐하면 너희는 전체적으로 문자적인 의미로 그 말씀들을 받아들이기 때문이다. **예수께서는 처음부터**

알고 계셨다 - 자신의 사역 초기부터. 누가 자기를 배신할 것인지 - 따라서 하나님께서 미래에 일어날 일들을 미리 보고 계신다는 것은 분명하다. "비록 그분은 미리 알고 계시지만 거기에는 오류가 없으며, 미리 알지 못하실 것으로 생각되는 것도 그분께서는 아주 확실하게 알고 계신다."

65 허락하여 주신 사람이 아니고는 - 하나님의 뜻대로 받아들이는 사람만이 허락하여 주신 사람이 될 수 있다.

66 이때로부터 그분의 제자 가운데서 많은 사람이 돌아갔다 - 이렇게 우리 주님께서는 자신의 집을 청소하신 것이다. 자만하고 사려 깊지 못한 자들은 쫓겨나고, 주인께서 사용하시기에 합당한 사람들만이 남는다.

68 당신께는 영생의 말씀이 있습니다 - 당신, 오로지 당신만이 영생으로 인도하는 길을 보여주는 말씀을 선포하실 수 있습니다.

69 우리는 - 다른 사람이 무엇을 하든 우리는 처음부터 당신과 함께했습니다. **또한 우리는 알았습니다** - 당신께서 그리스도라는 사실을 완전히 확신합니다.

70 예수께서 대답하셨다 - 그러나 너희들조차도 아는 대로 적합하게 모두 행동을 한 것은 아니다. **내가 너희 열둘을 택하지 않았느냐** - 그러나 그들도 이 선택에서 탈락할 수 있다. **너희 가운데 하나** - 이 자비로운 경고를 듣고 유다는 회개했어야만 했다. **한 사람은 악마이다** - 그 한 사람은 악마의 영향을 받고 있다.

역자 해설

이제 다시 표적 이야기로 돌아옵니다. 네 번째 표적인 오병이어 기적은 모든 복음서에 나오는 유명한 이야기입니다. 이어 나오는 다섯 번째 표적인 물 위를 걸으시는 장면도 마태와 마가복음에 나오는 이야기입니다. 이 표적 이야기 뒤에는 예수님의 긴 강해가 이어집니다(22-59절). 그리고 그 강해 말씀을 들은 사람들의 반응(60-71절)으로 6장은 마무리됩니다.

오병이어 이야기는 다른 복음서에도 모두 나오지만, 요한복음에서는 초점이 다소 다른 방향으로 향합니다. 눈여겨볼 것은 이때가 유월절 가까운 때라는 언급(4절), 빌립의 등장(6-7절) 그리고 이 사건 마무리 부분(14-15절)입니다. 왜 요한은 이 장면을 유월절과 연결시킬까요? 유월절은 모세의 열 번째 재앙으로 모든 맏이를 죽이지만 유월절 양의 피를 대문에 바른 집은 양의 죽음 덕분에 목숨을 부지한 출애굽 사건과 연관이 있습니다. 따라서 유월절은 예수님께서 유월절 양처럼 사람들에게 생명을 주기 위해 자기의 목숨을 내어준 예수님의 희생과 연결됩니다. 즉, 이 자리에서 예수님께서 하늘을 향해 기도하시고 떡을 떼어 나눠주신(11절) 모습은 예수님의 희생적 죽음을 상징하는 성만찬의 모습이며, 오병이어의 떡은 예수님 자기의 몸을 가리킵니다. 즉, 요한은 오병이어 표적을 통해 예수님이 사람들을 살리기 위해 자신을 내어준 희생 제물이심을 말하고자 합니다.

두 번째로 눈여겨볼 것은 빌립의 등장입니다. 다른 복음서에서는 빌립이 등장하지 않는데, 이 장면에서는 빌립이 등장합니다. 그는 이미 1장에서 등장했습니다. 그리고 요한복음 뒷부분인 14장에 다시 등장합니다. 요한복음에는 이렇게 세 번 나눠서 등장하는 인물이 세 명 있습니다. 바로 빌립, 니고데모 그리고 도마입니다. 이 세 사람은 요한복음에 딱 세 번씩 등장하는 독특한 사람들입니다. 빌립은 1장에서는 매우 긍정적인 사람으로 나옵니다. 그는 친구 나다나엘에게 예수님을 소개하고 예수님을 제대로 알아본 사람으로 묘사됩니다.

그런데 두 번째 등장하는 이 부분에서 빌립의 모습이 약간 변합니다. 그는 예수님의 시험(6절)에 훌륭하게 대처하지 못하고 다소 실망스러운 모습을 보입니다. 그는 예수님과 함께 다니면서 벌써 몇 차례 표적을 보았습니다. 그런데도 그는 하늘의 방식이 아닌 이 땅의 방식대로 생각하고 계산합니다(3:31).

세 번째로 눈여겨볼 것은 표적을 본 사람들의 반응입니다. 오병이어 표적을 보고 사람들은 예수님을 "세상에 오시기로 된 예언자"라고 고백합니다. 얼핏 보면 긍정적인 반응인 듯 보이지만 그들의 고백은 믿을 만한 고백이 아닙니다(2:23-25). 그들은 떡의 표적을 통해 예수님이 누구신지 제대로 이해하지 못하고, 자신들의 배를 계속 채워줄 영웅을 기대했습니다. 그래서 황당하게도 그들은 예수님을 억지로 모셔다가 왕으로 삼으려 합니다(15절). 요한복음의 표적은 예수님이 누구신지 보여주려는 방편입니다. 문제는 사람들이 보라는 달은 안 보고 달을 가리키는 손가락만 본다는 점입니다. 이것이 표적이 갖는 한계입니다.

물 위를 걷는 표적도 예수님이 누구신지 보여주기 위함입니다. 예수님은 "나다"(20절)라고 말씀하시는데, 그리스어로 "에고 에이미"(ego eimi)라는 이 표현은 복음서에서 예수님이 자기의 신적 정체성을 밝힐 때 사용하시는 특별한 표현 문구입니다. 이 표현은 시나이산 떨기나무 불꽃 가운데 모세에게 자기를 드러내실 때 하나님이 자신을 가리켜 쓰셨던 표현입니다(출 3:14). 즉, 이 두 표적 이야기 또한 예수님이 누구신지 사건을 통해 말해주는 부분입니다. 그리고 요한은 이어서 생명의 떡이라는 주제를 갖고 예수님이 어떤 분이신지 길게 강해하시는 예수님을 소개합니다. 예수님은 광야의 만나와 달리 다시는 굶주리지 않는 영원한 생명의 떡입니다. 4장에서 언급된 사마리아 야곱의 우물물과 달리 영원히 목마르지 않는 생명의 물처럼 말입니다(35절). 그 영생의 떡은 하늘에서 내려온, 즉 이 세상에 성육신하신(1:9) 예수님 자신을 가리키며, 그것은 성만찬 떡과 같이 예수님의 살입니다(51절).

예수님의 살과 피를 먹고 마시는 자는 영생을 얻습니다(54-55절). 이 성만찬적인 표현은 예수님과 완전히 하나가 되는 합일을 상징적으로 표현한 것입니다. 우리는 성찬식의 먹고 마시는 행동을 통해 그 하나 됨의 상징을 행동으로 표현합니다. 우리가 예수님 안에, 예수님이 우리 안에 거하실 때 우리는 비로소 하나가 됩니다. 이렇게 하나가 될 때 우리에게 영생이 있습니다(56-58절). 예수님을 믿는다는 것, 그분을 영접한다는 것은 그분 안에 거하는 것이며, 그분 또한 우리 안에 거하신다는 것입니다. 그러나 많은 사람은 이것을 이해하지 못하고 받아들이지도 못한 채 자기 길을 찾아 제각기 떠나갑니다(60-66절). 그러나 영생의 말씀을 이해하는 사람은 예수님을 믿고, 알고, 떠나지 않고 그 안에 머뭅니다(67-69절). 요한은 우리에게도 묻습니다. "당신도 떠나렵니까?"

요한복음 7장

1 그 뒤에 예수께서는 갈릴리를 두루 다니셨다. 유대 사람들이 자기를 죽이려고 하였으므로, 유대 지방에는 돌아다니기를 원하지 않으셨다. **2** 그런데 유대 사람의 명절인 초막절이 가까워지니, **3** 예수의 형제들이 예수께 말하였다. "형님은 여기에서 떠나 유대로 가셔서, 거기에 있는 형님의 제자들도 형님이 하는 일을 보게 하십시오. **4** 알려지기를 바라면서 숨어서 일하는 사람은 없습니다. 형님이 이런 일을 하는 바에는, 자기를 세상에 드러내십시오." **5** (예수의 형제들까지도 예수를 믿지 않았기 때문이다.) **6** 예수께서 그들에게 말씀하셨다. "내 때는 아직 오지 않았다. 그러나 너희의 때는 언제나 마련되어 있다. **7** 세상이 너희를 미워할 수 없다. 그러나 세상은 나를 미워한다. 그것은, 내가 세상을 보고서, 그 하는 일들이 악하다고 증언하기 때문이다. **8** 너희는 명절을 지키러 올라가거라. 나는 아직 내 때가 차지 않았으므로, 이번 명절에는 올라가지 않겠다." **9** 이렇게 그들에게 말씀하시고, 예수께서는 갈릴리에 그냥 머물러 계셨다. **10** 그러나 예수의 형제들이 명절을 지키러 올라간 뒤에, 예수께서도 아무도 모르게 올라가셨다. **11** 명절에 유대 사람들이 예수를 찾으면서 물었다. "그 사람이 어디에 있소?" **12** 무리 가운데서는 예수를 두고 말들이 많았다. 더러는 그를 좋은 사람이라고 말하고, 더러는 무리를 미혹하는 사람이라고 말하였다. **13** 그러나 유대 사람들이 무

서워서, 예수에 대하여 드러내 놓고 말하는 사람은 아무도 없었다. **14** 명절이 중간에 접어들었을 즈음에, 예수께서 성전에 올라가서 가르치셨다. **15** 유대 사람들이 놀라서 말하였다. "이 사람은 배우지도 않았는데, 어떻게 저런 학식을 갖추었을까?" **16** 예수께서 그들에게 대답하셨다. "나의 가르침은 내 것이 아니라, 나를 보내신 분의 것이다. **17** 하나님의 뜻을 따르려는 사람은 누구든지, 이 가르침이 하나님에게서 난 것인지, 내가 내 마음대로 말하는 것인지를 알 것이다. **18** 자기 마음대로 말하는 사람은 자기의 영광을 구하지만, 자기를 보내신 분의 영광을 구하는 사람은 진실하며, 그 사람 속에는 불의가 없다. **19** 모세가 너희에게 율법을 주지 않았느냐? 그런데 너희 가운데 그 율법을 지키는 사람은 한 사람도 없다. 어찌하여 너희가 나를 죽이려고 하느냐?" **20** 무리가 대답하였다. "당신은 귀신이 들렸소. 누가 당신을 죽이려고 한다는 말이오?" **21** 예수께서 그들에게 말씀하셨다. "내가 한 가지 일을 하였는데, 너희는 모두 놀라고 있다. **22** 모세가 너희에게 할례법을 주었다. ─ 사실, 할례는 모세에게서 비롯한 것이 아니라, 조상들에게서 비롯한 것이다. ─ 이 때문에 너희는 안식일에도 사람에게 할례를 준다. **23** 모세의 율법을 어기지 않으려고, 사람이 안식일에도 할례를 받는데, 내가 안식일에 한 사람의 몸 전체를 성하게 해주었다고 해서, 너희가 어찌하여 나에게 분개하느냐? **24** 겉모양으로 심판하지 말고, 공정한 심판을 내려라." **25** 예루살렘 사람들 가운데서 몇 사람이 말하였다. "그들이 죽이려고 하는 이가 바로 이 사람이 아닙니까? **26** 보십시오. 그가 드러내 놓고 말하는데도, 사람들이 그에게 아무 말도 못합니다. 지도자들은 정말로 이 사람을 그리스도로 알고 있는 것입니까? **27** 우리는 이 사람이 어디에서 왔는지를 알고 있습니다. 그러나 그리스도가 오실 때에는, 어디에서 오셨는지 아는 사람이 없을 것입니다." **28** 예수께서 성전에서 가르치실 때에, 큰 소리로 말씀하셨다. "너희는 나를 알고, 또 내가 어디에서 왔는지를 알고 있다. 그런데 나는 내 마음대로 온 것이 아니다. 나를 보내신 분은 참되시다. 너희는 그분을 알지 못하지만, ²⁹ 나는 그분을 안다. 나는 그분에게서 왔고, 그분은 나를 보내셨기 때문이다." ³⁰ 사람들이 예수를 잡으려고 하였으나, 아무도 그에게 손을 대는 사람이 없었다. 그것은 그의 때가 아직 이르지 않았기 때문이다. ³¹ 무리 가운데서 많은 사람이 예수를 믿었다. 그들이 말하였다. "그리스도가 오신다고 해도, 이분이 하신 것보다 더 많은 표징을 행하시겠는가?" ³² 무리가 예수를 두고 이런 말로 수군거리는 것을, 바리새파 사람들이 들었다. 그래서 대제사장들과 바리새파 사람들은 예수를 잡으려고 성전 경비병들을 보냈다. ³³ 예수께서 그들에게 말씀하셨다. "나는 잠시 동안 너희와 함께 있다가, 나를 보내신 분께로 간다. ³⁴ 그러면 너희가 나를 찾아도 만나지 못할 것이요, 내가 있는 곳에 너희가 올 수도 없을 것이다." ³⁵ 유대 사람들이 서로 말하였다. "이 사람이 어디로 가려고 하기에, 자기를 만나지 못할 것이라고 하는가? 그리스 사람들 가운데 흩어져 사는 유대 사람들에게로 가서, 그리스 사람들을 가르칠 셈인가? ³⁶ 또 '너희가 나를 찾아도 만나지 못할 것이요, 내가 있는 곳에 너희가 올 수도 없을 것이다' 한 말은 무슨 뜻인가?" ³⁷ 명절의 가장 중요한 날인 마지막 날에, 예수께서 일어서서, 큰 소리로 말씀하셨다. "목마른 사람은 다 나에게로 와서 마셔라. ³⁸ 나를 믿는 사람은, 성경이 말한 바와 같이, 그의 배에서 생수가 강물처럼 흘러나올 것이다." ³⁹ 이것은, 예수를 믿은 사람이 받게 될 성령을 가리켜서 하신 말씀이다. 예수께서 아직 영광을 받지 않으셨으므로, 성령이 아직 사람들에게 오시지 않았다. ⁴⁰ 이 말씀을 들은 무리 가운데는 "이 사람은 정말로 그 예언자이다" 하고 말하는 사람들도 있고, ⁴¹ "이 사람은 그리스도이다" 하고 말하는 사람들도 있었다. 그러나 더러는 이렇게 말하였다. "갈릴리에서 그리스도가 날 수 있을까? ⁴² 성경은 그리스도가 다윗의 후손 가운데서 날 것이요, 또 다윗이 살던 마을 베들레헴에서 날 것이라고 말하지 않았는가?" ⁴³ 무리 가운데 예수 때문에 분열이 일어났다. ⁴⁴ 그들 가운데서 예수를 잡고자 하는 사람도 몇 있었으나, 아무도 그에게 손을 대지는 못하였다. ⁴⁵ 성전 경비병들이 대제사장들과 바리새파 사람들에게 돌아오니, 그들이 경비병들에게 물었다. "어찌하여 그를 끌어오지 않았느냐?" ⁴⁶ 경비병들이 대답하였다. "그 사람이 말하는 것처럼 말한 사람은, 지금까지 아무도 없었습니다." ⁴⁷ 바리새파 사람들이 그들에게 말하였다. "너희도 미혹된 것이 아니냐? ⁴⁸ 지도자들이나 바리새파 사람들 가운데서 그를 믿은 사람이 어디에 있다는 말이냐? ⁴⁹ 율법을 알지 못하는 이 무지렁이들은 저주받은 자들이다." ⁵⁰ 그들 가운데 한 사람으로, 전에 예수를 찾아간 니고데모가 그들에게 말하였다. ⁵¹ "우리의 율법으로는, 먼저 그 사람의 말을 들어보거나, 또 그가 하는 일을 알아보거나, 하지 않고서는 그를 심판하지 않는 것이 아니오?" ⁵² 그들이 니고데모에게 말하였다. "당신도 갈릴리 사람이오? 성경을 살펴보시오. 그러면 갈릴리에서는 예언자가 나오지 않는다는 것을 알게 될 것이오." ⁵³ [그리고 그들은 제각기 집으로 돌아갔다.

웨슬리와 함께 읽기

1 그 뒤에 예수께서는 갈릴리를 두루 다니셨다 – 즉, 두 번째 유월절이 지난 후 몇 달 동안 계속 거기에 계셨다. 돌아다니기를 원하지 않으셨다 – 유대 지역에 계속 머무르시는 것을. 유대인 때문에 – 믿지 않았던 사람 중에 어떤 사람들, 특히 대제사장, 율법 학자, 바리새인들은 그분을 죽일 기회를 노리고 있었다.

2 초막절 – 이 절기의 시기와 방식 그리고 이 명절을 지키는 이유에 대해서는 레위기 23장 34절 이하를 보라.

3 그분의 형제들 – 유대인들이 말하는 방식에 따라 이렇게 부른다. 이들은 예수의 사촌들, 즉 성모 마리아의 자매가 낳은 아들들이었다.[17] 여기에서 떠나 – 이 알려지지 않은 지역에서 떠나.

4 ["알려지기를 바라면서 숨어서 일하는 사람은 없습니다. 형님이 이런 일을 하는 바에는, 자기를 세상에 드러내십시오."] 누구도 – (이런 일을 숨어서 하는 사람은) 없습니다. 도리어 널리 알려지기를 원합니다. 만일 형님이 이런 일을 하기를 원하시면 – 알려진 이런 기적들을. 세상에 드러내십시오 – 모든 사람에게.

6 예수께서 너희의 때는 항상 마련되어 있다고 말씀하셨다 – 이때가 혹

은 언제든지 너희에게 때가 알맞게 준비되어 있다.

7 세상이 너희를 미워할 수 없다 - 왜냐하면 너희는 세상의 사람이기 때문이다. **그러나 세상은 나를 미워한다** - 그리고 이 증언을 하는 모든 사람을 미워한다.

10 그분도 명절을 지키러 올라가셨다 - 이번에 예루살렘으로 여행하신 후에 다음번 여행에서는 마지막으로 예루살렘을 여행하신다. 마지막 예루살렘 여행은 고난을 받으러 올라가시는 것이다.

11 유대 사람들 - 유대에, 특히 예루살렘에 사는 사람들.

12 무리 가운데서는 말들이 많았다 - 수군거리는 것을 가리킨다. 먼 곳에서 따로따로 온 많은 사람이 서로 끼리끼리 논쟁을 벌이는 모습이다.

13 그러나 예수에 대하여 드러내놓고 말하는 사람은 없었다 - 그분에 대해서 좋게 말하는 사람이. **유대 사람들이 무서워서** - 권력을 쥐고 있던 사람들.

14 명절이 중간에 접어들었을 즈음에 - 이 명절은 8일간 이어졌다. 아마도 이날은 안식일이었을 것이다. **예수께서 성전에 올라가셨다** - 곧바로, 다른 곳을 들르지 않으시고.

15 이 사람은 배우지도 않았는데, 어떻게 저런 학식을 갖추었을까 - 이 사람이 어떤 교육 기관에서도 배운 적이 없는데, 마치 성경 말씀을 아주 잘 알고 있는 사람처럼 어떻게 그렇게 적절하고도 은혜롭게 성경 말씀을 잘 해석하는지.

16 나의 가르침은 내 것이 아니라 - 내가 노력하여 배운 것이 아니다. **나를 보내신 분의 것** - 그분께서 직접 넣어주신 것.

17 하나님의 뜻을 따르려는 사람은 누구든지, 이 가르침이 하나님에게서 난 것인지 알 것이다 - 이것은 모든 사람과 교리에 적용되는 보편적인

법칙이다. 그것을 온전히 행하려고 하는 사람은 하나님의 뜻이 무엇인지 분명하게 알아야 한다.

18 그 안에 불의가 없다 - 속임수나 거짓.

19 그러나 너희는 불의하다. 너희가 그토록 열심을 내어 고백하는 바로 그 율법을 너희가 어기고 있기 때문이다.

20 무리가 대답하였다. 당신은 귀신 들렸소 - 거짓말하는 귀신. **누가 당신을 죽이려고 한다는 말이오** - 먼 지방에서 찾아온 사람들이기 때문에 아마도 이 사람들은 제사장들과 관원들이 예수를 죽이려고 한다는 사실을 알지 못했을 것이다.

21 내가 했는데 - 베데스다 연못에서. **한 가지 일을** - 많은 일 중의 하나를. **너희는 모두 놀라고 있다** - 이 일을 내가 안식일에 했기 때문에 놀라고 있다.

22 모세는 너희에게 할례법을 주었다 - 이 말의 의미는 모세가 너희들에게 할례를 명했기 때문에(사실 이 관습은 그보다 훨씬 이전부터 있었다) 너희는 안식일에 할례를 행하는 것이 해롭지 않다고 생각한다. 그런데 너희는 내가 이보다 더 큰 선한 일, 즉 사람의 몸과 영혼을 구하는 일을 안식일에 했다는 이유로 내게 화가 나 있다.

27 그리스도가 오실 때는, 어디에서 오셨는지 아는 사람이 없을 것입니다 - 유대인의 이러한 전통은 그분의 신적 성품과 관련해서 볼 때는 맞는 말이다. 이러한 면에서 볼 때 누구도 그분의 시대가 언제인지 선포할 수 없다. 그러나 그분의 인간적인 성품과 관련해서는 이 말은 사실이 아니다. 왜냐하면 그분이 어느 집안에서, 어느 곳에서 태어날 것인지가 분명하게 예언되었기 때문이다.

28 예수께서 큰소리로 말씀하셨다 - 크고 진지한 목소리로. **너희는 나를**

알고 내가 어디에서 왔는지를 알고 있다 – 너희는 내가 어디에서[18] 인간
으로서 왔는지 잘 알고 있다. 그러나 너희는 내가 신적 속성을 가졌다는
것과 내가 하나님에게서 보내심을 받아서 왔다는 것은 알지 못한다.

29 나는 그분에게서 왔고 – 영원한 세대로. 그분께서 나를 보내셨다 – 그
분의 사명은 그분의 세대에서 말미암는다. 이 두 가지 사항이 이런 질
문에 대한 대답이 된다: "너희가 나를 아느냐?" "너희는 내가 어디에서
왔는지 알고 있느냐?"

30 그분의 때 – 그분께서 고난을 겪으실 때.[19]

33 예수께서 말씀하셨다 – 그들이 잠시 가로막았던(요 7:29에서부터) 자신의
가르침을 이어서 계속하여 말씀하셨다.

34 너희가 나를 찾아도 – 지금 너희가 무시하는 나를. 이런 말 자체는 이
번 장과 다음 장에서 내가 주석하고 있는 그 본문이다. 내가 있는 곳 –
그리스도께서는 하늘에서의 자기 존재에 대해 말씀하실 때 자신이 어
디에 있는지 이 땅에 계실 동안 자주 말씀하셨는데, 이것은 그분께서
신성을 지니시고 그곳에 영원토록 현존하신다는 것을 설명한다. 그분
의 인간적 성품과 관련하여서 비록 그분께서 그곳으로 가시는 것이 미
래의 일이지만.

35 이 사람이 그리스 사람들 가운데 흩어져 사는 유대 사람들에게로 가
서 – 유대인들은 세계 곳곳으로 흩어져 살았는데, 특히 그리스 지역에
서 많이 살았다. 아니면 그가 그리스 사람들을 가르칠 셈인가 – 이교도
들을.

37 명절의 가장 중요한 날인 마지막 날에 – 이날에는 사람들이 엄청나게
많이 모였고, 그들은 실로암에 가서 물을 긷곤 하였다. 그러면 제사장이
그 길어온 물을 큰 제단에 붓고, 사람들은 구원의 샘에서 너희가 기쁨

으로 물을 기를 것이라고 서로 노래했다. 바로 이날에도 마찬가지로 그들은 하나님께서 바위에서 물을 나게 하셨던 그 놀라운 기적을 기억하였고, 그들은 적절한 때에 비를 내려달라고 간절히 기도했다.

38 믿는 사람은 – 이 말에는 믿는 사람은 내게로 오게 하라는 말씀을 전제로 깔고 있다. 누구든지 믿음으로 그분께 나아오면 그의 가장 깊은 내면의 영혼은 생수로, 넘치는 평화와 기쁨과 사랑으로 가득 차게 될 것이다. 그리고 이 가득 찬 것들은 그 사람에게서 넘쳐 나와 다른 사람들에게로 흘러갈 것이다. **성경에 이른 것과 같이** – 특별히 어떤 성경 구절에 이렇게 나와 있지는 않다. 그러나 여기에서는 물을 쏟아붓는 것에 대한 비유로써 메시아를 통해 성령이 부어지는 것에 대해 말하는 모든 성경 구절을 일반적으로 가리켜 말한다(슥 14:8).

39 성령은 아직 내리지 않았다 – 즉, 성령의 이러한 열매들은 진실한 신자들에게조차 아직 온전하고 충분하게 주어지지 않았다.[20]

40 예언자 – 메시아에 앞서 올 것이라고 우리가 기대하는 사람.

42 베들레헴에서 – 그들은 예수께서 베들레헴에서 태어나셨다는 것을 기억하고 있었다. 왜냐하면 헤롯은 그들이 이 사실을 잊을 수 없게끔 만든 끔찍한 일을 거기에서 저질렀기 때문이다(미 5:2).

48 지도자들 가운데서 누가 – 높고 뛰어난 위치에 있는 사람들. 혹은 **바리새인들** – 종교에 대해 많이 알고 있는 사람들이 그분을 믿었다.

49 그러나 율법을 알지 못하는 이 무지렁이들 – 이 무식한 오합지졸들. **저주받은 자들이다** – 무식하므로 그렇게 미혹을 받는 저주에 처한 것이다.[21]

50 밤에 그분을 찾아갔던 니고데모 – 그는 이제 좀 더 용감해졌다. 그들 가운데 한 사람 – 산헤드린 위원회의 한 위원으로 나온다. 그가 그들에

게 말했다 - 우리가 만일 어떤 사람의 말을 직접 들어보지도 않고 그 사람을 판단하고 있다면 우리도 혹시 율법을 모르는 사람처럼 행동하는 것이 아니겠는가?

52 그들이 대답하였다 - 개인적으로 생각하고서. 논쟁에 대해서 그들은 답변할 수 없었다. 그래서 그들은 그런 것은 시도조차 하지 않는다. **당신도 갈릴리 사람이오** - 그 사람을 추종하는 무리 가운데 한 사람. **갈릴리에서는 예언자가 나오지 않는다** - 그들은 반대로 알고 있다. 그들은 요나가 가드헤벨 출신이고, 나훔은 갈릴리의 다른 어떤 동네 출신이라는 것을 잘 알고 있었다. 그렇다. 디셉 사람 엘리야의 고향인 디셉도 갈릴리 지역에 있었다. 그들은 어쩌면 예수께서 갈릴리 출신이 아니라 베들레헴 출신이라는 사실도 호적과 다윗 가문의 족보를 통해서 알고 있었을 것이다. 그들은 자신들의 이러한 형편없는 답변이 통하지 않을 것이라는 점을 알고서 더는 말이 오가지 않도록 하려고 했다.

53 그래서 니고데모가 던졌던 짧막하고 명쾌한 질문은 그들의 생각을 무너뜨렸고, 의회를 흩어지게 했다! 적절한 말 한마디가 이처럼 좋을 수 있다! 특히 하나님께서 친히 그 말에 복을 내려주셨을 때 그러하다.

역자 해설

빛이신 예수님은 이 땅에 오셔서 자기가 누구인지 드러내십니다. 그러나 세상의 빛으로 오신 예수님을 어떤 이들은 환영하지만, 어떤 이들은 거부합니다. 환영하더라도 오병이어 기적을 경험한 사람들처럼 때로는 잘못 이해하여 엉뚱한 속셈을 품기도 합니다. 거부하는 사람도 어떤 이들은 단순히 거부하고 뒤돌아 떠나가지만(6:66), 어떤 이들은 강하게 저항하면서 도리어 예수님을 박해하고 죽이려 하기도 합니다(25절).

사람들이 많이 모이는 명절이 되자 예수님의 형제들이 예수님에게 예루살렘으로 올라가자고 합니다. 그들이 예수님을 예루살렘으로 몰아넣으려는 이유는 유명세를 누리고 싶기 때문입니다(3-4절). 이들은 마치 예수님을 후원하고 편드는 것 같지만 속셈은 그렇지 않습니다. 그래서 예수님은 거절하십니다. 그러니 예수님의 형제들조차 나름대로 속셈을 품고 예수님 편을 드는 것입니다. 이에 예수님은 그들의 계획대로 따르지 않고 나중에 따로 예루살렘으로 올라가십니다.

예루살렘에서는 예수님이 누군지의 문제를 두고 사람들 사이에 말이 많습니다(11-12, 40-43절). 어떤 이들은 좋게 말하고 어떤 이들은 악한 자로 봅니다. 또 두려워서 이도 저도 결단을 못 내고 숨는 자도 있습니다(12-13절). 요한복음은 사람들을 이렇게 세 부류로 나눕니다. 환영하는 이, 거부하는 이 그리고 그 중간에서 이도 저도 못 하는 이. 그리고 우리에게 질문합니다. 당신은 어떤 사람인가요?

예루살렘에 가신 예수님은 계속해서 자기가 누구인지 보여주십니다. 사람들은 예수님의 놀라운 가르침을 듣고 따르기도 하지만, 어떤 이들은 '무식한 시골 출신 노동자가 어떻게 저런 것을 다 알고 있지?'라고 생각하면서 본질에서 벗어난 궁금증만 품을 뿐입니다(15절). 예수님은 자기가 하나님으로부터 온 분으로서 모든 것을 가르치고 모든 표적을 보여주신다는 것을 말씀하십니다(16-24절). 그러나 그들은 예수님께서 보여주시고 가르쳐주시는 모든 것을 제대로 이해하지 못합니다(32-36절). 그들은 눈이 있지만 보지 못하고, 귀가 있지만 듣지 못하는 사람들이기 때문입니다. 정작 자기는 잘 듣고 본다고 생각하지만 실제로 그렇지 못합니다(cf. 9:40-41).

예수님은 자신이 영원히 목마르지 않는 생명의 물을 주시는 분이라고 말씀하십니다(37-39절). 그러나 사람들은 그 말씀을 제대로 이해하지도 받아들이지도 못하기 때문에 그저 서로 논란만 할 뿐 예수님을 영접하고 따를 결단을 내리지 못합니다. 심지어 예수님을 시기하고 반대하는 유대 지도자들은 예수님을 죽이려고 합니다. 이들은 단순히 거절하는 것이 아니라 강하게 거부하는 사람들입니다.

그런데 여기에서 눈에 띄는 사람이 한 명 등장합니다. 바로 니고데모입니다. 유대 지도자들이 예수님을 헐뜯으면서 반대할 때 갑자기 니고데모가 등장하여 예수님을 변호하기 시작합니다. 요한은 니고데모를 소개하면서 앞선 3장에서 보듯 밤중에 예수님을 찾아왔던 사람이라는 점을 상기시켜줍니다(50절). 즉, 요한은 여기에서 이 사람이 이전에 비해 얼마나 달라졌는지 비교해보라고 하는 것입니다. 그는 두려움에 빠졌었고, 예수님을 제대로 이해하지도 못했습니다. 그런데 여기에서 그는 많은 유대 권력자 앞에서 당당하게 예수님을 옹호합니다. 심지어 그렇게 하다가 "너도 한 패냐?"라는 말을 들으며 궁지에 몰리기도 합니다(52절). 이런 낭패를 당할 것은 그 자리 분위기를 보면 당연히 예상되는 것이었습니다. 그런데도 니고데모는 앞뒤 가리지 않고 담대하게 예수님의 편에 서는 모습을 보입니다.

어떤 이는 사람들이 두려워서 예수님을 담대하게 따르지 못합니다(13절). 어떤 이는 예수님이 아무리 보여주시고 가르쳐주셔도 제대로 이해하지 못합니다. 어떤 이는 예수님을 이용해서 자기 이익을 챙기려 하기도 합니다. 그러나 니고데모는 이들과 전혀 다릅니다. 그도 한때 그들과 같은 부류였습니다. 그러나 그날 밤 그가 예수님을 만난 후 이렇게 새로운 사람으로 변화되었습니다. 6장에 나온 빌립은 점점 실망스러운 모습으로 후퇴하는데, 7장에 나온 니고데모는 처음에는 보잘것없었지만 점점 나아지는 모습으로 발전합니다. 요한은 우리에게 이런 다양한 사람을 소개하면서 우리에게 어떤 사람이 될 것인지 물어봅니다.

요한복음 8장

¹ 예수께서는 올리브 산으로 가셨다. ² 이른 아침에 예수께서 다시 성전에 가시니, 많은 백성이 그에게로 모여들었다. 예수께서 앉아서 그들을 가르치실 때에 ³ 율법 학자들과 바리새파 사람들이 간음을 하다가 잡힌 여자를 끌고 와서, 가운데 세워 놓고, ⁴ 예수께 말하였다. "선생님, 이 여자가 간음을 하다가, 현장에서 잡혔습니다. ⁵ 모세는 율법에, 이런 여자들을 돌로 쳐죽이라고 우리에게 명령하였습니다. 그런데 선생님은 뭐라고 하시겠습니까?" ⁶ 그들이 이렇게 말한 것은, 예수를 시험하여 고발할 구실을 찾으려는 속셈이었다. 그러나 예수께서는 몸을 굽혀서, 손가락으로 땅에 무엇인가를 쓰셨다. ⁷ 그들이 다그쳐 물으니, 예수께서 몸을 일으켜, 그들에게 말씀하셨다. "너희 가운데서 죄가 없는 사람이 먼저 이 여자에게 돌을 던져라." ⁸ 그리고는 다시 몸을 굽혀서, 땅에 무엇인가를 쓰셨다. ⁹ 이 말씀을 들은 사람들은, 나이가 많은 이로부터 시작하여, 하나하나 떠나가고, 마침내 예수만 남았다. 그 여자는 그대로 서 있었다. ¹⁰ 예수께서 몸을 일으키시고, 여자에게 말씀하셨다. "여자여, 사람들은 어디에 있느냐? 너를 정죄한 사람이 한 사람도 없느냐?" ¹¹ 여자가 대답하였다. "주님, 한 사람도 없습니다." 예수께서 말씀하셨다. "나도 너를 정죄하지 않는다. 가서, 이제부터 다시는 죄를 짓지 말아라." ¹² 예수께서 다시 그들에게 말씀하셨다. "나는 세상의 빛

이다. 나를 따르는 사람은 어둠 속에 다니지 아니하고, 생명의 빛을 얻을 것이다." **13** 바리새파 사람들이 예수께 말하였다. "당신이 스스로 자신에 대하여 증언하니, 당신의 증언은 참되지 못하오." **14** 예수께서 그들에게 대답하셨다. "비록 내가 나 자신에 대하여 증언할지라도, 내 증언은 참되다. 나는 내가 어디에서 와서 어디로 가는지를 알고 있기 때문이다. 그러나 너희는 내가 어디에서 왔는지도 모르고, 어디로 가는지도 모른다. **15** 너희는 사람이 정한 기준을 따라 심판한다. 나는 아무도 심판하지 않는다. **16** 그러나 내가 심판하면 내 심판은 참되다. 그것은, 내가 혼자 있는 것이 아니라, 나를 보내신 아버지께서 나와 함께 하시기 때문이다. **17** 너희의 율법에도 기록하기를 '두 사람이 증언하면 참되다' 하였다. **18** 내가 나 자신에 대하여 증언하는 사람이고, 나를 보내신 아버지께서도 나에 대하여 증언하여 주신다." **19** 그러자 그들은 예수께 물었다. "당신의 아버지가 어디에 계십니까?" 예수께서 대답하셨다. "너희는 나도 모르고, 나의 아버지도 모른다. 너희가 나를 알았더라면 나의 아버지도 알았을 것이다." **20** 이것은 예수께서 성전에서 가르치실 때에 헌금궤가 있는 데서 하신 말씀이다. 그러나 그를 잡는 사람이 아무도 없었다. 그것은 아직도 그의 때가 이르지 않았기 때문이다. **21** 예수께서 다시 그들에게 말씀하셨다. "나는 가고, 너희는 나를 찾다가 너희의 죄 가운데서 죽을 것이다. 그리고 내가 가는 곳에 너희는 올 수 없다." **22** 유대 사람들이 말하였다. "'내가 가는 곳에 너희는 올 수 없다' 하니, 그가 자살하겠다는 말인가?" **23** 예수께서 그들에게 말씀하셨다. "너희는 아래에서 왔고, 나는 위에서 왔다. 너희는 이 세상에 속하여 있지만, 나는 이 세상에 속하여 있지 않다. **24** 그래서 나는, 너희가 너희의 죄 가운데서 죽을 것이라고 말하였다. '내가 곧 나'임을 너희가 믿지 않으면, 너희는 너희의 죄 가운데서 죽을 것이다." **25** 그들이 예수께 물었다. "당신은 누구요?" 예수께서 그들에게 대답하셨다. "내가 처음부터 너희에게 말하지 않았느냐? **26** 그리고 내가 너희에 대하여 말하고 또 심판할 것이 많이 있다. 그러나 나를 보내신 분은 참되시며, 나는 그분에게서 들은 대로 세상에 말하는 것이다." ²⁷ 그들은 예수께서 아버지를 가리켜서 말씀하시는 줄을 깨닫지 못하였다. ²⁸ 그러므로 예수께서 [그들에게] 말씀하셨다. "너희는, 인자가 높이 들려 올려질 때에야, '내가 곧 나'라는 것과, 또 내가 아무것도 내 마음대로 하지 아니하고 아버지께서 나에게 가르쳐 주신 대로 말한다는 것을 알게 될 것이다. ²⁹ 나를 보내신 분이 나와 함께 하신다. 그분은 나를 혼자 버려 두지 않으셨다. 그것은, 내가 언제나 아버지께서 기뻐하시는 일을 하기 때문이다." ³⁰ 이 말씀을 듣고, 많은 사람이 예수를 믿게 되었다. 31 예수께서 자기를 믿은 유대 사람들에게 말씀하셨다. "너희가 나의 말에 머물러 있으면, 너희는 참으로 나의 제자들이다. ³² 그리고 너희는 진리를 알게 될 것이며, 진리가 너희를 자유롭게 할 것이다." ³³ 그들은 예수께 말하였다. "우리는 아브라함의 자손이라 아무에게도 종노릇한 일이 없는데, 당신은 어찌하여 우리가 자유롭게 될 것이라고 말합니까?" ³⁴ 예수께서 대답하셨다. "내가 진정으로 진정으로 너희에게 말한다. 죄를 짓는 사람은 다 죄의 종이다. ³⁵ 종은 언제까지나 집에 머물러 있지 못하지만, 아들은 언제까지나 머물러 있다. ³⁶ 그러므로 아들이 너희를 자유롭게 하면, 너희는 참으로 자유롭게 될 것이다. ³⁷ 나는 너희가 아브라함의 자손임을 안다. 그런데 너희는 나를 죽이려고 한다. 내 말이 너희 속에 있을 자리가 없기 때문이다. ³⁸ 나는 나의 아버지에게서 본 것을 말하고, 너희는 너희의 아비에게서 들은 것을 행한다." ³⁹ 그들이 예수께 말하였다. "우리 조상은 아브라함이오." 예수께서 그들에게 대답하셨다. "너희가 아브라함의 자녀라면, 아브라함이 한 일을 하였을 것이다. ⁴⁰ 그러나 지금 너희는, 너희에게 하나님에게서 들은 진리를 말해 준 사람인 나를 죽이려고 한다. 아브라함은 이런 일을 하지 않았다. ⁴¹ 너희는 너희 아비가 한 일을 하고 있다." 그들이 예수께 말하였다. "우리는 음행으로 태어나지 않았으며, 우리에게는 하나님이신 아버지만 한 분 계십니다." **42** 예수께서 대답하셨다. "하나님이 너희의 아버지라면, 너희가 나를 사랑할 것이다. 그것은, 내가 하나님에게서 와서 여기에 있기 때문이다. 내가 내 마음대로 온 것이 아니라, 아버지께서 나를 보내신 것이다. **43** 어찌하여 너희는 내가 말하는 것을 깨닫지 못하느냐? 그것은 너희가 내 말을 들을 수 없기 때문이다. **44** 너희는 너희 아비인 악마에게서 났으며, 또 그 아비의 욕망대로 하려고 한다. 그는 처음부터 살인자였다. 또 그는 진리 편에 있지 않다. 그것은 그 속에 진리가 없기 때문이다. 그가 거짓말을 할 때에는 본성에서 그렇게 하는 것이다. 그는 거짓말쟁이이며, 거짓의 아비이기 때문이다. **45** 그런데 내가 진리를 말하기 때문에, 너희는 나를 믿지 않는다. **46** 너희 가운데서 누가 나에게 죄가 있다고 단정하느냐? 내가 진리를 말하는데, 어찌하여 나를 믿지 않느냐? **47** 하나님에게서 난 사람은 하나님의 말씀을 듣는다. 그러므로 너희가 듣지 않는 것은, 너희가 하나님에게서 나지 않았기 때문이다." **48** 유대 사람들이 예수께 말하였다. "우리가 당신을 사마리아 사람이라고도 하고, 귀신이 들렸다고도 하는데, 그 말이 옳지 않소?" **49** 예수께서 대답하셨다. "나는 귀신이 들린 것이 아니라, 나의 아버지를 공경한다. 그런데도 너희는 나를 모욕한다. **50** 나는 내 영광을 구하지 않는다. 나를 위하여 영광을 구해 주시며, 심판해 주시는 분이 따로 계신다. **51** 내가 진정으로 진정으로 너희에게 말한다. 나의 말을 지키는 사람은 영원히 죽음을 겪지 않을 것이다." **52** 유대 사람들이 예수께 말하였다. "이제 우리는 당신이 귀신 들렸다는 것을 알았소. 아브라함도 죽고, 예언자들도 죽었는데, 당신이 '나의 말을 지키면, 영원히 죽음을 겪지 않을 것이다' 하니, **53** 당신이 이미 죽은 우리 조상 아브라함보다 더 위대하다는 말이오? 또 예언자들도 다 죽었소. 당신은 스스로를 누구라고 생각하오?" **54** 예수께서 대답하셨다. "내가 나를 영광되게 한다면, 나의 영광은 헛된 것이다. 나를 영광되게 하시는 분은 나의 아버지시다. 너희가 너희의 하나님이라고 부르는 바로 그분이시다. ⁵⁵ 너희는 그분을 알지 못하지만 나는 그분을 안다. 내가 그분을 알지 못한다고 말하면, 나도 너희처럼 거짓말쟁이가 될 것이다. 그러나 나는 아버지를 알고 있으며, 또 그분의 말씀을 지키고 있다. ⁵⁶ 너희의 조상 아브라함은 나의 날을 보리라고 기대하며 즐거워하였고, 마침내 보고 기뻐하였다." ⁵⁷ 유대 사람들이 예수께 말하였다. "당신은 아직 나이가 쉰도 안되었는데, 아브라함을 보았다는 말이오?" ⁵⁸ 예수께서 그들에게 말씀하셨다. "내가 진정으로 진정으로 너희에게 말한다. 아브라함이 태어나기 전부터 내가 있다." ⁵⁹ 그래서 그들은 돌을 들어서 예수를 치려고 하였다. 그러자 예수께서는 몸을 피해서 성전 바깥으로 나가셨다.

웨슬리와 함께 읽기

5 모세는 우리에게 이런 여자들을 돌로 쳐 죽이라고 우리에게 명령하였습니다 - 그들이 정확하게 말했다면 이것은 결혼이 완전히 성사되기 전에 이루어지는 범죄를 저지르는 것, 즉 남편이 될 사람과 약혼을 한 여성을 가리키는 것이어야 한다. 모세는 이런 사람만 돌로 치라고 말했다. 모세는 간음한 다른 여성들도 사형에 처하라고는 했지만, 어떤 방식으로 처형할 것인지에 대해서는 구체적으로 말하지 않았다(신 22:23).

6 그들이 이렇게 말한 것은, 예수를 시험하여 고발할 구실을 찾으려는 속셈이었다 - 만일 예수께서 그녀가 죄가 없다고 말하면 예수께서 율법을 정면으로 어긴다는 죄목으로 고발을 하든지, 아니면 재판관이 할 판결을 자기가 마음대로 한다고 고발을 할 구실.

7 죄가 없는 사람 - 죄인이 아닌 사람. 자신이 이 여인과 똑같은 죄나 이와 비슷한 죄를 저질렀는지 양심으로 판단해보았을 때 죄인이 아닌 사람. 그런 사람이 - (둘러선 증인들이) 먼저 그녀를 돌로 쳐라.

8 예수께서는 몸을 굽혀서, 손가락으로 땅에 무엇인가를 쓰셨다 - 하나님께서는 구약 성경에서 한 번 쓰셨다.[22] 그리스도께서도 신약에서 한 번 쓰신다. 아마도 사람들이 예수께 계속해서 물었을 때 그분께서 나중

에 말씀하신 그 말을 쓰셨을 것이다. 이와 같은 말 없는 행동을 통해서 그분께서는 그들의 양심을 일깨우기 위해서 그들의 방황하는 생각을 붙잡아두셨고, 성급한 판단을 고쳐주셨다. 또한 예수께서는 세상을 심판하러 온 것이 아니라, 구하기 위해 왔다는 것을 보여주셨다.

9 나이가 많은 이로부터 시작하여 – 혹은 지도자들로부터 시작해서. 예수만 남았다 – 질문을 던졌던 모든 율법 학자와 바리새인들은 떠났다. 그러나 다른 많은 사람은 그 자리에 남아서 주님께서 나중에 이어서 하시는 가르침을 받았다.

10 너를 정죄한 사람이 한 사람도 없느냐 – 네게 어떤 심판도 내려지지 않았다.

11 나도 너를 정죄하지 않는다 – 나도 나 자신에게 그런 정죄를 내리지 않는다. 네가 구원을 받았으니 회개하도록 하라.

12 나를 따르는 사람은 어둠 속에 다니지 아니하고 – 무지, 악함, 불행함 속에. 생명의 빛을 얻을 것이다 – 나를 가까이, 겸손하게 그리고 꾸준히 따르는 사람은 하나님의 빛이 그 사람 위에 계속해서 비추고 그의 영혼에 스며들게 되어서 그에게 지식과 거룩함과 기쁨을 줄 것이며, 그는 이러한 것들에 인도함을 받아서 영원한 생명에 이르게 될 것이다.

13 당신이 스스로 자신에 대하여 증언하니, 당신의 증언은 참되지 못하오 – 그들은 우리 주님께서 요한복음 5장 31절에서 친히 하셨던 말씀, 즉 만일 나 스스로에 대해서 증언하면 내 증언은 유효하지 않다는 말씀을 되받아치고 있다. 예수께서는 그때 하셨던 말씀 뒤에 다음과 같은 말씀을 덧붙이셨다: "나에 대해서 증언하시는 이가 또 있다." 그때와 같이 여기에서도 예수께서는 같은 효과를 가진 말씀을 덧붙이신다: "내가 나에 대해 증언하지만 내 증언은 참되다"(요 8:14). 왜냐하면 나는 성부와

뗄 수 없는 하나인 존재이기 때문이다. **나는 안다** – 예수께서는 분명하고 확실한 지식으로 가장 훌륭한 증언을 하신다: **내가 어디로 와서 어디로 가는지 나는 안다** – 그리스도에 대한 모든 교리는 이 두 가지 사항을 언급한다. '내가 어디로 와서'라는 것은 요한복음 8장 16절 등에서, '어디로 가는지'에 대한 것은 요한복음 8장 21절에서 다루어지고 있다. **내가 어디에서 왔는지 알기 때문에** – 즉, 내가 하나님으로서 그리고 동시에 인간으로서 하나님에게서 왔기 때문에. 너희는 모르지만 나는 그것을 알고 있다.

15 **너희는 사람이 정한 기준을 따라 심판한다** – 사람이 정한 기준, 즉 타락한 본성이 말해주는 기준. **나는 아무도 심판하지 않는다** – 그렇게, 지금, 즉 내가 처음 온 이 시점에서는.

16 **내가 혼자 있는 것이 아니라** – 증언할 때처럼 심판할 때에도. **나를 보내신 아버지께서 나와 함께** – 그분의 성부께서는 그분 안에 계시고, 그분은 그 성부 안에 계신다(요 14:10, 11). 그리고 성자께서 성부 없이 계시지 않은 것처럼, 성부께서도 성자 없이 혼자 계시지 않으신다(잠 8:22-23, 30). 성부와 성자는 하나의 존재(one)도 아니고, 그렇다고 해서 또 다른 하나님(another God)도 아니다. 이들은 한 하나님(one God)이시고 (물론 서로 구분된 인격체이시지만) 서로 분리가 불가능하신 분이다. 비록 성자는 성부로부터 와서 인간의 본성을 가지고 메시아로서 자신의 직무를 수행하시며, 이것을 두고 우리는 하나님께서 하늘에서 내려오셔서 자기 자신을 특별하게 드러내셨다고 말하지만, 그렇다고 해서 그리스도께서 성부를 떠나시거나 성부께서 성자를 떠나신 것은 아니다. 이는 그저 하나님께서 하늘을 떠나서 이 땅 위로 내려오신 것이다.

17 신명기 19장 15절.

19 그러자 그들은 예수께 물었다. "당신의 아버지가 어디에 계십니까?" – 그들의 질문은 참으로 심술궂다. 또한 이런 모습을 통해 우리는 그들이 성부를 알고자 한다면 그보다 먼저 성자를 알아야 한다는 것을 사실을 알 수 있다. **아버지가 어디에 계신가** – 그분께서는 이것을 요한복음 8장 23절에서 보여주신다. 이렇게 하면서 그분께서는 성부와 자신이 구분된 인격체, 즉 각각 두 증인으로서 구분된 존재라는 사실을 명확하게 설명해주신다. 하지만 그와 동시에 마치 그분에 대한 지식은 성부에 대한 지식을 포함하고 있듯이 이 두 분은 본질에서 하나임을 설명해주신다.

23 **너희는** – 이제 다시 그분께서는 그들의 시험을 통과하여 자신이 앞서 말씀하셨던 것(요 8:21)을 증명하신다. 즉, **그들은 아래에서 왔다**는 사실을 증명하신다 – 이 세상에서 왔다는 것을. **나는 위에서 왔다** – 여기에서 그분께서는 자신이 어디에서 오셨는지, 즉 하늘에서 오셨다는 것을 그리고 어디로 가시는지를 직접 보여주신다.

24 **내가 곧 나임을 너희가 믿지 않으면** – 여기에서(요 8:58에서처럼) 우리 주님께서는 "내가 곧 나"(출 3:14)라고 하는 신적인 이름을 주장하신다. 그러나 유대인들은 주님께서 그들의 말이 채 끝나기도 전에 말을 끊으셨던 것처럼 이어서 "당신은 누구요?"라고 맞받아친다.

25 **내가 처음부터 너희에게 말하지 않았느냐** – 내가 처음에 너희들에게 말했던 그 어조로, 너희들에게 가르쳤던 바로 그대로.

26 **내가 너희에 대하여 말하고 또 심판할 것이 많이 있다** – 나는 너희가 핑계치 못할 불신앙에 대해 할 말이 많다. 그러나 **나를 보내신 분은 참되시며** – 너희가 믿든 안 믿든 상관없이. **나는 그분에게서 들은 대로 말하는 것이다** – 나는 그분께서 내게 맡겨주신 것을 참되게 전달할 뿐이다.

27 그들은 깨닫지 못하였다 - 예수께서 자기를 보내신 분이라고 말씀하실 때 그것이 바로 성부 하나님을 두고 하신 말씀인 것을. 그래서 요한복음 8장 28-29절에서 그분께서는 그분이 성부임을 분명하게 밝히신다. 그리고 자기 자신의 신성, 즉 '내가 곧 나'임을 주장하신다.

28 너희는 인자가 높이 들릴 때가 되어서야 - 십자가 위로. 너희는 알게 될 것이다 - 그리고 그들 가운데 많은 사람이 '내가 곧 하나님'이라는 사실을 알게 되었다. 또한 내가 나 혼자 마음대로 하지 않는다 - 성부와 하나가 되어서 한다.

29 성부는 나를 혼자 버려두지 않으셨다 - 내가 이 세상에 오던 바로 그 순간부터.

32 진리 - 하나님의 성령에 의해 너희의 마음에 쓰인 진리는 너희를 자유롭게 할 것이다 - 죄책감, 죄악, 불행, 사탄으로부터.

33 그들은 - 그 옆에 있던 다른 유대인들(믿었던 사람들이 아닌)로서, 오가는 대화의 전체 분위기를 보면 이들임을 알 수 있다. 우리는 아무에게도 종노릇 한 일이 없는데 - 아주 뻔뻔스럽고 못된 거짓이다. 바로 그 당시에 그들은 로마인들의 종노릇을 하고 있었다.

34 예수께서 대답하셨다 - 그들의 반대 의견에 대해 하나씩, 처음에는 자유에 대하여 그리고 그들이 아브라함의 자손이라는 것에 대하여(요 8:37) 차근차근 반박하여 대답하신다. 죄를 범한 사람은 사실 죄의 종이다.

35 종은 언제까지나 집에 머물러 있지 못하지만 - 마치 종이 아브라함의 집에서 쫓겨났던 것처럼 모든 죄인은 하나님의 집에서 쫓겨날 것이다. 그러나 나, 곧 인자는 그곳에 영원히 거한다.

36 그러므로 만일 내가 너희를 자유롭게 하면 너희는 - 똑같은 특권을 함께 누리게 될 것이다. 그리고 모든 죄책감과 죄에서 자유롭게 되어서

하나님의 집에서 영원토록 거하게 될 것이다.

37 나는 너희가 아브라함의 자손임을 안다 - 너희들이 제기한 반박에 대한 또 다른 답변을 하자면, 나는 너희가 육체를 따라서는 아브라함의 자손이라는 것을 안다. 그러나 영적인 의미에서는 아니다. 너희는 아브라함의 믿음을 따르는 자들이 아니다. 내 말이 너희 마음속에 머물 곳이 없다.

41 너희는 너희 아비가 한 일을 하고 있다 - 그가 누구인지 아직 이름이 거론되지는 않는다. 그들은 자신들이 하나님을 자기 아버지라고 부른다고 생각하고 있지만, 사실 그것은 마귀이다(요 8:44).

42 내가 와서 - 하나님으로서. **여기에 있다** - 그리스도로서.

43 너희는 들을 수 없다 - 너희의 교만과 완악함으로 인해. **들을 수 없다** - 내 말을 받아들이지도, 순종하지도 않는다. 너희는 내 뜻을 따라 행하기를 원하지 않으며 내 가르침을 이해하지도 못한다(요 7:17).

44 그는 살인자였다 - 천성적으로 그런 행동을 좋아한다. **처음부터** - 악마가 된 그 애초부터. **진리 안에 거하지 않는다** - 이와 동시에 살인자요 거짓말쟁이가 된다. 그는 이 세상이 시작했을 때부터 분명히 사람을 죽이는 자(그리스어 단어는 이 점을 잘 드러낸다)였다. 세상이 창조되던 바로 그때부터 그는 인간을 망가뜨릴 궁리를 하고 모략을 짰다. **그가 거짓을 말할 때 그는 자기 자신을 말하는 것이다** - 왜냐하면 그는 천성적으로 거짓의 아비요 거짓을 만들어 내는 자이기 때문이다. 단지 거짓의 기원뿐만 아니라 악의 기원에 대한 이 전반적인 설명을 보라!

45 내가 진리를 말하기 때문에 - 거짓말쟁이를 미워하는 진리.

46 너희 가운데서 누가 나에게 죄가 있다고 단정하느냐 - 내 가르침이 그러하듯이 내 삶은 흠이 없지 않느냐? 내 모든 행동이 내가 가르치는

것이 참되다는 것을 확증해주지 않느냐?

47 하나님에게서 난 사람은 – 하나님을 사랑하고 하나님을 경외하는 사람은. **듣는다** – 내가 선포하는 하나님의 말씀을 기쁨과 경외함으로.

48 우리가 하는 그 말이 옳지 않소 – 당신은 사마리아인이라고 말하는 것이. **사마리아인** – 우리 교회와 우리나라의 원수. 당신은 귀신이 들렸다고 – 교만과 거짓의 영에 사로잡혔다고.

49 나의 아버지를 공경한다 – 나는 오직 그분의 영광만을 추구한다.

50 나는 내 영광을 구하지 않는다 – 즉, 나 자신이 메시아로서 나 자신의 영광을 찾지 않는다. 나는 그럴 필요도 없다. 왜냐하면 내 아버지께서 나를 위하여 영광을 구해주시고, 너희들에게는 심판을 내려주실 것이기 때문이다.

51 나의 말을 지키는 사람은 – 내 아버지께서도 내 영광을 구해주실 것이다. 우리는 그분의 가르침을 믿음으로(by believing) 지키며, 그분의 약속을 소망으로(by hoping) 지키고, 그분의 계명을 순종함으로 지킨다. 그는 **죽음을 겪지 않을 것이다** – 즉, 영원한 죽음을. 그는 영원히 살 것이다. 여기에서 그분께서는 자신이 사마리아인이 아니라는 것을 증명하신다. 왜냐하면 사마리아인들은 보통 사두개인들이었기 때문이다.[23]

54 만일 내가 나를 영광되게 한다면 – 너희 말대로, 너희라는 자들이 존재하게 한 내가 자신을 스스로 영광되게 한다면.

56 그는 보았다 – 믿음으로 이러한 유형과 모습과 약속을 보았다. 특히 멜기세덱이라고 하는 유형에서, 마므레 평원에서 여호와께서 그에게 나타나신 모습에서(창 18:1) 그리고 땅의 모든 족속이 그의 자손에게서 복을 받을 것이라는 약속에서 그는 보았다. 아마도 그는 그리스도의 초림이나 재림에서 특별히 드러내시는 것을 보았을 것이다.

57 당신은 아직 나이가 쉰도 안 되었는데 – 아무리 많아도. 아마도 주님께서 숱하게 마음고생하시고, 노동하시고, 게다가 그 표정이 매우 무거웠기 때문에 실제 나이보다 더 늙어 보이게 된 것 같다. **아브라함을 보았단 말이오** – 만일 아브라함이 그분을 보았더라면 그들은 제대로 추측한 셈이다.

58 아브라함이 있기 전부터 내가 있다 – 심지어 영원부터 영원까지 그분은 계시다. 이것은 유대인들의 반론에 대한 직접적인 그분의 대답이고, 이것은 그분이 아브라함보다 얼마나 더 크신 분이라는 것을 보여준다.

59 그들은 돌을 들어서 – 신성모독 죄로 그분을 치려고 하였다. **그러나 예수께서는 몸을 피했다** – 아마도 자신의 모습을 안 보이도록 하신 후에 **나가셨다** – 마치 거기에 아무도 없는 것처럼 아주 쉽게.[24]

역자 해설

예수님은 다시 자신에 관해 말씀하십니다. "나는 세상의 빛이다"(12절). 그러나 사람들은 이런저런 트집을 잡아 그 말을 믿지 못하겠다고 예수님을 거부합니다(13절). 그들이 예수님을 거부하는 이유는 그들이 예수님에 대해서도, 하나님에 대해서도 알지 못하기 때문입니다(14, 19절). 그리고 그들이 알지 못하는 이유는 세상의 기준과 눈으로만 보려고 하기 때문입니다(15절).

그들이 세상의 기준과 눈으로만 보는 이유는 그들이 이 세상에 속한 자들이기 때문입니다(23절). 예수님은 위로부터 오신 분입니다. 그러나 그들은 이 땅에서 온 자들이고, 이 땅에 속한 자들입니다. 예수님을 알려면 위로부터 난 사람이 되어야 합니다. 일전에 예수님께서 니고데모에게 하나님 나라로 들어가는 길에 관해 설명하시면서 '거듭나지 않으면' 그렇게 될 수 없다고 하셨습니다(3:3). 여기에서 '거듭'이라는 그리스어는 '아노텐'(anothen)이라는 단어인데, 이 단어는 '거듭'이라는 뜻과 함께 '위로부터'라는 뜻을 동시에 갖는 동음어입니다. 즉, 하나님 나라로 들어가려면 다시 태어나야 하지만(born again) 위로부터 난 사람이 되어야 하기도 합니다(born from above). 다시 나는 것과 위로부터 난다는 것은 사실 일맥상통합니다. 다시 난다는 것은 이 세상에 속한 사람에서 하늘에 속한 사람이 된다는 것을 의미합니다.

우리가 비록 이 땅에 살고 있지만, 늘 하늘에 속한 사람임을 잊어서는 안 됩니다. 우리가 하늘에 속한 사람이라는 것을 어떻게 알 수 있을까요? 하늘에 속한 사람은 죄를 짓지 않습니다(33절). 웨슬리는 『표준설교』 35번 "그리스도인의 완전"에서 이것을 잘 설명합니다. 그리스도의 사람은 그 안에 그리스도의 영이 거하십니다(롬 8:3-9). 그래서 그는 죄를 지을 수 없습니다(요일 3:6).

예수님을 거부하는 사람들은 이 세상에 속한 사람들이기 때문에 하늘의 것을 알지 못합니다. 예수님은 그들이 죄의 종이며, 그들의 아버지는 악마라고 하십니다(34, 43-44절). 그런데도 그들은 자기는 아무런 문제가 없다고, 자기들이야말로 아브라함의 자손이고 하나님은 자기들이 아버지라고 당당하게 말합니다(41절). 그들은 도리어 예수님을 가리켜 귀신 들렸다고 말합니다(48절). 하지만 그들은 하나님의 말씀에 귀를 기울이지 않습니다(47절). 예수님은 자신이 하나님께로부터 온 존재이며, 자신이 하나님이심을 단언하여 말씀하십니다(56-58절). 이 말은 요한복음 제일 첫머리 로고스 찬가에서 이미 밝혀진 사실입니다(1:1-3). 그러나 이것은 그들에게는 신성모독적인 발언입니다. 그러기에 그들은 돌로 예수님을 쳐서 죽이려고 합니다(59절).

유대인의 입장에서 볼 때 예수님의 언행은 선을 넘었다고 보이는 것이 어쩌면 당연했을지도 모릅니다. 아브라함의 자손이라고 자부하던 이들에게 이런 예수님의 발언은 황당한 것이었겠지요. 그러나 예수님은 표적과 가르침을 통해 자신이 누구인지 누차 보여주셨습니다. 문제는 그들은 그것을 모두 듣고 보면서도 끝까지 거부한다는 점입니다. 그들은 아브라함의 자손이라는 혈통이 자신의 구원을 담보해준다고 믿습니다. 그러나 하나님의 자녀가 되는 것은 혈통으로 되는 것이 아닙니다(1:13). 우리는 아브라함의 후손 유대인이 아닙니다. 그래서 아브라함의 자손이기 때문에 하나님의 자녀라고 생각하지는 않을 것입니다. 하지만 교회에서 신앙생활을 오래 하고 있다는 이유로 내 구원에는 아무런 문제가 없을 것이라고 착각하기는 쉽습니다. 내 종교적·신앙적 열의와 노력과 의지가 나를 하나님의 자녀로 만들어주지 않습니다(1:13). 우리가 하나님의 자녀가 되고 영생을 얻게 되는 것은 혈통이나 나의 의지나 나의 열의가 아닙니다. 예수님을 영접할 때, 그의 음성을 (알아)들을 때, 그분을 (알아)볼 때, 이 땅의 사람에서 하늘에서 난 사람이 될 때, 즉 성령으로 거듭날 때 그것은 가능합니다.

요한복음 9장

¹ 예수께서 가시다가, 날 때부터 눈먼 사람을 보셨다. ² 제자들이 예수께 물었다. "선생님, 이 사람이 눈먼 사람으로 태어난 것이, 누구의 죄 때문입니까? 이 사람의 죄입니까? 부모의 죄입니까?" ³ 예수께서 대답하셨다. "이 사람이 죄를 지은 것도 아니요, 그의 부모가 죄를 지은 것도 아니다. 하나님께서 하시는 일들을 그에게서 드러내시려는 것이다. ⁴ 우리는 나를 보내신 분의 일을 낮 동안에 해야 한다. 아무도 일할 수 없는 밤이 곧 온다. ⁵ 내가 세상에 있는 동안, 나는 세상의 빛이다." ⁶ 예수께서 이 말씀을 하신 뒤에, 땅에 침을 뱉어서, 그것으로 진흙을 개어 그의 눈에 바르시고, ⁷ 그에게 실로암 못으로 가서 씻으라고 말씀하셨다. ('실로암'은 번역하면 '보냄을 받았다'는 뜻이다) 그 눈먼 사람이 가서 씻고, 눈이 밝아져서 돌아갔다. ⁸ 이웃 사람들과, 그가 전에 거지인 것을 보아 온 사람들이 말하기를 "이 사람은 앉아서 구걸하던 사람이 아니냐?" 하였다. ⁹ 다른 사람들 가운데는 "이 사람이 그 사람이다" 하고 말하는 사람도 더러 있었고, 또 더러는 "그가 아니라 그와 비슷한 사람이다" 하고 말하기도 하였다. 그런데 눈을 뜨게 된 그 사람은 "내가 바로 그 사람이오" 하고 말하였다. ¹⁰ 사람들이 그에게 물었다. "그러면 어떻게 눈을 뜨게 되었소?" ¹¹ 그가 대답하였다. "예수라는 사람이 진흙을 개어 내 눈에 바르고, 나더러 실로암에 가서 씻으라고 하였소. 그래서 내가 가서 씻

었더니, 보게 되었소." **12** 사람들이 눈을 뜨게 된 사람에게 묻기를 "그 사람이 어디에 있소?" 하니, 그는 "모르겠소" 하고 대답하였다. **13** 그들은 전에 눈먼 사람이던 그를 바리새파 사람들에게 데리고 갔다. **14** 그런데 예수께서 진흙을 개어 그의 눈을 뜨게 하신 날이 안식일이었다. **15** 바리새파 사람들은 또다시 그에게 어떻게 보게 되었는지를 물었다. 그는 "그분이 내 눈에 진흙을 바르신 다음에 내가 눈을 씻었더니, 이렇게 보게 되었습니다" 하고 대답하였다. **16** 바리새파 사람들 가운데 더러는 말하기를 "안식일을 지키지 않는 것으로 보아서, 그는 하나님에게서 온 사람이 아니오" 하였고, 더러는 "죄가 있는 사람이 어떻게 그러한 표징을 행할 수 있겠소?" 하고 말하였다. 그래서 그들 사이에 의견이 갈라졌다. **17** 그들은 눈멀었던 사람에게 다시 물었다. "그가 당신의 눈을 뜨게 하였는데, 당신은 그를 어떻게 생각하오?" 그가 대답하였다. "그분은 예언자입니다." **18** 유대 사람들은, 그가 전에 눈먼 사람이었다가 보게 되었다는 사실을 믿지 않고, 마침내 그 부모를 불러다가 **19** 물었다. "이 사람이, 날 때부터 눈먼 사람이었다는 당신의 아들이오? 그런데, 지금은 어떻게 보게 되었소?" **20** 부모가 대답하였다. "이 아이가 우리 아들이라는 것과, 날 때부터 눈먼 사람이었다는 것은, 우리가 압니다. **21** 그런데 우리는 그가 지금 어떻게 보게 되었는지도 모르고, 또 누가 그 눈을 뜨게 하였는지도 모릅니다. 다 큰 사람이니, 그에게 물어 보십시오. 그가 자기 일을 이야기할 것입니다." **22** 그 부모는 유대 사람들이 무서워서 이렇게 말한 것이다. 예수를 그리스도라고 고백하는 사람은 누구든지 회당에서 내쫓기로, 유대 사람들이 이미 결의해 놓았기 때문이다. **23** 그래서 그의 부모가, 그 아이가 다 컸으니 그에게 물어보라고 말한 것이다. **24** 바리새파 사람들은 눈멀었던 그 사람을 두 번째로 불러서 말하였다. "영광을 하나님께 돌려라. 우리가 알기로, 그 사람은 죄인이다." **25** 그는 이렇게 대답하였다. "나는 그분이 죄인인지 아닌지는 모릅니다. 다만 한 가지 내가 아는 것은, 내가 눈이 멀었다가, 지금은 보게 되었다는 것입니다." **26** 그래서 그들은 그에게 물었다. "그 사람이 네게 한 일이 무엇이냐? 그가 네 눈을 어떻게 뜨게 하였느냐?" **27** 그는 대답하였다. "그것은 내가 이미 여러분에게 말하였는데, 여러분은 곧이듣지 않았습니다. 그러면서 어찌하여 다시 들으려고 합니까? 여러분도 그분의 제자가 되려고 합니까?" **28** 그러자 그들은 그에게 욕설을 퍼붓고 말하였다. "너는 그 사람의 제자이지만, 우리는 모세의 제자이다. **29** 우리는 하나님께서 모세에게 말씀하셨다는 것을 알고 있다. 그러나 그 사람은 어디에서 왔는지 우리는 알지 못한다." **30** 그가 그들에게 대답하였다. "그분이 내 눈을 뜨게 해주셨는데도, 여러분은 그분이 어디에서 왔는지 모른다니, 참 이상한 일입니다. **31** 하나님께서는 죄인들의 말은 듣지 않으시지만, 하나님을 공경하고 그의 뜻을 행하는 사람의 말은 들어주시는 줄을, 우리는 압니다. **32** 나면서부터 눈먼 사람의 눈을 누가 뜨게 하였다는 말은, 창세로부터 이제까지 들어 본 적이 없습니다. **33** 그가 하나님께로부터 오신 분이 아니라면, 아무 일도 하지 못하셨을 것입니다." **34** 그들은 그에게 말하였다. "네가 완전히 죄 가운데서 태어났는데도, 우리를 가르치려고 하느냐?" 그리고 그들은 그를 바깥으로 내쫓았다. **35** 바리새파 사람들이 그 사람을 내쫓았다는 말을 예수께서 들으시고, 그를 만나서 물으셨다. "네가 인자를 믿느냐?" **36** 그가 대답하였다. "선생님, 그분이 어느 분입니까? 내가 그분을 믿겠습니다." **37** 예수께서 그에게 말씀하셨다. "너는 이미 그를 보았다. 너와 말하고 있는 사람이 바로 그이다." **38** 그는 "주님, 내가 믿습니다" 하고 말하고서, 예수께 엎드려 절하였다. **39** 예수께서 또 말씀하셨다. "나는 이 세상을 심판하러 왔다. 못 보는 사람은 보게 하고, 보는 사람은 못 보게 하려는 것이다." **40** 예수와 함께 있던 바리새파 사람들이 이 말씀을 듣고 나서 말하였다. "우리도 눈이 먼 사람이란 말이오?" **41** 예수께서 그들에게 말씀하셨다. "너희가 눈이 먼 사람들이라면, 도리어 죄가 없을 것이다. 그러나, 너희가 지금 본다고 말하니, 너희의 죄가 그대로 남아 있다."

웨슬리와 함께 읽기

2 누구의 죄 때문입니까? 이 사람의 죄입니까? 부모의 죄입니까? – 즉, 이것이 자신의 죄 때문에 그렇게 된 것입니까, 아니면 그의 부모가 저지른 죄 때문에 그렇게 된 것입니까? 그들은(당시에 많은 유대인이 아무런 성경적 근거도 없는데 그렇게 했듯이) 그 사람이 이 세상에 태어나기 이전에 존재 이전의 상태로 있을 적에 죄를 범했을 것으로 생각했다.

3 예수께서 대답하셨다. 이 사람이 죄를 지은 것도 아니요, 그의 부모가 죄를 지은 것도 아니다 – 우리 주님께서는 아무짝에 쓸모없는 질문에 이런 식으로 답변하신 것이 아니라 어리석은 호기심을 충족시켜주시기 위해서 이런 식으로 답변하신 것이다. 따라서 그분께서는 이에 대해서 어떤 것도 결정적으로 말씀하지 않으신다. 그분의 대답은 자신의 죄도, 그렇다고 해서 그의 부모들의 죄도 아니라는 것을 다 포함한다. 그분의 대답은 하나님의 능력이 드러나게 되도록 한다는 것이다.

4 밤은 곧 온다 – 그리스도는 빛이시다. 밤이 오면 빛은 떠나가고, 누구도 일할 수 없다. 누구도 이 생애가 끝나면 자신의 구원을 위해서 어떤 것도 할 수 없다. 그러나 그리스도께서는 항상 일하실 수 있으시다. 하지만 그분은 오직 낮 동안에만 혹은 자신에게 부여된 그 시기에만 이

세상에서 일하신다.

5 나는 세상의 빛이다 – 나는 내 성령을 통해 내면적으로 사람들을 가르친다. 그리고 외적으로는 내 가르침을 통해 하나님의 뜻이 무엇인지를 가르친다. 그리고 나는 그들에게 내 예로써 그들이 그것을 어떻게 해야만 하는지 보여준다.

6 그분께서는 진흙을 개어 그의 눈에 바르시고 – 이렇게 하면 도리어 눈이 멀쩡한 사람을 소경으로 만들게 될 것이다. 하지만 이렇게 했을 때 눈먼 사람이 어떻게 고침을 받았던가? 이것은 우리에게 하나님은 그분께서 무엇을 가지고 일을 하시든 어떤 수단 없이 일하시든, 그 사건과 무관하지 않다는 것을 상기시켜 준다. 또한 이 사건은 모든 피조물이라는 것이 사실 그분의 전능하신 사역의 결과물일 뿐이라는 점을 상기시켜 준다.

7 가서 실로암 연못에 가서 씻으라 – 아마도 우리 주님께서는 이 기적이 사람들의 눈에 더 잘 뜨이기를 의도하신 것 같다. 군중은 자연스럽게 그의 주변에 몰려들어서 이토록 해괴한 처방의 결과가 어떻게 나타날지 보려고 했을 것이다. 그리고 이 눈먼 사람을 인도해서 예루살렘 도시의 중심부를 가로지를 때, 그 사람은 자기가 어떤 심부름을 지금 하고 있는지 사람들에게 말했을 것이고, 그래서 모든 사람이 더욱 주의를 기울이게 되었을 것이 틀림없다. 예루살렘 성벽 바깥에 있는 실로암 샘물로부터 자그마한 개울이 흘러서 성안으로 들어온다. 그리고 이 물은 일종의 웅덩이 같은 곳에 모이는데, 그곳은 성전 가까이에 있어서 실로암 연못이라고 불렀다. 이 단어의 뜻은 풀면 보내심을 받았다는 뜻이다 – 이것은 하나님으로부터 보내심을 받은 메시아의 유형이기도 하다. **그 사람은 가서 씻었고 보게 되었다** – 그는 믿었고 순종했다. 그리고 복을

찾았다. 만일 이 사람이 자기 자신이 보기에 스스로 지혜로운 사람이라고 생각하거나 나아만 장군처럼 이 이상한 방법에 대해서 합리적으로 생각하는 사람이었다면, 그는 아직도 여전히 어둠 가운데 남겨져 있었을 것이다. 주님! 우리의 교만한 마음이 당신의 회복시키시는 은혜 아래로 굴복되도록 하옵소서! 우리가 당신께서 내려주시고자 하는 은총을 선택할 수 있도록 하시고, 그것을 받고자 하는 것이 우리의 최고의 관심사가 되도록 하여 주소서!

11 예수라는 사람이 – 아마도 이 사람은 이전에는 예수에 대해 하나도 아는 바가 없었던 것 같다.

14 눈에 바르시어 – 안식일에 어떤 종류의 약을 바르는 것은 장로들의 전통에 따르면 특히 금지되어 있었다.

16 이 사람은 하나님에게서 온 사람이 아니오 – 하나님이 보내신 사람이 아니다. **죄가 있는 사람이 어떻게 할 수 있겠소** – 즉, 고의로 죄를 지으며 사는 사람이 그런 기적을 행하겠소.

17 그가 당신의 눈을 뜨게 하였는데, 당신은 그를 어떻게 생각하오 – 이 일을 보고 당신은 어떤 생각을 하게 되었소.

22 누구든지 회당에서 내쫓기로 – 공동체에서 축출하기로.

27 당신들도 – 내가 그분의 제자가 되어야겠다는 확신이 들고 그렇게 되려고 하는 것처럼 당신들도.

29 우리는 그가 어디에서 왔는지 알지 못한다 – 그 사람이 무슨 능력과 권위로 이런 일을 했는지.

30 그가 그들에게 대답하였다 – 이토록 무식한 그가. 이 사람이 하는 이 말이 얼마나 논리적인 힘 있고 분명한가! 이처럼 하나님께서는 그 사람의 육신의 눈뿐만 아니라 이해력의 눈도 열어주셨다. **여러분은 그분이**

어디에서 왔는지 모른다니, 참 이상한 일입니다 - 백성들의 선생들과 인도자들은 지금까지 들어본 적도 없는 이러한 기적을 행한 그분이 하나님으로부터 보내심을 받아 하늘로부터 오신 분이라는 것을 알지 못했다.

31 **우리는** - 우리같이 무식한 서민도 하나님께서 죄인들의 말은 듣지 않으신다는 것을 **안다** - 회개하지 않는 죄인들의 말에 이런 식으로 응답하지 않으신다는 것을. 진리 편에 서는 것이 어떠한 결과를 가져오는지 잘 알면서도 이처럼 진리 편에 서 있는 이 사람의 참된 용기를 볼 때(요 9:22), 이 사람이야말로 고백자라는 호칭을 받을 만한 사람이다.

33 **그는 아무 일도 하지 못하셨을 것입니다** - 이런 종류의 일을. 어떠한 기적도.

34 **죄 가운데서 태어났는데도** - 그들은 그래서 그가 눈먼 상태로 태어났다고 생각했다. 그들은 그를 **바깥으로 내쫓았다** - 회당 밖으로. 즉, 그를 공동체에서 축출했다.

35 **그를 만나서** - 왜냐하면 예수께서는 그 사람을 찾으셨기 때문이다.

36 **그분이 어느 분입니까, 내가 믿겠습니다** - 이것은 그가 어느 정도의 믿음을 이미 가지고 있었음을 보여준다. 그는 예수께서 무슨 말씀을 하시든지 이미 받을 준비가 되어있었다.

37 **주님, 내가 믿습니다** - 이 얼마나 훌륭한 영혼을 가진 사람이란 말인가! 이 사람은 이처럼 심오하고 강한 이해력을 가지고 있다. (그는 자신의 이런 모습을 앞서 혼란스러워하던 바리새인들에게 보여준 바 있다.) 이것은 우리가 배울 만한 성품이다!

39 **나는 이 세상을 심판하러 왔다** - 즉, 내가 이 세상에 온 결과로, 하나님의 의로우신 심판으로 인해 육신과 영혼의 눈먼 자들이 눈을 뜨게 되

지만, 자기는 볼 줄 안다고 자부하는 사람들은 이전보다 더 큰 어둠 속에서 눈이 먼 상태로 남겨질 것이다.

41 **만일 너희가 눈이 먼 사람들이라면** - 완전히 무지한 자들이었더라면. 만일 너희가 그토록 많은 지식의 수단을 갖지 못했더라면. **너희는 죄가 없었을 것이다** - 지금 너희가 죄를 짓고 있는 것에 비해서. 그러나 이제 너희가 말하니 - 너희 자신은 잘 알고 있다고 말하니. **너희가 본다고 하니 너희 죄가 남아있다** - 완전히 고칠 방법도 없다.

역자 해설

예수님은 이제 여섯 번째 표적을 보이십니다. 실로암에서 시각 장애인을 고쳐주신 이 이야기는 2장에 나오는 가나의 결혼 잔치 표적 이야기, 5장에 나오는 베데스다 연못 이야기, 11장에 나오는 죽은 나사로를 살리시는 표적 이야기와 더불어 오직 요한복음에만 나오는 특별한 이야기입니다. 요한은 세 부류의 사람을 소개하는데, 예수님을 영접하는 사람, 거부하는 사람 그리고 그 사이에서 이도 저도 못 하고 두려워하는 사람입니다. 이 세 사람이 여섯 번째 표적 이야기에 다 나옵니다.

예수님은 나면서부터 눈이 먼 사람을 만나시는데, 이 사람의 신세가 누구 탓인지 문제를 놓고 제자들이 질문합니다. 이에 예수님은 누구의 탓도 아니라고 하시면서 세상의 빛으로서 자신이 하나님의 일을 한다고 말씀하십니다(1-5절). 그리고 눈먼 사람을 고쳐주시는 표적을 일으키십니다. 예수님은 암흑 속에 평생을 살던 사람에게 빛으로 오신 분입니다. 오직 살아 있는 생명만이 또 다른 생명을 낳을 수 있듯이, 빛만이 빛을 만들어줄 수 있습니다. 꺼진 촛불이 다른 촛불에 불을 붙여줄 수 없습니다. 예수님은 세상의 참 빛이시기에 사람들에게 참 빛을 전해주실 수 있습니다.

그러나 거부하는 사람들은 보라는 달은 안 보고 엉뚱하게 손가락만 쳐다보면서 시비를 걸기 시작합니다. 그들은 눈을 뜨게 된 이 사람이 이전에 소경이었던 그 사람과 동일 인물인지 아닌지 옥신각신하고(8-9

절), 안식일을 지킨 행위인지 아닌지, 이런 일을 한 사람이 죄인인지 아닌지 서로 시비합니다(16절). 이들은 태어난 이후 단 한 번도 세상을 본 적이 없는, 심지어 자기 부모 얼굴도 단 한 번 본 적 없이 지금껏 살아온 이 불쌍한 사람의 고통에는 전혀 관심이 없습니다. 그저 안식일을 지켰는지, 이 사람이 정말 그 사람이 맞는지, 예수님이 죄인인지 아닌지 등과 같이 전혀 중요하지 않은 일로 서로 입씨름을 합니다. 이는 이들이 얼마나 완악한 사람들인지 잘 보여줍니다.

둘째로 등장하는 사람은 이 소경의 부모입니다. 서로 옥신각신하던 사람들이 안 되겠는지 그의 부모를 데려와서 추궁합니다. 이 부모의 답변을 보면 참으로 궁색합니다. 유대인들의 분위기가 심상치 않음을 파악한 부모는 행여 자신에게 피해가 갈까 두려워서 자리를 회피합니다(18-21절). 이 부모가 비겁한 모습을 보이는 것은 회당에서 쫓겨날까 두려웠기 때문입니다. 당시 유대인들은 회당을 중심으로 공동체를 이루며 살았습니다. 회당은 단순히 안식일에 모여서 예배를 드리는 공간이 아니라 마을 공동체 생활의 중심점이었습니다. 회당에서 쫓겨난다는 것은 사형선고나 다름없습니다. 아무도 그를 상대해주지 않고, 도움도 주지 않습니다. 극단적인 따돌림을 당하는 것이기에 현실적으로 생활을 영위할 수 없습니다. 그러니 그 부모가 당연히 두려워할 만합니다.

이해하지 못하는 바는 아니지만, 그래도 그런 위협을 감수하고라도 꿋꿋하게 자신의 믿음을 지키는 사람이 있습니다. 이들은 예수님을 영접한 사람들입니다. 실로암에서 눈을 뜨게 된 이 사람이 바로 이런 예를 보여줍니다. 바리새인들이 계속해서 예수님은 죄인이라면서 끝내 예수님이 보이신 표적을 받아들이지 못하자(24절) 그는 도리어 그들을 나무라면서 자꾸 물어보는 것을 보니 당신들도 예수의 제자가 되려하느냐고 조롱합니다(27절). 그리고 그는 "알지 못한다"(29절)고 말하는 이 사람들을 이해할 수 없다고 하면서(30절) 자기는 "안다"(31절)고 말합니다. 요한복음에서 중요한 표현 중 하나가 바로 "안다"라는 것입니다.

이 사람은 보는 사람이 되었고(37절. cf. 41절), 예수님을 아는 사람이 되었습니다. 그래서 그는 믿는다고 고백합니다(38절). 그러나 끝까지 예수님을 거부하는 사람은 눈은 있어도 보지 못하는 사람이 됩니다(41절). 예수님을 믿는 사람은 그분을 보고, 그분의 음성을 듣고, 그분에 대해 알고, 그분을 맞아들입니다. 믿는다, (알아)본다, (알아)듣는다, 영접한다 등과 같은 말은 요한복음에서 같은 의미로 이해할 수 있습니다. 이 세 부류의 사람을 통해서 요한은 계속해서 우리에게 어떤 부류의 사람이 될 것인지 질문합니다.

요한복음 10장

[1] "내가 진정으로 진정으로 너희에게 말한다. 양 우리에 들어갈 때에, 문으로 들어가지 아니하고 다른 데로 넘어 들어가는 사람은 도둑이요 강도이다. [2] 그러나 문으로 들어가는 사람은 양들의 목자이다. [3] 문지기는 목자에게 문을 열어 주고, 양들은 그의 목소리를 알아듣는다. 그리고 목자는 자기 양들의 이름을 하나하나 불러서 이끌고 나간다. [4] 자기 양들을 다 불러낸 다음에, 그는 앞서서 가고, 양들은 그를 따라간다. 양들이 목자의 목소리를 알고 있기 때문이다. [5] 양들은 결코 낯선 사람을 따라가지 않을 것이고, 그에게서 달아날 것이다. 그것은 양들이 낯선 사람의 목소리를 알지 못하기 때문이다." [6] 예수께서 그들에게 이러한 비유를 말씀하셨으나, 그들은 그가 무슨 뜻으로 그렇게 말씀하시는지를 깨닫지 못하였다. [7] 예수께서 다시 말씀하셨다. "내가 진정으로 진정으로 너희에게 말한다. 나는 양이 드나드는 문이다. [8] [나보다] 먼저 온 사람은 다 도둑이고 강도이다. 그래서 양들이 그들의 말을 듣지 않았다. [9] 나는 문이다. 누구든지 나를 통하여 들어오면, 구원을 얻고, 드나들면서 꼴을 얻을 것이다. [10] 도둑은 다만 훔치고 죽이고 파괴하려고 오는 것뿐이다. 나는, 양들이 생명을 얻고 또 더 넘치게 얻게 하려고 왔다. [11] 나는 선한 목자이다. 선한 목자는 양들을 위하여 자기 목숨을 버린다. [12] 삯꾼은 목자가 아니요, 양들도 자기의 것이 아니

므로, 이리가 오는 것을 보면, 양들을 버리고 달아난다. − 그러면 이리가 양들을 물어가고, 양떼를 흩어 버린다. − ¹³ 그는 삯꾼이어서, 양들을 생각하지 않기 때문이다. ¹⁴ 나는 선한 목자이다. 나는 내 양들을 알고, 내 양들은 나를 안다. ¹⁵ 그것은 마치, 아버지께서 나를 아시고, 내가 아버지를 아는 것과 같다. 나는 양들을 위하여 내 목숨을 버린다. ¹⁶ 나에게는 이 우리에 속하지 않은 다른 양들이 있다. 나는 그 양들도 이끌어 와야 한다. 그들도 내 목소리를 들을 것이며, 한 목자 아래에서 한 무리 양떼가 될 것이다. ¹⁷ 아버지께서 나를 사랑하신다. 그것은 내가 목숨을 다시 얻으려고 내 목숨을 기꺼이 버리기 때문이다. ¹⁸ 아무도 내게서 내 목숨을 빼앗아 가지 못한다. 나는 스스로 원해서 내 목숨을 버린다. 나는 목숨을 버릴 권세도 있고, 다시 얻을 권세도 있다. 이것은 내가 아버지께로부터 받은 명령이다." ¹⁹ 이 말씀 때문에 유대 사람들 가운데 다시 분열이 일어났다. ²⁰ 그 가운데서 많은 사람이 말하기를 "그가 귀신이 들려서 미쳤는데, 어찌하여 그의 말을 듣느냐?" 하고, ²¹ 또 다른 사람들은 말하기를 "이 말은 귀신이 들린 사람의 말이 아니다. 귀신이 어떻게 눈먼 사람의 눈을 뜨게 할 수 있겠느냐?" 하였다. ²² 예루살렘은 성전 봉헌절이 되었는데, 때는 겨울이었다. ²³ 예수께서는 성전 경내에 있는 솔로몬 주랑을 거닐고 계셨다. ²⁴ 그 때에 유대 사람들은 예수를 둘러싸고 말하였다. "당신은 언제까지 우리의 마음을 졸이게 하시렵니까? 당신이 그리스도이면 그렇다고 분명하게 말하여 주십시오." ²⁵ 예수께서 그들에게 대답하셨다. "내가 너희에게 이미 말하였는데도, 너희가 믿지 않는다. 내가 내 아버지의 이름으로 하는 그 일들이 곧 나를 증언해 준다. ²⁶ 그런데 너희가 믿지 않는 것은, 너희가 내 양이 아니기 때문이다. ²⁷ 내 양들은 내 목소리를 알아듣는다. 나는 내 양들을 알고, 내 양들은 나를 따른다. ²⁸ 나는 그들에게 영생을 준다. 그들은 영원토록 멸망하지 아니할 것이요, 또 아무도 그들을 내 손에서 빼앗아 가지 못할 것이다. ²⁹ 그들을 나에게 주신 내 아버지는 만유보다도 더 크시다. 아무도 아버지의 손에서 그들을 빼앗아 가지 못한다. ³⁰ 나와 아버지는 하나이다." ³¹ 이 때에 유대 사람들이 다시 돌을 들어서 예수를 치려고 하였다. ³² 예수께서 그들에게 말씀하셨다. "내가 아버지의 권능을 힘입어서, 선한 일을 많이 하여 너희에게 보여 주었는데, 그 가운데서 어떤 일로 나를 돌로 치려고 하느냐?" ³³ 유대 사람들이 대답하였다. "우리가 당신을 돌로 치려고 하는 것은, 선한 일을 하였기 때문이 아니라, 하나님을 모독하였기 때문이오. 당신은 사람이면서, 자기를 하나님이라고 하였소." ³⁴ 예수께서 그들에게 말씀하셨다. "너희의 율법에, '내가 너희를 신들이라고 하였다' 하는 말이 기록되어 있지 않으냐? ³⁵ 하나님의 말씀을 받은 사람들을 하나님께서 신이라고 하셨다. 또 성경은 폐하지 못한다. ³⁶ 그런데 아버지께서 거룩하게 하여 세상에 보내신 사람이, 자기를 하나님의 아들이라고 한 말을 가지고, 너희는 그가 하나님을 모독한다고 하느냐? ³⁷ 내가 내 아버지의 일을 하지 아니하거든, 나를 믿지 말아라. ³⁸ 그러나 내가 그 일을 하고 있으면, 나를 믿지는 아니할지라도, 그 일은 믿어라. 그리하면 너희는, 아버지께서 내 안에 계시고 또 내가 아버지 안에 있다는 것을, 깨달아 알게 될 것이다." ³⁹ [그러므로] 그들이 다시 예수를 잡으려고 하였으나, 예수께서는 그들의 손을 벗어나서 피하셨다. ⁴⁰ 예수께서 다시 요단 강 건너 쪽, 요한이 처음에 세례를 주던 곳으로 가서, 거기에 머무르셨다. ⁴¹ 많은 사람이 그에게로 왔다. 그들은 이렇게 말하였다. "요한은 표징을 하나도 행하지 않았으나, 요한이 이 사람을 두고 한 말은 모두 참되다." ⁴² 그 곳에서 많은 사람이 예수를 믿었다.

웨슬리와 함께 읽기

1 문으로 들어가지 아니하고 다른 데로 넘어 들어가는 사람 – 그리스도를 통해 들어가지 않고. 이분만이 유일한 합법적 출입문이다. 양 우리 안으로 – 교회를 가리킨다. 그는 도둑이요 강도이다 – 하나님께서 보시기에. 이런 사람들은 모두 우리 주님께서 조금 전에 말씀하신 그 교사들을 가리키는 것이다.

3 문지기는 목자에게 문을 열어주고 – 그리스도는 목자라고 할 수 있다 (요 10:11). 왜냐하면 문이 첫째 절과 4절에 나오기 때문이다. 그리스도를 가리켜서 양과 목자가 들어가는 문이라고 비유하는 것은 눈여겨볼 필요가 있다. 이와 마찬가지로 성부 하나님을 문지기로 볼 수 있다(행 14:27; 골 4:3; 계 3:8; 행 16:14을 보라). 양은 그의 음성을 알아듣는다 – 아래에 펼쳐지는 상황은 고대 근동 목자들의 관습과 정확하게 일치한다. 그들은 자기 양들의 이름을 불렀고, 양 떼 앞에서 앞장서서 가면 양들은 그 뒤를 따랐다. 이와 마찬가지로 참 그리스도인들은 그리스도께서 보내신 목자들의 음성을 듣고, 주의를 기울이고, 이해하고, 순종한다. 목자는 그 양들을 자기의 양으로 여기고 친구나 형제들보다 더 그 양을 사랑한다. 목자는 양을 부르고, 조언해주며, 하나씩 이름을 불러가며 그들의 길을

인도하여 의의 길과 쉴 만한 물가로 이끈다.

4 **그는 앞서서 가고** – 하나님의 모든 길에서 그들에게 모든 것을 지혜와 모범으로 가르치면서. 그리고 **양들은 그를 따라간다** – 양들은 그의 발자취를 따른다. **양들이 목자의 목소리를 알고 있기 때문이다** – 그 양들은 그의 말이 하나님의 지혜와 능력인 것을 확신하고 있다. 독자들이여! 영혼의 목자가 돼라! 그리고 하나님께 답변하라. 당신과 당신의 양 떼에게 위에서 말한 그러한 확신이 있는가?

5 **양들은 결코 낯선 사람을 따라가지 않을 것이고** – 그리스도께서 보내시지 않은 사람, 위에서 말한 그런 모습을 보이지 않는 사람. **따라가지 않을 것이고** – 누가 그들을 묶어둘 수 있겠는가? 그에게서 **달아날 것이다** – 악한 이로부터. 그것은 **양들이 낯선 사람의 목소리를 알지 못하기 때문이다** – 그들은 그 음성을 좋아하지 않는다. 그 소리는 그 양들의 귀에는 거칠고 거슬리는 소리이다. 낯선 사람들 안에서는 하나님을 발견할 수 없다.

6 **그들** – 바리새인들. 앞선 9장 마지막 부분부터 등장하는 바리새인들로서, 우리 주님께서는 조금 전에 그들에게 말씀하셨다.

7 **나는 문이다** – 그리스도는 모든 것의 문이자 목자이시다.

8 **먼저 온 사람은** – 나와 상관없이 온 사람으로서, 그들은 너희 장로들이나 랍비들처럼 내 특징을 조금 흉내 내면서 사람들의 생각에 영향을 주려 하고, 교회 안에 율법을 만들어놓으려고 하며, 자신의 전통이 마치 구원받는 길인 것처럼 가르치려고 한다. 그러한 모든 선지자와 하나님의 말씀을 해석하는 사람들은 양의 문 옆에 서서 들어가지도 않고, 내가 나의 성령을 그들에게 보내기도 전에 달아나버린다. 우리 주님께서는 특히 자신께서 자신의 사역을 시작하신 이후로 이러한 직임을 맡았

던 사람들에 대해서 도적이라고 하신 것 같다. **도적들** – 그들에게서 세상적 이득을 취하는 자들. **강도들** – 양들을 약탈하고 죽이는 자들.

9 누구든지 – 양으로서 **나를 통하여 들어오면** – 믿음으로. **구원을 얻고** – 이리 떼로부터 그리고 죽이는 목자들로부터. **드나들면서** – 내가 보낸 목자들의 말을 꾸준히 듣게 될 것이다. **꼴을 얻을 것이다** – 모든 상황 가운데서 자신의 영혼을 위한 양식을.

10 도둑은 다만 훔치고 죽이고 파괴하려고 오는 것뿐이다 – 즉, 나를 통해 들어오지 않는 목자가 올 때는 바로 이런 일이 벌어진다.

12 삯꾼은 – 이것은 그저 품삯을 받는 사람을 가리키는 것이 아니다(일꾼이 그 품삯을 받는 것은 마땅하기 때문이다. 그리스도께서는 친히 심판관이 되신다. 그렇다. 주님께서는 복음을 전하는 사람이 복음을 전하는 것을 통해 먹고살도록 하셨다). 여기에서 말하는 삯꾼은 품삯에 더 마음이 가 있는 것을 말한다. 즉, 일하는 것보다 품삯을 받을 생각에만 더 마음이 가 있는 것을 말한다. 즉, 돈을 받으려고 일하는 것이다. 이 삯꾼은 만일 돈을 안 준다고 하면 절대로 일하지 않는다. 이 사람이 일하는 가장 큰(설령 전부가 아니더라도) 이유는 바로 돈이다. 오, 하나님! 만일 누가 그저 품삯을 받기 위해서만 일한다면, 그 사람은 악당이며 도둑이고 강도이다. 그는 계속해서 돈을 받아 갈 생각만 하지 일할 생각은 전혀 하지 않는다. **이리** – 이것은 폭력이나 속임수로 그리스도인들의 믿음과 자유나 생명을 공격하는 원수들을 가리킨다. **이리가 양들을 물어가고 양 떼를 흩어버린다** – 이리가 어떤 이는 붙잡아 가고 나머지는 흩어버린다. 이것이 바로 이리들이 그리스도의 양 떼들을 공격하는 두 가지 방법이다.

13 삯꾼이기 때문에 그는 도망한다 – 왜냐하면 그는 양 떼가 아니라 품삯을 더 좋아하기 때문이다.

14 나는 내 양을 알고 - 그래서 부드럽게 살피고 특별하게 돌본다. 내 양들은 나를 안다 - 거룩한 확신과 사랑의 마음으로.

15 그것은 마치 아버지께서 나를 아시고, 내가 아버지를 아는 것과 같다 - 이렇게 안다고 하는 말에는 이 둘이 서로 떨어질 수 없는 하나 됨의 관계에 있음을 암시한다. 내 목숨을 버린다 - 지금 상황을 말하는 것이다. 그분의 모든 생애는 단지 죽음을 향한 것이었다.

16 나에게는 다른 양들이 있다 - 그분께서 이전에 아셨던 양. 이 우리에 속하지 않은 - 유대의 교회나 국가에 속하지 않은, 즉 이방인들. 나는 그들도 이끌어 와야 한다 - 내 교회, 즉 하늘에 이름이 기록된 모든 사람의 모임 안으로. 한 무리 양 떼가 될 것이다 - (그저 '하나'의 무리를 가리키지는 않는다.) 더럽혀지거나 나뉘지 않은 무리가 남아 있다. 한 목자 - 양들을 위해서 자기 목숨을 내려놓은 그리고 그 무리를 삯꾼 목자에게 남겨두지 않을 목자. 양 떼와 목자의 연합은 적절한 때에 완성될 것이다. 목자는 모든 무리를 하나의 무리 안으로 데려올 것이며, 모든 양 떼는 한 목자의 음성을 듣게 될 것이다.

17 내가 목숨을 다시 얻으려고 내 목숨을 기꺼이 버린다 - 나는 인류의 죄를 속하기 위해 기쁜 마음으로 죽는다. 그러나 나는 그들을 의롭게 하려고 결국 다시 일어날 것이다.

18 나는 스스로 원해서 내 목숨을 버린다 - 나 자신의 자유로운 행동으로. 나는 목숨을 버릴 권세도 있고 다시 얻을 권세도 있다 - 나는 원래부터(original) 능력을 가지고 있고, 모든 세상의 죄를 위해 대속물로 그 능력을 내려놓을 권세와 그 일이 완성된 뒤에 그것을 다시 취할 권세도 가지고 있다. 이것은 내가 아버지로부터 받은 명령이다 - 그리고 나는 기꺼이 그 명령을 준행했다. 그분께서는 자신의 수난보다는 성부에 대해

서 주로 말씀하셨다. 그 후에 자기 자신의 영광에 대해 말씀하셨다. 우리 주님께서 이 명령을 받으셨다고 해서 이것을 그분께서 자신의 목숨을 내려놓거나 다시 취할 수 있는 권세의 근거로 생각해서는 안 된다. 성자께서는 성부께서 명령하시기도 전부터 본디 자신의 목숨을 처분할 수 있는 권세를 이미 스스로 가지고 계셨다. 그러나 이 명령 때문에 그분께서는 자신의 권세를 자신의 생명을 내려놓는 것을 위해 그렇게 사용하셨다. 그분께서는 자신의 성부께 순종하기 위해 그렇게 하셨다.

21 **이 말은 사람의 말이 아니다** - 원래부터 그런 말이었으니 그렇게 들리는 것이다.

22 **때는 성전 봉헌절이었다** - 유다 마카베오가 제정한 것이다(마카베오상 4:59). 그는 더럽혀진 성전과 제단을 깨끗하게 하고 봉헌하였다. 우리 주님께서는 이처럼 인간들이 제정한 명절도 지키셨다. 그렇다면 적어도 우리가 똑같이 하는 것도 괜찮지 않은가?

23 **솔로몬 주랑에서** - 요세푸스에 따르면, 솔로몬이 성전을 건축했을 때 그는 인접한 골짜기 일부를 메워서 그 위에다가 동쪽을 향하도록 주랑을 세웠다. 이것은 멋진 구조물로서 400큐빗 정도의 높은 담이 받치고 있었다. 그리고 이 주랑은 그리스도께서 돌아가신 후 몇 년 되지 않았던 때인 알비누스와 아그리파 시절에까지 그대로 있었다.

26 **너희가 믿지 않기에 너희는 나를 따르지 않는다.** 왜냐하면 너희가 교만하고, 거룩하지 못하며, 칭송받기를 즐기고, 이 세상을 사랑하고, 하나님 대신에 쾌락을 더 사랑하기 때문이다.

27-29 **내 양들은 내 목소리를 알아듣는다. 나는 내 양들을 알고, 내 양들은 나를 따른다** - 우리 주님께서는 아직도 이 명절 이전에 말씀하셨던 가르침을 암시하고 계신다. 그분께서는 믿음으로 내 음성을 듣는 이는

내 양이라고 말씀하셨다. 나는 그 양을 알고, 양은 나를 사랑하고 나를 따르며, 내 명령을 믿음과 사랑하는 마음으로 지킨다. 진실로 믿는 자들(세 개의 약속에 연결된 세 개의 조건을 지키는 자들)에게는 내가 영생을 준다. 그분께서는 장차 주시겠다고 하지 않으시고 지금 주신다고 말씀하신다. 믿는 자는 영원한 생명을 가지고 있다. 진정으로 나를 사랑하는 자는 내 사랑 안에 거하는 한 멸망하지 않을 것이다. 인간이나 악마들도 나를 따르는 자들을 내 손에서 빼앗지 못할 것이다. 믿고 사랑하고 순종하는 모든 사람을 불변하는 약조로 내게 주신 내 아버지께서는 하늘과 땅에 있는 모든 것보다 뛰어나시며, 그 어떤 것도 그 사람들을 그분의 손에서 빼어낼 수 없다.

30 나와 아버지는 하나이다(I and the Father are one) — 뜻이 일치하는 것뿐만 아니라 권세와 그 성품에서도 하나이다. **~이다**(are) — 성경은 여기에서 복수 인칭(are)을 사용하여 사벨리우스(Sabelius)[25]가 잘못되었다는 것을 보여준다.[26] **하나** — 이 단어는 하나님의 본성적인 단일성을 말함으로 아리우스(Arius)를 반박하고 있다.[27] 이 세상이 시작된 이래로 우리 주님께서 말씀하신 이 모든 말씀으로 자기 자신에 대해 이런 표현을 사용해서 말하거나, 이런 뜻으로 해석될 수 있는 말로 자기 자신을 말했던 선지자는 없었다. 그러므로 만일 그분께서 하나님이 아니라면 그는 가장 악질적인 악당임이 틀림없다.

34 시편 82편 6절.

35 만일 그가(하나님이) **하나님의 말씀을 받은 사람들을**(즉, 하나님께로부터 말씀을 듣고 있던 사람들) **신이라고 하셨다면, 성경은 폐하지 못한다** — 즉, 성경 안에 쓰인 모든 것은 비판되거나 거부당할 수 없다.

36 아버지께서 거룩하게 하여 세상에 보내신 사람이 — 이 거룩하게 하

시는 것(여기에서는 그분께서 본질에서 하나님의 거룩하신 분이라는 뜻이다)에 대한 말씀은 그분의 사명에 앞서 거론되었다. 그리고 이 말은 그리스도께서 가장 높은 의미에서 하나님이시라는 것을 그리고 그곳에서 그렇게 불리는 재판관들보다[28] 무한하게 우월하신 하나님이시라는 것을 의미한다.

38 너희가 알고 믿게 되도록 – 어떤 것들은 정확하게 아는 지식이 우선되어야 하지만, 다른 어떤 것들에 있어서는 믿음이 우선한다. **내가 아버지 안에 있고 아버지께서 내 안에 계시다. 나와 아버지는 하나이다** – 이 두 문장은 서로를 설명해준다.

40 요한이 세례를 주던 광야로 가셔서 자신에 대해 경외할 만한 증언을 해주셨다.

41 요한은 표징을 하나도 행하지 않았으나 – 요한은 그분 앞에 와서 그분을 예비하였으며, 요한이 아닌 그분에게 영예가 돌아간다.

앞선 9장에서 예수님은 실로암에서 눈먼 사람의 눈을 고쳐주셔서 보게 하셨습니다. 이제 10장에서는 듣는 것에 관해 말씀하십니다. 요한복음에는 다른 복음과는 달리 비유 이야기가 좀처럼 나오지 않습니다. 마태나 마가, 누가복음에는 흥미롭고 재미있는 이야기로 된 비유들이 많이 등장합니다만, 요한복음의 비유는 이야기 방식이 아니라 어떤 사물을 빗대어 말하는 방식의 비유들이 나옵니다. 양과 목자에 관한 이 비유처럼 말입니다. 그래서 다른 복음서들과 달리 요한복음의 비유는 다소 딱딱하고 어렵게 다가오기도 합니다.

예수님은 자기를 가리켜 목자라고 비유하십니다. 목자와 도둑이나 강도의 차이점은 문으로 드나드느냐, 양의 이름을 불러 데리고 다니느냐, 양이 그 목자의 음성을 알아듣느냐에 달려있습니다(1-5절). 이 비유를 확대하여 예수님은 자신을 가리켜 양 우리의 문(9절), 선한 목자(11절)라고 빗대어 말씀하십니다. 양의 문이 되신다는 것은 다른 길이 아닌 오직 예수님을 통해서만 생명을 얻을 수 있다는 것을 말씀하기 위한 것입니다(10절). 요한은 이 복음서 곳곳에서 예수님밖에는 하나님께로 갈 길이 없으며, 예수님만이 유일한 생명의 통로라고 말합니다. 이는 다른 것은 안 되고 오직 나만 그 자리를 차지해야겠다는 독점적 탐욕에서 나온 말이 아닙니다. 9-10절은 왜 예수님이어야만 하는지 그 이유를 밝힙니다. 예수님을 통해서만 양들이 구원과 양식, 생명과 풍성함을 누릴 수 있기 때문입니다. 이것은 예수님을 위한 것이 아니라 양들을 위한 것입니다.

11절 이하에 나오는 선한 목자 비유가 바로 이것을 잘 보여줍니다. 예수님은 선한 목자의 자격으로 양들을 위해 자기 목숨을 내어놓는 희생을 말씀하십니다. 삯꾼 목자야말로 양이 아닌 자기 자신을 위해 목자 노릇을 합니다. 그러나 참 목자는 자기가 아니라 양을 위해 목자 노릇을 합니다. 선한 목자는 양을 알고 양들도 목자를 압니다(14절). 여기에서 중요한 관계가 설정됩니다. 예수님은 목자와 양의 서로 아는 관계의 출발점으로 하나님과 예수님의 서로 아는 관계를 말씀하십니다(15절). 하나님과 예수님이 서로 아는 사이이고, 예수님과 양들이 서로 아는 사이입니다. 이는 하나님과 양들의 관계로 이어집니다.

예수님은 자신을 참 목자로 비유하시며 양들과의 관계를 말씀하시지만, 안타깝게도 유대인들은 그 의미를 깨닫지 못합니다. 목자의 양은 그 목자의 음성을 알아듣지만, 그들은 목자의 양이 아니기 때문에 그 음성을 알아듣지 못하는 것입니다(26절). 목자와 그의 양은 서로 알고, 따르고, 생명을 주는 일이 그 사이에서 일어나는 관계입니다(27절). 하지만 목자가 제아무리 양에게 생명을 주고 싶어도 그 양이 알아듣지도 못하고 따르지도 않는다면 어찌할 도리가 없습니다.

유대인들은 예수님을 미쳤다고 매도하고(20절) 또 다른 유대인들은 여전히 의심합니다(21절). 어떤 이들은 예수님을 돌로 쳐 죽이려고 하지만(31절), 어떤 이들은 혹시나 하는 마음으로 의구심을 품습니다(24절). 예수님은 계속 자신을 사람들에게 계시하십니다. 그리고 그 생명의 관계 안으로 들어오라고 초청하십니다. 내 생명을 내어줄 터이니 내 양이 되어서 내 안에서 풍성한 생명을 누리라고 초대하십니다. 어떤 이들은 거부하지만 어떤 이들은 예수님을 믿고 영접합니다(41-42절). 예수님 안에 참 안식과 생명과 풍성함이 있습니다. 주님은 우리를 그 사귐의 관계 안으로 들어오라고 부르십니다.

요한복음 11장

¹ 한 병자가 있었는데, 그는 마리아와 그의 자매 마르다의 마을 베다니에 사는 나사로였다. ² 마리아는 주님께 향유를 붓고, 자기의 머리털로 주님의 발을 씻은 여자요, 병든 나사로는 그의 오라버니이다. ³ 그 누이들이 사람을 예수께로 보내서 말하였다. "주님, 보십시오. 주님께서 사랑하시는 사람이 앓고 있습니다." ⁴ 예수께서 들으시고 말씀하셨다. "이 병은, 죽을 병이 아니라 오히려 하나님의 영광을 드러낼 병이다. 이것으로 말미암아 하나님의 아들이 영광을 받게 될 것이다." ⁵ 예수께서는 마르다와 그의 자매와 나사로를 사랑하셨다. ⁶ 그런데 예수께서는 나사로가 앓는다는 말을 들으시고도, 계시던 그 곳에 이틀이나 더 머무르셨다. ⁷ 그리고 나서 제자들에게 "다시 유대 지방으로 가자" 하고 말씀하셨다. ⁸ 제자들이 예수께 말하였다. "선생님, 방금도 유대 사람들이 선생님을 돌로 치려고 하였는데, 다시 그리로 가려고 하십니까?" ⁹ 예수께서 대답하셨다. "낮은 열두 시간이나 되지 않느냐? 사람이 낮에 걸어다니면, 햇빛이 있으므로 걸려서 넘어지지 않는다. ¹⁰ 그러나 밤에 걸어다니면, 빛이 그 사람 안에 없으므로, 걸려서 넘어진다." ¹¹ 이 말씀을 하신 뒤에, 그들에게 말씀하셨다. "우리 친구 나사로는 잠들었다. 내가 가서, 그를 깨우겠다." ¹² 제자들이 말하였다. "주님, 그가 잠들었으면, 낫게 될 것입니다." ¹³ 예수께서는 나사로가 죽었다는 뜻

으로 말씀하셨는데, 제자들은 그가 잠이 들어 쉰다고 말씀하시는 것으로 생각하였다. **14** 이 때에 예수께서 그들에게 밝혀 말씀하셨다. "나사로는 죽었다. **15** 내가 거기에 있지 않은 것이 너희를 위해서 도리어 잘 된 일이므로, 기쁘게 생각한다. 이 일로 말미암아 너희가 믿게 될 것이다. 그에게로 가자." **16** 그러자 디두모라고도 하는 도마가 동료 제자들에게 "우리도 그와 함께 죽으러 가자" 하고 말하였다. **17** 예수께서 가서 보시니, 나사로가 무덤 속에 있은 지가 벌써 나흘이나 되었다. **18** 베다니는 예루살렘에서 오 리가 조금 넘는 가까운 곳인데, **19** 많은 유대 사람이 그 오라버니의 일로 마르다와 마리아를 위로하러 와 있었다. **20** 마르다는 예수께서 오신다는 말을 듣고서 맞으러 나가고, 마리아는 집에 앉아 있었다. **21** 마르다가 예수께 말하였다. "주님, 주님이 여기에 계셨더라면, 내 오라버니가 죽지 아니하였을 것입니다. **22** 그러나 이제라도, 나는 주님께서 하나님께 구하시는 것은 무엇이나 하나님께서 다 이루어 주실 줄 압니다." **23** 예수께서 마르다에게 말씀하셨다. "네 오라버니가 다시 살아날 것이다." **24** 마르다가 예수께 말하였다. "마지막 날 부활 때에 그가 다시 살아나리라는 것은 내가 압니다." **25** 예수께서 마르다에게 말씀하셨다. "나는 부활이요 생명이니, 나를 믿는 사람은 죽어도 살고, **26** 살아서 나를 믿는 사람은 영원히 죽지 아니할 것이다. 네가 이것을 믿느냐?" **27** 마르다가 예수께 말하였다. "예, 주님! 주님은 세상에 오실 그리스도이시며, 하나님의 아들이심을, 내가 믿습니다." **28** 이렇게 말한 뒤에, 마르다는 가서, 그 자매 마리아를 불러서 가만히 말하였다. "선생님께서 와 계시는데, 너를 부르신다." **29** 이 말을 듣고, 마리아는 급히 일어나서 예수께로 갔다. **30** 예수께서는 아직 동네에 들어가지 않으시고, 마르다가 예수를 맞이하던 곳에 그냥 계셨다. **31** 집에서 마리아와 함께 있으면서 그를 위로해 주던 유대 사람들은, 마리아가 급히 일어나서 나가는 것을 보고, 무덤으로 가서 울려고 하는 것으로 생각하고, 그를 따라갔다. **32** 마리아는 예수께서 계신 곳으로 와서, 예수님을 뵙고, 그 발 아래에 엎드려서 말하였다. "주님, 주님이 여기에 계셨더라면, 내 오라버니가 죽지 않았을 것입니다." **33** 예수께서는 마리아가 우는 것과, 함께 따라온 유대 사람들이 우는 것을 보시고, 마음이 비통하여 괴로워하셨다. **34** 예수께서 그들에게 물으셨다. "그를 어디에 두었느냐?" 그들이 대답하였다. "주님, 와 보십시오." **35** 예수께서는 눈물을 흘리셨다. **36** 그러자 유대 사람들은 "보시오, 그가 얼마나 나사로를 사랑하였는가!" 하고 말하였다. **37** 그 가운데서 어떤 사람은 이렇게 말하였다. "눈먼 사람의 눈을 뜨게 하신 분이, 이 사람을 죽지 않게 하실 수 없었단 말이오?" **38** 예수께서 다시 속으로 비통하게 여기시면서 무덤으로 가셨다. 무덤은 동굴인데, 그 어귀는 돌로 막아 놓았다. **39** 예수께서 "돌을 옮겨 놓아라" 하시니, 죽은 사람의 누이 마르다가 말하였다. "주님, 죽은 지가 나흘이나 되어서, 벌써 냄새가 납니다." **40** 예수께서 마르다에게 말씀하셨다. "네가 믿으면 하나님의 영광을 보게 되리라고, 내가 네게 말하지 않았느냐?" **41** 사람들이 그 돌을 옮겨 놓았다. 예수께서 하늘을 우러러 보시고 말씀하셨다. "아버지, 내 말을 들어주신 것을 감사드립니다. **42** 아버지께서는 언제나 내 말을 들어주신다는 것을 압니다. 그런데도 이렇게 말씀을 드리는 것은, 둘러선 무리를 위해서입니다. 그들로 하여금 아버지께서 나를 보내신 것을 믿게 하려는 것입니다." **43** 이렇게 말씀하신 다음에, 큰 소리로 "나사로야, 나오너라" 하고 외치시니, **44** 죽었던 사람이 나왔다. 손발은 천으로 감겨 있고, 얼굴은 수건으로 싸매여 있었다. 예수께서 그들에게 "그를 풀어 주어서, 가게 하여라" 하고 말씀하셨다. **45** 마리아에게 왔다가 예수께서 하신 일을 본 유대 사람들 가운데서 많은 사람이 예수를 믿게 되었다. **46** 그러나 그 가운데 몇몇 사람은 바리새파 사람들에게 가서, 예수가 하신 일을 그들에게 알렸다. **47** 그래서 대제사장들과 바리새파 사람들은 공의회를 소집하여 말하였다. "이 사람이 표징을 많이 행하고 있으니, 어떻게 하면 좋겠습니까? **48** 이 사람을 그대로 두면 모두 그를 믿게 될 것이요, 그렇게 되면 로마 사람들이 와서 우리의 땅과 민족을 약탈할 것입니다." [49] 그 가운데 한 사람으로서, 그 해의 대제사장인 가야바가 그들에게 말하였다. "당신들은 아무것도 모르오. [50] 한 사람이 백성을 위하여 죽어서 민족 전체가 망하지 않는 것이, 당신들에게 유익하다는 것을 생각하지 못하고 있소." [51] 이 말은, 가야바가 자기 생각으로 한 것이 아니라, 그 해의 대제사장으로서, 예수가 민족을 위하여 죽으실 것을 예언한 것이니, [52] 민족을 위할 뿐만 아니라, 흩어져 있는 하나님의 자녀를 한데 모아서 하나가 되게 하기 위하여 죽으실 것을 예언한 것이다. [53] 그들은 그 날로부터 예수를 죽이려고 모의하였다. [54] 그래서 예수께서는 유대 사람들 가운데로 더 이상 드러나게 다니지 아니하시고, 거기에서 떠나, 광야에서 가까운 지방 에브라임이라는 마을로 가서, 제자들과 함께 지내셨다. [55] 유대 사람들의 유월절이 가까이 다가오니, 많은 사람이 자기의 몸을 성결하게 하려고, 유월절 전에 시골에서 예루살렘으로 올라왔다. [56] 그들은 예수를 찾다가, 성전 뜰에 서서 서로 말하였다. "당신들은 어떻게 생각합니까? 그가 명절을 지키러 오지 않겠습니까?" [57] 대제사장들과 바리새파 사람들은 예수를 잡으려고, 누구든지 그가 있는 곳을 알거든 알려 달라는 명령을 내려 두었다.

웨슬리와 함께 읽기

1 **나사로라고 하는 사람** – 아마도 나사로는 자기 누이들보다 나이가 어렸던 것 같다. 베다니는 마리아와 마르다의 마을이라고 불린다. 그리고 나사로는 그들 뒤에 언급된다(요 11:5). 교회사를 보면 나사로는 30세 정도였으며, 그리스도께서 승천하신 후에 30년을 살았다고 한다.

2 이 사람은 나중에 향유를 부은 마리아였다. 그녀는 언니 마르다보다 더 잘 알려져 있었다. 그래서 그녀의 이름이 마르다보다 앞서 나온다.

4 **이 병은 죽을병이 아니라 오히려 하나님의 영광을 드러낼 병이다** – 이 병의 종국은 죽음, 즉 흔히 하는 말로 영혼과 육신의 분리가 아니다. 도리어 이것은 하나님의 영광스러운 능력을 드러내는 것이다.

7 **유대 지방으로 가자** – 유대인들이 예수를 돌로 치려고 찾았을 때 예수께서 한동안 물러나 계셨던 요단 동편 지역에서 떠나서(요 10:39, 40).

9 **낮은 열두 시간이나 되지 않느냐** – 유대인들은 날이 더 길든 짧든 상관없이 일출에서 일몰까지 사이를 열두 부분으로 나누었다. 낮은 비록 여름에는 길고 겨울에는 짧았지만 이런 식으로 해서 낮이 항상 일 년 내내 똑같았다. **사람이 낮에 걸어 다니면 넘어지지 않는다** – 예수께서는 하나님께서 내게 정해주신 결정된 시간이 있다고 말씀하셨다. 비록 나

를 잡으려고 온통 올무를 놓았지만, 그 시간에는 나는 거기에 걸려 넘어지지 않는다. 왜냐하면 그가 이 세상의 **빛을 보기 때문이다** – 이처럼 나도 내 주위를 감싸는 하나님의 빛을 본다.

10 그러나 사람이 밤에 걸어 다니면 – 만일 그가 하나님으로부터 빛을 받지 못했다면. 만일 그분의 섭리가 그 사람을 더 이상 보호해주지 않는다면.

11 우리 친구 나사로가 자고 있다 – 예수께서는 그가 죽었을 때 이 말을 하셨다. **잔다** – 이것은 선한 사람이 죽었다는 것을 천국의 언어로 표현한 것이다. 그러나 제자들은 이 언어를 아직 이해하지 못했다. 우리의 이해력이 느리기에 종종 성경 말씀이 친히 우리의 어눌한 말하기 방식으로까지 내려오신 것이다.[29]

16 히브리어로 하면 도마, 헬라어로 하면 디두모라고 하는데, 이는 쌍둥이라는 뜻이다. 그와 함께 – 예수와 함께. 그는 유대인들이 예수를 죽일 것으로 생각했다. 이것은 자포자기에서 나온 말 같다.

20 마리아는 집에 앉아 있었다 – 아마도 오가는 말을 듣지 못한 채.

22 주님께서 하나님께 구하시는 것은 무엇이나 하나님께서 다 이루어 주실 것입니다 – 이처럼 그녀는 이미 그분께서 나사로를 죽음에서 일으키실 것이라고 믿고 있었다.

25 나는 부활이요 – 죽은 자 중에서. **생명이요** – 살아 있는 자 중에서. **나를 믿는 자는 비록 죽더라도 살 것이요** – 영생으로.

32 그녀는 그 발아래 엎드려서 – 마르다는 이렇게 하지 않았다. 이렇게 해서 그녀는 자신이 늦게 온 것을 상쇄시켰다.

33 [예수께서는 마리아가 우는 것과, 함께 따라온 유대 사람들이 우는 것을 보시고, 비통한 마음으로 괴로워하셨다.]

비통하여 – 그분께서는 눈물을 참으셨다. 이처럼 그분께서는 머지않아 그들이 이렇게 하지 않도록 막으셨다(요 11:38). **괴로워하셨다** – 놀랍도록 고상하고 고귀한 성품으로 가득 찬 표현이다. 예수께서 품으신 애정은 정욕이 아니라 자발적인 감정으로서, 이것들은 그분 자신의 능력 안에 모두 있었다. 그리고 예수께서 지금 자발적으로 품고 계신 이 부드러운 번민은 가장 높은 질서와 이유로 가득 차 있다.

35 예수께서 우셨다 – 자기 주변에서 눈물을 흘리고 있는 모든 사람을 불쌍히 여기는 마음으로 우셨고, 그뿐만 아니라 불행한 죄악이 인간에게 임해있는 것을 깊이 느끼셔서 우셨다.

37 눈먼 사람의 눈을 뜨게 하신 분이, 이 사람을 죽지 않게 하실 수 없었단 말이오 – 그런데도 그들은 그분께서 그를 다시 살리실 수 있다는 것은 꿈에도 생각하지 못했다! 이 얼마나 놀라운 믿음과 불신의 혼합인가!

38 무덤이었다 – 아브라함, 이삭, 야곱 그리고 라헬을 제외한 그들의 아내들이 이처럼 막벨라의 동굴에 매장되었다(창 49:29-31). 이 동굴들은 주로 바위로 되어있었는데, 이런 것들은 그 나라에 많이 있었다. 이 동굴들은 저절로 생기기도 하고, 인위적으로 만들기도 한 것들이다. 무덤의 입구는 커다란 돌로 막아놓았는데, 일종의 비석처럼 비문을 새겨 넣기도 했다.

39 주님, 이제 냄새가 납니다 – 이처럼 이성과 믿음은 서로 갈등한다.

40 내가 말하지 않았느냐 – 이것을 미루어 볼 때, 그리스도께서는 여기에 기록된 것보다 더 많은 것을 마르다에게 말씀하셨던 것 같다.

41 예수께서 눈을 드시고 – 마치 자신의 아버지로부터 도움을 청하는 것 같은 모습은 아니다. 전혀 이런 모습은 찾아볼 수 없다. 그분께서는 삶과 죽음의 주인으로서 절대적인 주권의 기운을 가지고 기적을 행하

셨다. 그러나 여기에서 그분께서는 "당신의 섭리로써 당신께서는 내가 바라는 것을 허락하사 내 능력을 행할 이 놀라운 기회를 주셔서 당신께 대한 찬양을 드러내도록 하신 것을 감사하나이다"라고 말씀하시는 것 같다.

43 [이렇게 말씀하신 다음에 큰 소리로 "나사로야, 나오너라" 하고 외치시니] 큰 소리로 부르시니 - 그 자리에 있던 모든 사람이 들을 수 있도록. 나사로야 나오너라 - 예수께서는 마치 그가 살아 있었을 뿐만 아니라 이미 잠에서 깬 상태에 있었던 것처럼 아주 손쉽게 그를 무덤에서 나오도록 하신다.

44 죽었던 사람이 나왔다. 손발은 천으로 감겨 있고, 얼굴은 수건으로 싸매여 있었다 - 두 손과 두 발을 둘둘 말았고, 그의 얼굴은 수건으로 싸매어 있었다 - 유대인들도 이집트 사람들이 하듯이 그렇게 사람을 매장했다. 얼굴은 다 덮지 않고 다만 이마와 턱 아랫부분만 둥글게 싸맸다. 그래서 그는 자기가 스스로 보고 걸을 수 있었다.

45 많은 사람이 그를 믿었다 - 그렇게 해서 우리 주님께서 말씀하셨던 대로 하나님의 아들은 영광을 입으셨다(요 11:4).

46 그러나 그 가운데 몇몇 사람은 바리새파 사람들에게 가서 - 중대한 진실에 대한 이 얼마나 끔찍한 확증이란 말인가! 모세나 선지자들의 말도 듣지 않았거든, 죽은 자가 다시 살아난다고 하더라도 그들은 설득당하지 않을 것이다!

47 어떻게 하면 좋겠습니까 - 무엇을 믿어야 하는가? 그렇다. 죽은 사람을 살린 그리스도의 능력을 보고도 여전히 불신앙은 버티고 있다.

48 모두 그를 믿게 될 것이요 - 그래서 그를 메시아로 받아들일 것이다. 그렇게 되면 로마 사람들의 기분이 상하게 되고, 그렇게 되면 그들이 와

서 우리의 자리를 뒤집어 놓을 것이다 – (성전과 나라를.) 우리 교회와 국가를. 과연 그들이 정말로 이것을 두려워했을까? 아니면 그저 그럴듯해 보이는 핑계일까? 분명히 그 이상은 아니었을 것이다. 왜냐하면 그들은 죽은 사람을 살려내는 자라면 로마 제국도 정복할 수 있다는 것 정도는 알고 있었을 것이기 때문이다.

49 [그 가운데 한 사람으로서, 그 해의 대제사장인 가야바가 그들에게 말하였다. "당신들은 아무것도 모르오."] 그 해 – 이 해는 기억할 만한 해로서 그리스도께서 죽임을 당하신 해이다. 이 해는 다니엘의 70주간의 가장 마지막, 가장 중요한 때로서 예루살렘이 파괴되기 40년 전이다. 이 해는 유대인들의 역사에서 다양한 이유로 기념하는 해였다. 따라서 이 해가 이처럼 특별하게 언급되고 있다. 가야바는 이 시점을 전후로 대제사장으로 봉직한 사람이었다. 당신들은 아무것도 모르오 – 그는 사람들이 이처럼 명확한 사안을 그렇게 천천히 숙고하는 것을 책망하고 있다.

50 한 사람이 백성을 위하여 죽는 것이 유익하다 – 이처럼 하나님께서는 이 사람의 혀를 다스리셨으니, 이는 그가 자기 자신의 영으로만 말한 것이 아니라 예언의 영으로 그렇게 말한 것이기 때문이다. 빌라도가 그리스도의 왕적 직임에 대해 증언했던 것처럼 이 사람 역시 사제직에 대한 분명한 증언을 자신도 모르는 사이에 한 것이다.

52 하나가 되게 하려고 – 하나의 교회가 되게 하려고, 세계에 흩어져 있는 하나님의 모든 자녀를 – 모든 세대와 국가에 걸쳐서 흩어져 있는.

55 많은 사람이 자기의 몸을 성결하게 하려고 – 그래서 유월절 음식을 먹는 데 지장이 없게 하려고.

요한복음 12장

¹ 유월절 엿새 전에, 예수께서 베다니에 가셨다. 그 곳은 예수께서 죽은 사람 가운데에 살리신 나사로가 사는 곳이다. ² 거기서 예수를 위하여 잔치를 베풀었는데, 마르다는 시중을 들고 있었고, 나사로는 식탁에서 예수와 함께 음식을 먹고 있는 사람 가운데 끼어 있었다. ³ 그 때에 마리아가 매우 값진 순 나드 향유 한 근을 가져다가 예수의 발에 붓고, 자기 머리털로 그 발을 닦았다. 온 집 안에 향유 냄새가 가득 찼다. ⁴ 예수의 제자 가운데 하나이며 장차 예수를 넘겨줄 가룟 유다가 말하였다. ⁵ "이 향유를 삼백 데나리온에 팔아서 가난한 사람들에게 주지 않고, 왜 이렇게 낭비하는가?" ⁶ (그가 이렇게 말한 것은, 가난한 사람을 생각해서가 아니다. 그는 도둑이어서 돈자루를 맡아 가지고 있으면서, 거기에 든 것을 훔쳐내곤 하였기 때문이다.) ⁷ 예수께서 말씀하셨다. "그대로 두어라. 그는 나의 장사 날에 쓰려고 간직한 것을 쓴 것이다. ⁸ 가난한 사람들은 언제나 너희와 함께 있지만, 나는 언제나 너희와 함께 있는 것이 아니다." ⁹ 유대 사람들이 예수가 거기에 계신다는 것을 알고, 크게 떼를 지어 몰려왔다. 그들은 예수를 보려는 것만이 아니라, 그가 죽은 사람들 가운데서 다시 살리신 나사로를 보려는 것이었다. ¹⁰ 그래서 대제사장들은 나사로도 죽이려고 모의하였다. ¹¹ 그것은 나사로 때문에 많은 유대 사람이 떨어져 나가서, 예수를 믿었기 때문이다. ¹² 다음날에는 명절을 지키러 온 많은 무리가,

예수께서 예루살렘에 들어오신다는 말을 듣고, [13] 종려나무 가지를 꺾어 들고, 그분을 맞으러 나가서 "호산나! 주님의 이름으로 오시는 이에게 복이 있기를! 이스라엘의 왕에게 복이 있기를!" 하고 외쳤다. [14] 예수께서 어린 나귀를 보시고, 그 위에 올라타셨다. 그것은 이렇게 기록한 성경 말씀과 같았다. [15] "시온의 딸아, 두려워하지 말아라. 보아라, 네 임금이 어린 나귀를 타고 오신다." [16] 제자들은 처음에는 이 말씀을 깨닫지 못하였으나, 예수께서 영광을 받으신 뒤에야, 이것이 예수를 두고 기록한 것이며, 또 사람들도 그에게 그렇게 대하였다는 것을 회상하였다. [17] 또 예수께서 무덤에서 나사로를 불러내어 죽은 사람들 가운데서 살리실 때에 함께 있던 사람들이, 그 일어난 일을 증언하였다. [18] 이렇게 무리가 예수를 맞으러 나온 것은, 예수가 이런 표징을 행하셨다는 말을 들었기 때문이다. [19] 그래서 바리새파 사람들이 서로 말하였다. "이제 다 틀렸소. 보시오. 온 세상이 그를 따라갔소." [20] 명절에 예배하러 올라온 사람들 가운데 그리스 사람이 몇 있었는데, [21] 그들은 갈릴리 벳새다 출신 빌립에게로 가서 청하였다. "선생님, 우리가 예수를 뵙고 싶습니다." [22] 빌립은 안드레에게로 가서 말하고, 안드레와 빌립은 예수께 그 말을 전하였다. [23] 예수께서 그들에게 대답하셨다. "인자가 영광을 받을 때가 왔다. [24] 내가 진정으로 진정으로 너희에게 말한다. 밀알 하나가 땅에 떨어져서 죽지 않으면 한 알 그대로 있고, 죽으면 열매를 많이 맺는다. [25] 자기의 목숨을 사랑하는 사람은 잃을 것이요, 이 세상에서 자기의 목숨을 미워하는 사람은, 영생에 이르도록 그 목숨을 보존할 것이다. [26] 나를 섬기려고 하는 사람은, 누구든지 나를 따라오너라. 내가 있는 곳에는, 나를 섬기는 사람도 나와 함께 있을 것이다. 누구든지 나를 섬기면, 내 아버지께서 그를 높여주실 것이다." [27] "지금 내 마음이 괴로우니, 무슨 말을 하여야 할까? '아버지, 이 시간을 벗어나게 하여 주십시오' 하고 말할까? 아니다. 나는 바로 이 일 때문에 이 때에 왔다. [28] 아버지, 아버지의 이름을 영광스럽게 드러내십시오." 그 때에 하늘에서 소리가 들려 왔다. "내가 이미 영광되게 하였고, 앞으로도 영광되게 하겠다." **29** 거기에 서서 듣고 있던 무리 가운데서 더러는 천둥이 울렸다고 하고, 또 더러는 천사가 그에게 말하였다고 하였다. **30** 예수께서 대답하셨다. "이 소리가 난 것은, 나를 위해서가 아니라 너희를 위해서이다. **31** 지금은 이 세상이 심판을 받을 때이다. 이제는 이 세상의 통치자가 쫓겨날 것이다. **32** 내가 땅에서 들려서 올라갈 때에, 나는 모든 사람을 내게로 이끌어 올 것이다." **33** 이것은 예수께서 자기가 당하실 죽음이 어떠한 것인지를 암시하려고 하신 말씀이다. **34** 그 때에 무리가 예수께 말하였다. "우리는 율법에서 그리스도는 영원히 살아 계시다는 것을 배웠습니다. 그런데 어떻게 당신은 인자가 들려야 한다고 말씀하십니까? 인자가 누구입니까?" **35** 예수께서 그들에게 대답하셨다. "아직 얼마 동안은 빛이 너희 가운데 있을 것이다. 빛이 있는 동안에 걸어다녀라. 어둠이 너희를 이기지 못하게 하여라. 어둠 속을 다니는 사람은 자기가 어디로 가는지를 모른다. **36** 빛이 있는 동안에 너희는 그 빛을 믿어서, 빛의 자녀가 되어라." 이 말씀을 하신 뒤에, 예수께서는 그들을 떠나서 몸을 숨기셨다. **37** 예수께서 그렇게 많은 표징을 그들 앞에 행하셨으나, 그들은 예수를 믿지 아니하였다. **38** 그리하여 예언자 이사야가 한 말이 이루어졌다. "주님, 우리가 전한 것을 누가 믿었으며, 주님의 팔이 누구에게 나타났습니까?" **39** 그들이 믿을 수 없었던 까닭을, 이사야가 또 이렇게 말하였다. **40** "주님께서 그들의 눈을 멀게 하시고, 그들의 마음을 무디게 하셨다. 그것은 그들이 눈이 있어도 보지 못하게 하고, 마음으로 깨달아서 돌아서지 못하게 하여, 나에게 고침을 받지 못하게 하려는 것이다." **41** 이사야가 이렇게 말한 것은, 그가 예수의 영광을 보았기 때문이다. 이 말은 그가 예수를 가리켜서 한 것이다. **42** 지도자 가운데서도 예수를 믿는 사람이 많이 생겼으나, 그들은 바리새파 사람들 때문에, 믿는다는 사실을 드러내지는 못하였다. 그것은, 그들이 회당에서 쫓겨날까봐 두려워하였기 때문이다. [43] 그들은 하나님의 영광보다도 사람의 영광을 더 사랑하였다. [44] 예수께서 큰 소리로 말씀하셨다. "나를 믿는 사람은 나를 믿는 것이 아니라 나를 보내신 분을 믿는 것이요, [45] 나를 보는 사람은 나를 보내신 분을 보는 것이다. [46] 나는 빛으로서 세상에 왔다. 그것은, 나를 믿는 사람은 아무도 어둠 속에 머무르지 않도록 하려는 것이다. [47] 어떤 사람이 내 말을 듣고서 그것을 지키지 않는다 하더라도, 나는 그를 심판하지 아니한다. 나는 세상을 심판하러 온 것이 아니라 구원하러 왔다. [48] 나를 배척하고 내 말을 받아들이지 않는 사람을 심판하시는 분이 따로 계시다. 내가 말한 바로 이 말이, 마지막 날에 그를 심판할 것이다. [49] 나는 내 마음대로 말한 것이 아니다. 나를 보내신 아버지께서, 내가 무엇을 말해야 하고, 또 무엇을 이야기해야 하는가를, 친히 나에게 명령해 주셨다. [50] 나는 그의 명령이 영생인 줄 안다. 그러므로 나는 무엇이든지 아버지께서 나에게 말씀하여 주신 대로 말할 뿐이다."

웨슬리와 함께 읽기

1 [유월절 엿새 전에, 예수께서 베다니에 가셨다. 그곳은 예수께서 죽은 사람 가운데에 살리신 나사로가 사는 곳이다.] 유월절 엿새 전에 - 즉, 안식일에. 유대인들은 이날을 '큰 안식일'이라고 불렀다. 이 주간 전체는 '크고 거룩한 주간'이라고 옛날부터 불러왔다. 예수께서 오셨다 - 에브라 임으로부터(요 11:54).

2 나사로가 죽었을 때 위로하러 왔던 사람들이 마르다와 마리아에게 크게 경의를 표했던 것이나 그다음 구절에 나오는 값비싼 향유 등으로 미루어 볼 때, 아마도 마르다는 비중 있는 인물이었던 것 같다. 우리 주님께서 자신의 마지막 일주일(이제 곧 그 이야기가 이어질 것이다) 동안 매일 밤에 예루살렘에서 나와서 베다니로 가셨는데, 어쩌면 그때 자신의 제자들과 함께 묵었던 집이 이들의 집이었던 것 같다.

3 그때 마리아가 나드 향유 한 근을 가져다가 - 그리스도께 향유를 부은 사람은 두 명이다. 한 사람은 그분의 사역 초기에 나인 성 근처에서 그렇게 했고(눅 7:37), 다른 한 사람은 그분께서 마지막 유월절을 보내시기 6일 전에 베다니에서 그렇게 했다. 이 이야기는 성 마태와 마가뿐만 아니라 여기에서도 나온다.

7 나의 장사 날에 쓰려고 – 이제 곧 임박한.

10 나사로가 살아 있는 동안 자신의 이야기를 썼던 다른 복음서 저자들이 왜 그의 이야기는 적지 않았는지 그 이유가 여기에 명백히 나와 있다.[30]

12 다음날 – 일요일에. **명절을 지키러 온 많은 무리** – 이 사람들은 주로 예루살렘이 아니라 갈릴리에서 온 사람들이었다(마 21:8).

13 시편 118편 26절; 마가복음 11장 8절; 누가복음 19장 36절.

15 두려워 말라 – 그분께서 오셨기 때문에 두려움은 사라지고, 그분의 온유하심으로 두려움은 사라진다(슥 9:9).

16 제자들은 처음에는 이 말씀을 깨닫지 못하였다 – 하나님의 섭리로 계획하신 일들은 종종 처음에는 잘 이해되지 않기 마련이다. 그러므로 우리는 우리가 이해할 수 없더라도 믿어야 하며, 하나님께서 하시는 대로 우리 자신을 내어 맡겨드려야 한다. 믿음이 하는 위대한 일은 우리가 지금 당장 알지 못하지만, 나중에는 알게 될 모든 일을 기꺼이 품을 수 있도록 해준다는 것이다. **그분께서 영광을 받으신 뒤에야** – 승천하실 때.

17 예수께서 무덤에서 나사로를 불러내어 살리실 때 – 사도 요한은 이 위대한 기적을 얼마나 아름답고도 효과적으로 잘 표현하고 있는가! 성경은 가장 위대한 사건을 기술할 때 화려한 미사여구로 뽐내는 연설가들보다 훨씬 더 고상하게 표현한다.

18 말을 들었기 때문이다 – 그 기적을 눈으로 본 사람들에게서 들었기 때문이다. 그래서 그 짧은 시간에 그들이 함께 뭉쳐서 앞서거니 뒤서거니 하며 그분을 따라갔다.

20 그리스 사람이 몇 명 – 이방인 교회의 서곡이다. 이들이 할례를 받았는지에 대한 이야기는 나오지 않는다. 그러나 그들은 이스라엘의 하나

님을 예배하기 위해서 올라왔다.

21 갈릴리 벳새다 출신 빌립에게로 가서 - 아마도 그들은 예루살렘으로 여행하던 중 그곳에서 머물렀던 것 같다. 혹은 그들은 유대인들보다 갈릴리 사람들이 자기들을 더 잘 영접했을 것이라고 믿었을 수도 있다. **선생님** - 그들은 자기들이 잘 알지 못하는 사람을 이런 식으로 불렀다. **우리가 예수를 뵙고 싶습니다** - 예의 바른 부탁이다. 그들은 그분께서 자기들과 이야기를 나눌 시간이 있다고는 거의 기대할 수 없었다.

23 영광을 받을 때 - 성부와 더불어, 모든 피조물이 보는 가운데. 그러나 그분께서는 먼저 고난을 받으셔야 한다.

24 밀알 하나가 땅에 떨어져서 죽지 않으면 - 최근에 나사로가 다시 살아난 덕분에 우리 주님께서는 이러한 주제에 대해서 자연스럽게 이야기하시게 되었다. 그렇게 많은 종류의 씨앗 중에서 땅에 들어가면 죽는 거의 유일한 종류의 씨앗을 찾아내실 수 있는 무한한 지식을 그분께서 가지고 있다는 것은 당연하다. 따라서 그분께서 특히 이러한 목적에 적합한 이 비유를 사용하시는 것은 아주 적절한 것이었다. 수수와 큰 콩을 제외하면 밀알이 싹을 틔우는 것과 유사한 방식을 다른 곡식에서는 찾아볼 수 없다.

25 자기 목숨을 사랑하는 사람 - 하나님의 뜻보다 더 많이 사랑하는 사람은 그 목숨을 영원히 잃을 것이다. **자기 목숨을 미워하는 사람** - 하나님의 뜻과 비교했을 때. 이런 사람은 그 생명을 유지하게 될 것이다(마 10:39).

26 나를 따라오너라 - 자기 목숨을 미워함으로써. 그리고 **내가 있는 곳에는** - 하늘에서는. **누구든지 나를 섬기면** - 그렇게 성부께서는 그 사람을 높이실 것이다.

27 지금 내 마음이 괴로우니 – 그분께서는 이미 자신의 수난을 미리 다양하게 맛보셨다. **내가 무슨 말을 하여야 할까** – 내가 무엇을 선택하지 말아야 할까? 그분의 마음은 성부의 뜻을 이미 선택하기로 굳혀졌기 때문이다. 그러나 그분께서는 이것을 굳이 말씀하셨다. 이어서 나오는 두 개의 구절, 즉 **이 시간을 벗어나게 해주십시오** – **이 일 때문에 내가 왔다** – 이 세상으로. 이 (고난의) 시간을 위해서 이 두 가지 구절이 그분의 생각에 잠시 스쳤던 것 같다. 그러나 인간의 언어는 그것을 그렇게 표현할 수 없다.

28 아버지, 당신의 이름을 영광스럽게 드러내십시오 – 내가 어떤 수난을 겪든지. 이제 고통은 끝났다. **내가 이미 영광되게 하였다** – 네가 이 고난의 시간에 들어감으로. 그리고 앞으로도 **영광되게 하겠다** – 네가 이 고난의 시간을 통과함으로.

29 거기에 서서 듣고 있던 무리가 들었다 – 소리를. 그러나 그 소리는 분명한 말소리는 아니었다 – 가장 영광스러운 계시에는 우리의 믿음이 역사하도록 하는, 무엇인가 설명할 수 없는 어떤 것들이 남아 있다. **천둥이 울렸다고 하고** – 천둥은 종종 하늘의 음성을 전하는 기능을 하는데, 아마도 이때도 그랬던 것 같다.

31 [지금은 이 세상이 심판을 받을 때이다. 이제는 이 세상의 통치자가 쫓겨날 것이다.]

지금 – 바로 이 순간. 이 순간부터 자신의 세례가 완성될 때까지 그리스도께서는 그 어느 때보다도 더욱 간절히 바라셨다. **이 세상이 심판을 받을 때이다** – 즉, 세상에 대해 심판이 주어질 때가 바로 지금이며, 그렇게 될 것이다. **이 세상의 통치자가** – 죄와 사망으로 세상을 다스리고 있던 사탄이 쫓겨날 것이다 – 즉, 심판과 정죄를 받고 그 자리에서 쫓겨날 것이며, 그리스도의 나라 밖으로 추방될 것이다.

32 땅에서 들려서 올라갈 – 이것은 죽음을 뜻하는 히브리적인 표현이다. 일반적으로는 죽음이라는 단어를 사용하는데, 우리 주님께서는 여기에서 그런 의미가 있는 일반적인 단어가 아니라 이와 같은 표현을 사용하신다. 왜냐하면 이런 표현이 그분의 죽음을 가리키는 데에는 아주 적절한 것이기 때문이다. **나는 모든 사람을 내게로 이끌어 올 것이다** – 유대인뿐만 아니라 이방인들도. 그리고 내가 이끄는 대로 따라오는 사람은 사탄도 붙잡아두지 못할 것이다.

34 그런데 어떻게 당신은 인자가 들려야 한다고 말씀하십니까 – 어떻게 이런 일들이 아주 쉽게 이루어질 수 있습니까? 그분은 먼저 죽으셔야 하고, 그 후에는 영원히 사실 것이다. **인자가 누구입니까** – 그분이 그리스도입니까?(시 110:4)

35 그때 예수께서 그들에게 대답하셨다 – 그들에게 직접 답변하시지 않고, 대신에 그들이 이미 들었던 것을 더욱 심화하기 위해서 그들을 가르치신 것이다. **빛** – 나와 내 가르침.

36 빛의 자녀들 – 지혜롭고 거룩하며 복된 하나님의 자녀들.

37 예수께서 그렇게 많은 표징을 그들 앞에 행하셨으나 – 그래서 그들은 그 기적들을 보지 않을 수 없었다.

38 주님의 팔 – 그리스도의 가르침과 기적, 그분의 구속 사역 가운데 그분을 통해 나타난 하나님의 능력(사 53:1).

39 그들이 믿을 수 없었던 까닭 – 즉, 하나님의 정의로우신 심판으로 인해 믿을 수 없었다. 그들은 고집이 세고 끝내 진리를 거부하였기 때문에 그들은 결국 자기의 굳어진 마음 그대로 내버려졌으며, 우리 주님께서 하신 기적이나 가르치심도 그들에게 어떤 인상을 남길 수 없었다.

40 이사야 6장 10절; 마태복음 13장 14절; 사도행전 28장 26절.

41 **그가 예수의 영광을 보았을 때** – 그리스도의 영광(사 6:1). 여기에서 이 것은 주님, 여호와, 가장 높으신 하나님의 영광이라고 표현되고 있다.

44 **예수께서 큰 소리로 말씀하셨다** – 이 말씀은 이 12장이 끝날 때까지 이어지는데, 성 요한에게 이 부분은 우리 주님께서 공적으로 가르치신 것의 후기(epilogue)이며, 일종의 지금까지 하신 말씀의 요약한 것이다. **나 를 믿는 것이 아니라** – 나만 믿는 것이 아니라 나를 보내신 분을 믿는 것이다. 왜냐하면 성부께서 성자를 보내셨으며, 성자는 성부와 하나이 시기 때문이다.

45 **나를 보는 사람** – 믿음의 눈으로.

47 **나는 그를 심판하지 아니한다** – 지금 당장은. 왜냐하면 나는 이 세상 을 심판하러 온 것이 아니기 때문이다. 그리스도께서는 마침내 멸망하 게 될 사람들까지 구원하시기 위해서 오셨다는 것을 알라! 그런 사람들 역시 이 세상의 일부분이고, 그분께서는 이 세상을 구원하기 위해서 사 셨고 죽으셨다.

50 **그의 명령** – 준행해야 하는 계명. **그 계명은 영생이다** – 그 계명은 영 생으로 가는 길이며 그 길의 시작이기도 하다.

역자 해설(11-12장)

요한복음은 크게 두 부분으로 나눌 수 있습니다. 로고스 찬가가 끝난 뒤 1장 19절부터 12장까지 그리고 13장부터 20장 31절까지로 나뉩니다. 전반부는 예수님께서 이 땅에 오셔서 자기가 누구인지 계시하시는 이야기로 구성되어 있고, 이를 위해 일곱 개로 구성된 표적 이야기들이 담겨 있습니다. 그래서 이 부분을 표적의 책이라고 부릅니다. 13장부터는 이 땅에 오신 예수님께서 다시 하나님께로 올라가시는 이야기로 구성되고, 요한은 이를 가리켜 영광을 받으신다고 표현합니다. 그래서 이 부분을 영광의 책이라고 부릅니다.

11장은 마지막 표적 이야기로 시작합니다. 베다니에 사는 삼 남매 중에서 나사로가 죽었습니다. 사실 아직 나사로가 죽은 것은 아닙니다. 그러나 다급한 도움 요청에도 불구하고 예수님은 일부러 늑장을 부립니다(6절). 11-14절을 미루어보면 예수님은 나사로가 죽을 때까지 일부러 시간을 지체하신 것 같습니다.

드디어 예수님이 나사로의 집에 이르러 마르다를 만나십니다. 마르다는 예수님이 계셨으면 나사로가 죽지 않았을 것이라 말합니다(21절). 이에 예수님은 그가 다시 살아날 것을 말씀하시지만, 마르다는 종말에 부활하는 것만 생각하지 지금 당장 살아나리라고는 믿지 않습니다(24, 39절). 마리아도 마르다와 똑같은 생각을 하고 있습니다(32절). 36-37절을 미루어보면 동네 사람들도 이 자매와 같은 생각을 품고 있음을 알 수 있습니다. 이들은 모두 예수님께서 죽음을 막을 수는 있을지 몰라도 일단 사람이 죽으면 그 후에는 손을 쓰실 수 없으리라고 생각합니다.

그러나 예수님은 죽은 나사로를 살리십니다. 이전까지 여러 표적을 보이셔서 예수님은 자기가 누구인지 사람들에게 계시하셨습니다. 그러나 이 모든 표적 중에서 나사로를 살리시는 이 마지막 표적은 가장 최고의 끝을 보여줍니다. 가나 결혼 잔치 포도주 표적을 통해 이제 예수님으로 말미암아 새로운 창조, 새로운 세계가 시작되었음을 보여주었다면 그리고 그런 세상을 가져오시는 분이 바로 예수님이라는 것을 말해주었다면, 이 마지막 표적은 예수님이 생명의 주관자이심을 보여줍니다. 예수님은 생명을 주시는 분이십니다.

예수님이 생명을 주시는 방법에 대해 11장 45절부터 12장 마지막 절까지 부분이 설명합니다. 나사로 사건으로 사람들은 예수님을 많이 따르게 되었지만, 다른 한편으로는 예수님을 죽이고자 하는 사람들도 많이 생겼습니다(11:45-57). 나사로를 다시 살리시지 않았더라면 이렇게까지 되지는 않았을지도 모릅니다. 그러나 이 사건으로 그들은 이제 본격적으로 예수님을 죽이려는 모의를 적극적으로 하게 됩니다(53절). 생명이 생명을 낳습니다. 그러하기에 참 생명이신 예수님만이 사람들에게 참 생명을 줄 수 있습니다.

그러나 예수님께서 참 생명을 가진 것은 자신의 목숨까지도 아끼지 않고 세상에 생명을 주시기 위함이며, 이 때문에 그분께서는 참 생명이 되십니다(12:24-25). 그분은 자신의 죽음으로 사람들에게 생명을 주십니다. 12장에는 베다니의 마리아가 예수님의 발에 향유를 부은 사건이 소개되는데(12:1-8), 이 사건은 예수님의 죽음을 위한 것이었습니다(12:7). 마리아의 향유 사건은 예수님께서 사람들에게 생명을 주시는 그 길과 이렇게 연결됩니다. 사람들은 예수님을 따르고, 보고 싶어 합니다(12:19-21). 그들이 과연 무슨 마음으로 그렇게 예수님을 보고 싶어 하고 예수님을 따르겠다고 나섰는지 모르지만, 예수님은 그런 사람들을 향해 예수님을 따르는 제자가 어떤 사람이어야 하는지 말씀하십니다(12:24-26).

예수님은 사람들에게 참 생명을 주려고 하십니다. 자신의 희생적 죽음, 그들을 위해 자신의 생명을 내어놓는 그 사랑을 통해서 말입니다. 이렇게 해야 비로소 그들에게 생명을 줄 수 있기 때문입니다. 그리고 이것을 위해 예수님은 이 땅에 오셨습니다. 그러나 사람들은 예수님께서 하시는 놀라운 모습의 피상적인 부분만을 보고 예수님을 따르겠다고 나섭니다. 그들이 예수님을 따르겠다고 나서기는 했지만, 과연 예수님을 따른다는 것이 어떤 삶을 의미하는지 제대로 파악하고서 그렇게 나서는지 의문입니다. 그렇게 따라나섰던 사람들이 얼마 못 가서 그 믿음을 포기하기도 하고(12:37), 어떤 이들은 두려움과 삶에 대한 집착으로 인해, 즉 하나님의 영광보다 사람의 영광을 더 사랑하기에 자신의 믿음을 숨깁니다(12:41-43). 그러나 예수님의 참 제자라면 예수님께서 하셨던 그 희생적 사랑을 본받아야 합니다. 그렇게 해야 참 제자라 할 수 있습니다(13:34-35).

요한복음 13장

¹ 유월절 전에 예수께서는, 자기가 이 세상을 떠나서 아버지께로 가야 할 때가 된 것을 아시고, 세상에 있는 자기의 사람들을 사랑하시되, 끝까지 사랑하셨다. ² 저녁을 먹을 때에, 악마가 이미 시몬 가룟의 아들 유다의 마음 속에 예수를 팔아 넘길 생각을 불어넣었다. ³ 예수께서는, 아버지께서 모든 것을 자기 손에 맡기신 것과 자기가 하나님께로부터 왔다가 하나님께로 돌아간다는 것을 아시고, ⁴ 잡수시던 자리에서 일어나서, 겉옷을 벗고, 수건을 가져다가 허리에 두르셨다. ⁵ 그리고 대야에 물을 담다가, 제자들의 발을 씻기시고, 그 두른 수건으로 닦아주셨다. ⁶ 시몬 베드로의 차례가 되었다. 이 때에 베드로가 예수께 말하였다. "주님, 주님께서 내 발을 씻기시렵니까?" ⁷ 예수께서 그에게 대답하셨다. "내가 하는 일을 지금은 네가 알지 못하나, 나중에는 알게 될 것이다." ⁸ 베드로가 다시 예수께 말하였다. "아닙니다. 내 발은 절대로 씻기지 못하십니다." 예수께서 그에게 말씀하셨다. "내가 너를 씻기지 아니하면, 너는 나와 상관이 없다." ⁹ 그러자 시몬 베드로는 예수께 이렇게 말하였다. "주님, 내 발뿐만이 아니라, 손과 머리까지도 씻겨 주십시오." ¹⁰ 예수께서 그에게 말씀하셨다. "이미 목욕한 사람은 온 몸이 깨끗하니, 밖에는 더 씻을 필요가 없다. 너희는 깨끗하다. 그러나, 다 그런 것은 아니다." ¹¹ 예수께서는 자기를 팔아 넘길 사람을 알고 계

셨다. 그러므로 "너희가 다 깨끗한 것은 아니다" 하고 말씀하신 것이다. [12] 예수께서 제자들의 발을 씻겨주신 뒤에, 옷을 입으시고 식탁에 다시 앉으셔서, 그들에게 말씀하셨다. "내가 너희에게 한 일을 알겠느냐? [13] 너희가 나를 선생님 또는 주님이라고 부르는데, 그것은 옳은 말이다. 내가 사실로 그러하다. [14] 주이며 선생인 내가 너희의 발을 씻겨 주었으니, 너희도 서로 남의 발을 씻겨 주어야 한다. [15] 내가 너희에게 한 것과 같이, 너희도 이렇게 하라고, 내가 본을 보여준 것이다. [16] 내가 진정으로 진정으로 너희에게 말한다. 종이 주인보다 높지 않으며, 보냄을 받은 사람이 보낸 사람보다 높지 않다. [17] 너희가 이것을 알고 그대로 하면, 복이 있다. [18] 나는 너희 모두를 가리켜서 말하는 것이 아니다. 나는 내가 택한 사람들을 안다. 그러나 '내 빵을 먹는 자가 나를 배반하였다' 한 성경 말씀이 이루어질 것이다. [19] 내가 그 일이 일어나기 전에 너희에게 미리 말하는 것은, 그 일이 일어날 때에, 너희로 하여금 '내가 곧 나'임을 믿게 하려는 것이다. [20] 내가 진정으로 진정으로 너희에게 말한다. 내가 보내는 사람을 영접하는 사람은 나를 영접하는 사람이요, 나를 영접하는 사람은 나를 보내신 분을 영접하는 사람이다." [21] 예수께서 이 말씀을 하시고 나서, 마음이 괴로우셔서, 환히 드러내어 말씀하셨다. "내가 진정으로 진정으로 너희에게 말한다. 너희 가운데 한 사람이 나를 팔아 넘길 것이다." [22] 제자들은 예수께서, 누구를 두고 하시는 말씀인지 몰라서, 서로 바라다보았다. [23] 제자들 가운데 한 사람, 곧 예수께서 사랑하시는 제자가 바로 예수의 품에 기대어 앉아 있었다. [24] 시몬 베드로가 그에게 고갯짓을 하여, 누구를 두고 하시는 말씀인지 여쭈어 보라고 하였다. [25] 그 제자가 예수의 가슴에 바싹 기대어 "주님, 그가 누구입니까?" 하고 물었다. [26] 예수께서 대답하셨다. "내가 이 빵조각을 적셔서 주는 사람이 바로 그 사람이다." 그리고 그 빵조각을 적셔서 시몬 가룟의 아들 유다에게 주셨다. [27] 그가 빵조각을 받자, 사탄이 그에게 들어갔다. 그 때에 예수께서 유다에게 말씀하셨다. "네가 할 일을 어서 하여라." ²⁸ 그러나 거기 앉아 있는 사람들 가운데서 아무도, 예수께서 그에게 무슨 뜻으로 그런 말씀을 하셨는지를 알지 못하였다. ²⁹ 어떤 이들은, 유다가 돈자루를 맡고 있으므로, 예수께서 그에게 명절에 그 일행이 쓸 물건을 사라고 하셨거나, 또는 가난한 사람들에게 무엇을 주라고 말씀하신 것으로 생각하였다. ³⁰ 유다는 그 빵조각을 받고 나서, 곧 나갔다. 때는 밤이었다.

³¹ 유다가 나간 뒤에, 예수께서 말씀하셨다. "이제는 인자가 영광을 받았고, 하나님께서도 인자로 말미암아 영광을 받으셨다. ³² [하나님께서 인자로 말미암아 영광을 받으셨으면,] 하나님께서도 몸소 인자를 영광되게 하실 것이다. 이제 곧 그렇게 하실 것이다. ³³ 어린 자녀들아, 아직 잠시 동안은 내가 너희와 함께 있겠다. 그러나 너희가 나를 찾을 것이다. 내가 일찍이 유대 사람들에게 '내가 가는 곳에 너희는 올 수 없다' 하고 말한 것과 같이, 지금 나는 너희에게도 말하여 둔다. ³⁴ 이제 나는 너희에게 새 계명을 준다. 서로 사랑하여라. 내가 너희를 사랑한 것 같이, 너희도 서로 사랑하여라. ³⁵ 너희가 서로 사랑하면, 모든 사람이 그것으로써 너희가 내 제자인 줄을 알게 될 것이다." ³⁶ 시몬 베드로가 예수께 물었다. "주님, 어디로 가십니까?" 예수께서 대답하셨다. "내가 가는 곳에 네가 지금은 따라올 수 없으나, 나중에는 따라올 수 있을 것이다." ³⁷ 베드로가 예수께 말하였다. "주님, 왜 지금은 내가 따라갈 수 없습니까? 나는 주님을 위하여서는 내 목숨이라도 바치겠습니다." ³⁸ 예수께서 대답하셨다. "네가 나를 위하여 네 목숨이라도 바치겠다는 말이냐? 내가 진정으로 진정으로 너에게 말한다. 닭이 울기 전에, 너는 세 번 나를 모른다고 할 것이다."

웨슬리와 함께 읽기

1 명절 전에 - 즉, 유월절 주간의 수요일에. 자기의 사람들을 사랑하시되 - 그분의 사도들을. 끝까지 사랑하셨다 - 자기의 생이 다할 때까지.

2 이제 막 - 아마도 처음으로.[31]

3 예수께서 아시고 - 비록 그분은 자신의 위대함을 아셨지만, 그토록 자신을 낮추셨다.

4 겉옷을 벗고 - 그 옷의 어떤 부분은 그분께서 이런 일을 하는 데 거치적거렸을 것이다.

5 대야에 - 이런 목적을 위해서 보통 가져다 놓은 커다란 대야로, 유대인들은 식사 자리에는 항상 이것을 두었다.

7 내가 하는 일을 지금은 네가 알지 못하나 나중에는 알게 될 것이다 - 우리는 그분께서 하시는 일, 창조, 섭리, 은총 등을 지금은 완벽하게 알지 못한다. 우리는 지금은 그저 사랑하고 순종하는 것으로 족하다. 그리하면 나중에는 알게 될 것이다.

8 내가 너를 씻기지 않으면 - 만일 네가 내 뜻에 복종하지 않는다면 너는 나와 상관이 없다 - 너는 내 제자가 아니다.[32] 좀 더 일반적인 의미로 풀이한다면, 이 말은 "만일 내가 너를 내 피로 씻기고 내 성령으로 너

를 정결하게 하지 않는다면 너는 나와 함께 성찬을 나눌 수도 없고 내 나라의 축복에 동참할 수 없다"라는 것을 의미할 수 있다.

9 주님, 내 발뿐만이 아니라 – 인간은 얼마나 하나님보다 더 똑똑해지고 싶어 하는가! 비록 베드로의 말은 무지하지만 진정한 마음에서 우러난 것이다. 어쨌든 이러한 그의 의도는 좋았다.

10 이미 목욕한 사람은 온몸이 깨끗하니, 발밖에는 더 씻을 필요가 없다 – 즉, 거룩하고 더럽혀지지 않게 걷기만 하면 된다.

14 너희도 서로 남의 발을 씻겨 주어야 한다 – 그러나 왜 그들은 그렇게 하지 않았는가? 왜 우리는 어떤 사도들도 다른 사람의 발을 씻겨 주었다는 기록을 찾을 수 없는가? 이것은 그들이 주님을 더 잘 이해했기 때문이다. 즉, 그들은 주님의 이 명령이 문자적으로 그대로 받아들이라고 하신 말씀이 아니라는 것을 알고 있었다. 주님께서는 그들에게 내적인 성결을 이루도록 하려고 하셨을 뿐만 아니라 겸손한 사랑이라는 위대한 교훈을 그들에게 가르치려고 하셨던 것이다. 그분께서는 여기에서 우리에게 성결을 이루는 가운데 모든 가능한 방법으로 서로를 섬기라고 가르치신다. 또한 그분께서는 서로에게 모든 종류의 선한 의무들을 감당함으로 서로의 발을 씻기라고, 심지어는 가장 미천한 사람들의 발까지도 기회가 닿고 요청이 있을 때 언제든지 그렇게 하라고 가르치신다.

16 종이 주인보다 높지 않으며 – 따라서 우리가 주님과 똑같은 정도로 행동하거나 고난을 겪을 수 있으리라 생각해서는 안 된다.

18 나는 너희 모두를 가리켜서 말하는 것이 아니다 – 내가 너희를 기쁨으로 부르지만, 나는 내가 선택한 너희 열둘 가운데 한 사람이 나를 배신할 것을 알고 있다. 이렇게 해서 성경에서 말한 것이 성취될 것이다(시 41:9).

20 나는 내 영광을 내 사신인 너희에게 부여한다(마 10:40).

21 너희 가운데 한 사람 – 이런 식으로 처음부터 어떤 사람을 지목하여 특정하지 않는 것이 그들 모두에게 유익한 것이었다.

23 예수의 품에 기대어 앉아 있었다 – 즉, 식탁에서 그분의 바로 옆에 앉아 있었다. 이것은 식탁에서 밥을 먹을 때 모두 소파에 옆으로 비스듬하게 누워서 먹던 식사 관습을 표현하고 있다. 그분의 다른 한쪽 편에 있던 사람도 그분의 품에 누워 있었다고 할 수 있다. **제자들 가운데 한 사람 곧 예수께서 사랑하시는 제자** – 성 요한은 여기에서 아주 조심스럽게 자기 자신을 가리키는 표현을 회피하고 있다.[33] 아마도 우리 주님께서는 그에게 이 비밀을 드러내 보여주심으로써 자신의 특별한 사랑을 처음으로 증명하셨던 것 같다.

24 시몬 베드로 – 예수의 뒤에 있었다. 즉, 예수께서는 베드로와 사랑하시는 제자 사이에 계셨다.[34]

25 더욱 가까이 기대어서 그분에게 개인적으로 물었다.

26 예수께서 대답하셨다 – 그 제자의 귀에다 대고. 그분께서는 (그것이 가능했다면) 심지어 유다에게조차도 상처를 주지 않으려고 조심하셨다. **적셔서** – 그분께서는 말씀하시는 동안 빵을 집으셨다. **유다에게 주셨다** – 아마도 다른 제자들은 유다가 참 복도 많다고 생각했을 것이다! 그러나 우리 주님께서 유다에게 보여주셨던 이러한 친절조차도 그의 마음을 감동하게 할 수 없었다. 그때 사탄이 그를 완전히 사로잡았다.

27 네가 할 일을 어서 하여라 – 이것은 허락해주는 것도 아니고, 명령은 더더욱 아니다. 이것은 그저 "네가 그렇게 하기로 마음을 이미 먹었는데 무엇 때문에 꾸물거리고 있느냐?"라는 뜻으로 하신 말씀일 뿐이다. 여기에서 예수께서는 유다가 아무리 감추려고 해도 감출 수 없다는 것과 예

수께서 기꺼이 고난을 받으시려고 한다는 것을 드러내 보이신 것이다.

28 아무도 왜 예수께서 이것을 말씀하셨는지 알지 못하였다 – 요한과 유다만 빼고 아무도.

30 그는 나갔다 – 대제사장들에게로. 그러나 그는 나중에 돌아와서 그들이 유월절 음식을 먹을 때(주님의 만찬 때는 아니지만) 그들과 함께 있다(마 26:20).

31 예수께서 말씀하셨다 – 즉, 그다음 날에. 목요일 아침에. 이제 장면은 다음 14장에서 계속되는 담화를 위해서 이런 식으로 펼쳐진다. **이제는** – 내가 이것을 말하고 있는 동안 **인자는 영광을 받는다** – 그분의 영광스러운 구속 사역으로 완전히 들어가셨다. 이것은 거룩하고도 승리한 모습으로 나타나는 그분의 수난에 속한 영광을 설명하는 것이 분명하다.

33 너희는 올 수 없다 – 아직은. 아직 그렇게 할 정도로 무르익지 않았다 (요 7:34).

34 새 계명 – 그 자체로 새로운 것은 아니다. 그러나 그리스도를 따르는 무리에게는 새로운 계명이다. 왜냐하면 예수께서는 그들에게 이전에 이것을 드러내놓고 가르치신 적이 없기 때문이다. 내가 너희들을 사랑하는 그런 정도의 사랑을 가리키는 것이므로 그 정도에 있어서 볼 때 이것은 새로운 계명이다.

36 베드로가 물었다. 주님, 어디로 가십니까 – 성 베드로는 그리스도께서 유대인들에게 배척당하셨기 때문에 이 땅 어딘가 다른 곳으로 가셔서 자신의 왕좌를 세우시고, 그곳에서 어떠한 방해도 받지 않은 채 다스리시려 한다고 생각했던 것 같다. 베드로는 자신이 가지고 있던 그리스도의 나라에 대한 큰 그림에 따라 이렇게 생각한 것이다. **내가 가는 곳에 네가 지금은 따라올 수 없으나** – 그러나 베드로는 그분의 이 말을

믿으려 하지 않았다. 그래서 그는 예수를 따라왔다(요 18:15). 그러나 그것도 멀찍이 떨어져서 따라온 것이었다. 그렇게 한다고 크게 손해날 것도 없었다.

38 닭이 울기 전에 – 즉, 닭 우는 소리가 채 끝나기도 전에 **너는 세 번 나를 모른다고 할 것이다** – 베드로의 세 번 부인하는 것은 세 번 예언되었었다. 첫 번째 예언은 지금 여기에서 예언되고 있고, 두 번째 예언은 성 누가가 언급하고 있으며, 마지막 세 번째 예언은 성 마태와 마가가 기록하였다.

역자 해설

이제 요한복음은 이야기의 반환점을 돌았습니다. 12장까지는 예수님께서 이 땅에 성육신하셔서 표적을 통해 자기가 누구인지 사람들에게 계시하시고, 사람들에게 자기를 맞아들이라고 초청하시는 이야기로 구성되었습니다. 그러나 13장부터는 예수님께서 이 땅에서의 사역을 마무리하시고 다시 하늘 아버지께로 돌아가시는 이야기가 시작됩니다. 다른 복음서들은 이 부분을 고난받으신다는 말로 표현합니다만 요한복음은 그것을 고난이라고 생각하지 않습니다. 요한은 이것이 고난이 아니라 영광이라고 말합니다.

요한복음은 다른 복음서와는 다른 점이 상당히 많은데, 그중 하나가 바로 13장입니다. 모든 복음서는 예수님이 목요일 저녁에 제자들과 함께 최후의 만찬을 하시는 이야기를 전합니다. 다른 복음서들은 그 자리에서 예수님께서 제자들에게 빵과 포도주를 돌리시면서 자신의 살과 피를 나눠주시는 이야기, 오늘날 우리가 성만찬으로 기념하는 그 일을 하시는 장면을 전합니다. 그러나 요한은 그 이야기를 전하지 않습니다. 이 점은 매우 독특합니다. 세례식과 더불어 성찬식은 오늘날 모든 교회가 지키는 매우 중요한 성례전이기 때문입니다.

초대교회와 고대 교회 그리고 중세와 현대 교회에 이르기까지 이 두 예식은 한결같이 지켜져 왔고, 성찬의 흔적은 사도행전이나 고린도전서와 같은 바울의 서신에서도 중요하게 다뤄집니다. 2세기 초 플리니가 트라얀 황제에게 보낸 편지에도, 서기 100년 즈음에 작성된 고대 교회 문서인 「디다케」에도, 200년대 초 고대 교회의 모습을 잘 보여주는 히폴리투스의 『사도전승』이나 『디다스칼리아 아포스톨로룸』(Didascalia Apostolorum)에도 성찬식은 중요한 예배의 예식으로 나옵니다. 주님께 받았고 바울 자신도 고린도 교인들에게 대대로 전수해준다고 말하는, 즉 교회가 중요하게 여겨 주님이 다시 오실 그날까지 끊임없이 대대로 전수해주어야 할 이야기인 성만찬(고전 11:23-26) 이야기가 이상하게도 요한복음에는 생략되었습니다(대신에 6:34-58에 나오는 예수님의 살과 피 이야기가 요한 버전의 성만찬으로도 볼 수 있습니다).

대신에 요한은 그 자리에 오늘날 우리가 세족식이라고 부르는 그 사건을 적어 넣었습니다. 요한도 누가처럼(눅 1:1-3) 나름 자료를 수집하고 정리했기 때문에(20:30-31) 최후의 만찬 이야기를 분명히 알고 있었을 것입니다. 그러나 요한은 그 자리에 세족의 이야기를 넣었습니다. 이것은 다른 복음서에 나오는 성찬 이야기를 세족 이야기가 대체할 수 있다고, 세족 이야기가 곧 성찬 이야기가 갖는 의미를 대신할 수 있다고 생각했다는 것을 암시합니다.

우리가 보통 세족식(세족식은 예식의 이미지를 띠기 때문에 적절한 표현은 아니지만, 우리가 흔히 그렇게 부르기 때문에 편의상 세족식이라고 하겠습니다)을 떠올리면 예수님께서 제자들을 낮은 자리에서 섬기시는 섬김과 겸손, 봉사의 가르침으로 생각합니다. 물론 그런 의미는 당연히 있습니다(23-20절). 그러나 그것이 전부라고 생각하면 안 됩니다. 겸손히 섬기는 것은 겉으로 드러난 세족식의 의미일 뿐 예수님께서 제자들의 발을 씻기시고 제자들에게도 그렇게 하라고 요구하시는 것은 '관계'의 문제입니다.

예수님께서 베드로의 발을 씻기시려 하자 베드로는 거부합니다. 그러자 예수님은 "내가 너를 씻어주지 않으면 너와 나는 아무런 관계가 없다"(8절)라고 말씀하십니다. 온몸을 씻어달라는 그에게 예수님은 깨끗한 사람은 발만 씻으면 된다고 하시면서 가룟 유다를 언급하십니다(10-11절). 세족식의 의미는 바로 여기에 있습니다. 이것은 단지 서로 겸손히 섬겨야 한다는 도덕적 교훈을 주시기 위함이 아닙니다. 이것은 예수님과 우리 사이의 관계를 말씀하기 위함입니다.

예수님은 제자들에게 새 계명을 주신다고 합니다(31-35절). 그것은 서로 사랑하라는 것이고, 그 행위를 통해서 그들이 예수님의 제자, 즉 그들이 예수님과 특별한 관계로 묶인 사람이라는 것을 알 수 있는 것입니다(35절). 그 사랑의 행위를 한 예가 바로 겸손히 다른 사람의 발을 씻어주는 것입니다. 세족의 행위는 서로 사랑의 한 상징적 사례로 제시된 것입니다. 우리는 예수님과 관계를 맺어야 합니다. 서로 상관없는 사람이 아니라 예수님과 우리는 특별한 관계에 있어야 합니다. 목자와 양처럼(10:1-28) 특별한 관계에 있어야 합니다. 그 관계 안에 생명과 구원이 있습니다. 그것은 목자와 양이 서로의 음성을 알아듣는 것처럼 서로를 알고 그 안에 사귐을 누리는 것입니다. 그 사귐의 방식 중 하나가 바로 서로 사랑하는 것입니다. 특별한 관계, 이 특별한 사귐 안에 있는 사람만이 알아듣고, 알아보고, 영접합니다. 특별한 사귐 안에 있다는 것은 우리가 그분 안에 머물고 그분이 우리 안에 머무는 관계입니다.

안타깝게도 모두가 다 이런 관계 안에 있는 것은 아닙니다. 어떤 이는 눈과 귀가 열리지 못해 이 관계를 거부합니다. 어떤 이는 세상을 향한 애착과 현실적 삶에서 당할 어려움에 대한 염려로 인해 그만 숨어버리기도 합니다. 어떤 이는 그 관계 안에 머물기를 원하지만, 연약한 의지와 여러 가지 유혹으로 인해 그만 떠나버리기도 합니다. 공관복음서에서는 이런 사람을 길가, 돌밭, 가시밭 그리고 30배, 60배, 100배의 열매를 맺는 옥토에 빗대어 말하기도 합니다. 요한은 세족식 이야기를 통해 우리를 주님과 깊은 사귐의 관계 안으로 들어오라고 초대하십니다. 그분 안에 머물 때, 서로 사랑함으로써 그 관계 안에 있을 때 우리와 주님은 양과 목자처럼 서로를 알게 되고, 비로소 영원한 참 생명을 누릴 수 있습니다.

요한복음 14장

¹ "너희는 마음에 근심하지 말아라. 하나님을 믿고 또 나를 믿어라. ² 내 아버지의 집에는 있을 곳이 많다. 그렇지 않다면, 내가 너희가 있을 곳을 마련하러 간다고 너희에게 말했겠느냐? 나는 너희가 있을 곳을 마련하러 간다. ³ 내가 가서 너희가 있을 곳을 마련하면, 다시 와서 너희를 나에게로 데려다가, 내가 있는 곳에 너희도 함께 있게 하겠다. ⁴ 너희는 내가 어디로 가는지 그 길을 알고 있다." ⁵ 도마가 예수께 말하였다. "주님, 우리는 주님께서 어디로 가시는지도 모르는데, 어떻게 그 길을 알겠습니까?" ⁶ 예수께서 그에게 말씀하셨다. "나는 길이요, 진리요, 생명이다. 나를 거치지 않고서는, 아무도 아버지께로 갈 사람이 없다. ⁷ 너희가 나를 알았더라면 내 아버지도 알았을 것이다. 이제 너희는 내 아버지를 알고 있으며, 그분을 이미 보았다." ⁸ 빌립이 예수께 말하였다. "주님, 우리에게 아버지를 보여 주십시오. 그러면 좋겠습니다." ⁹ 예수께서 대답하셨다. "빌립아, 내가 이렇게 오랫동안 너희와 함께 지냈는데도, 너는 나를 알지 못하느냐? 나를 본 사람은 아버지를 보았다. 그런데 네가 어찌하여 '우리에게 아버지를 보여 주십시오' 하고 말하느냐? ¹⁰ 내가 아버지 안에 있고 아버지께서 내 안에 계시다는 것을, 네가 믿지 않느냐? 내가 너희에게 하는 말은 내 마음대로 하는 것이 아니다. 아버지께서 내 안에 계시면서 자기의 일을 하신다. ¹¹ 내가

아버지 안에 있고, 아버지께서 내 안에 계시다는 것을 믿어라. 믿지 못하겠거든 내가 하는 그 일들을 보아서라도 믿어라. **12** 내가 진정으로 진정으로 너희에게 말한다. 나를 믿는 사람은 내가 하는 일을 그도 할 것이요, 그보다 더 큰 일도 할 것이다. 그것은 내가 아버지께로 가기 때문이다. **13** 너희가 내 이름으로 구하는 것은, 내가 무엇이든지 다 이루어 주겠다. 이것은 아들로 말미암아 아버지께서 영광을 받으시게 하려는 것이다. **14** 너희가 무엇이든지 내 이름으로 구하면, 내가 다 이루어 주겠다." **15** "너희가 나를 사랑하면, 내 계명을 지킬 것이다. **16** 내가 아버지께 구하겠다. 그리하면 아버지께서 다른 보혜사를 너희에게 보내셔서, 영원히 너희와 함께 계시게 하실 것이다. **17** 그는 진리의 영이시다. 세상은 그를 보지도 못하고 알지도 못하므로, 그를 맞아들일 수가 없다. 그러나 너희는 그를 안다. 그것은, 그가 너희와 함께 계시고, 또 너희 안에 계실 것이기 때문이다. **18** 나는 너희를 고아처럼 버려 두지 아니하고, 너희에게 다시 오겠다. **19** 조금 있으면, 세상이 나를 보지 못할 것이다. 그러나 너희는 나를 보게 될 것이다. 그것은 내가 살아 있고, 너희도 살아 있을 것이기 때문이다. **20** 그 날에 너희는, 내가 내 아버지 안에 있고, 너희가 내 안에 있으며, 또 내가 너희 안에 있음을 알게 될 것이다. **21** 내 계명을 받아서 지키는 사람은 나를 사랑하는 사람이요, 나를 사랑하는 사람은 내 아버지의 사랑을 받을 것이다. 그리고 나도 그 사람을 사랑하여, 그에게 나를 드러낼 것이다." **22** 가룟 유다가 아닌 다른 유다가 물었다. "주님, 주님께서 우리에게는 자신을 드러내시고, 세상에는 드러내려고 하지 않으시는 것은 무슨 까닭입니까?" **23** 예수께서 그에게 대답하셨다. "누구든지 나를 사랑하는 사람은 내 말을 지킬 것이다. 그리하면 내 아버지께서 그 사람을 사랑하실 것이요, 내 아버지와 나는 그 사람에게로 가서 그 사람과 함께 살 것이다. **24** 나를 사랑하지 않는 사람은 내 말을 지키지 아니한다. 너희가 듣고 있는 이 말은, 내 말이 아니라, 나를 보내신 아버지의 말씀이다." **25**

"내가 너희와 함께 있는 동안에, 나는 이 말을 너희에게 말하였다. ²⁶ 그러나 보혜사, 곧 아버지께서 내 이름으로 보내실 성령께서, 너희에게 모든 것을 가르쳐 주실 것이며, 또 내가 너희에게 말한 모든 것을 생각나게 하실 것이다. ²⁷ 나는 평화를 너희에게 남겨 준다. 나는 내 평화를 너희에게 준다. 내가 너희에게 주는 평화는 세상이 주는 것과 같지 않다. 너희는 마음에 근심하지 말고, 두려워하지도 말아라. ²⁸ 너희는 내가 갔다가 너희에게로 다시 온다고 한 내 말을 들었다. 너희가 나를 사랑한다면, 내가 아버지께로 가는 것을 기뻐했을 것이다. 내 아버지는 나보다 크신 분이기 때문이다. ²⁹ 지금 나는 그 일이 일어나기 전에 미리 너희에게 말하였다. 이것은 그 일이 일어날 때에 너희로 하여금 믿게 하려는 것이다. ³⁰ 나는 너희와 더 이상 말을 많이 하지 않겠다. 이 세상의 통치자가 가까이 오고 있기 때문이다. 그는 나를 어떻게 할 아무런 권한이 없다. ³¹ 다만 내가 아버지를 사랑한다는 것과, 아버지께서 내게 분부하신 그대로 내가 행한다는 것을, 세상에 알리려는 것이다. 일어나거라. 여기에서 떠나자."

웨슬리와 함께 읽기

1 너희는 마음에 근심하지 말아라 – 내가 떠난다고 해서. 믿어라 – 이 말씀은 예수께서 하신 모든 가르침의 결론으로서, 제자들이 믿을 때까지 계속 주어지는 말씀이다(요 16:30). 그리고 우리 주님께서는 기도하시고 떠나신다.

2 내 아버지의 집에는 있을 곳이 많다 – 모든 거룩한 천사들과 믿음에 있어서 너희의 선배들인 사람들과 지금 믿는 모든 사람 그리고 사람이 셀 수 없을 정도로 수많은 군중이 다 들어가고도 남을 만큼 충분한 장소.

4 그 길 – 믿음과 거룩함과 고난의 길.

5 도마가 말하였다 – 예수의 말씀을 대충 알아듣고서.

6 예수께서는 그 길에 대한 질문에 "내가 길"이라고 대답하신다. 지식에 대한 질문과 관련해서 그분께서는 "내가 진리"라고 답변하신다. 어디로 가는가에 대한 질문과 관련해서 주어지는 답변은 "내가 생명"이라는 것이다.[35] 첫 번째는 이 구절에서 다루어지고 있으며, 두 번째는 요한복음 14장 7절에서, 세 번째는 14장 18절 이하에서 다루어지고 있다.

7 너희가 알고 있으며 – 너희가 그분을 알기 시작했다.

10 내가 아버지 안에 있다 – (내가 했던 말 등) 즉, 나는 본질에 있어서, 말이

나 행동에 있어서 성부와 하나이다.

11 **나를 믿어라** – 나 자신의 말을. 왜냐하면 나는 하나님이기 때문이다. **일들** – 이것은 단지 그분께서 행하셨던 기적들 그 자체를 가리키는 것이 아니라 그분의 다스리심, 하나님과 같이 이런 일을 하시는 그 방식을 가리키는 것이다.

12 **그보다 더 큰 일도 할 것이다** – 그래서 어떤 사도는 그저 자신의 그림자로 기적들을 행하기도 했고(행 5:15), 또 다른 사도는 자기 몸에 지니고 다니던 손수건으로 그렇게 했으며(행 19:12), 모든 사람이 다양한 방언으로 말을 했다. 그러나 이 모든 기적보다 더 위대한 일은 한 사람의 죄인이 돌아오는 것이다. 왜냐하면 **내가 내 아버지께로 가기 때문이다** – 너희에게 성령을 보내주기 위해서.

15 믿음에 바로 뒤를 이어서 그분께서는 사랑과 선행을 하라고 가르치신다.

16 **내가 아버지께 구하겠다** – 요한복음 14장 21절은 이 절과 앞에 나온 구절들 사이의 연결점을 보여주고 있다. 그분께서는 **너희에게 다른 보혜사를 주실 것이다** – 헬라어로 이 단어는 변호인, 교사 혹은 격려하는 자라는 뜻이 있다. **다른** – 그리스도 자신이 이미 하나의 보혜사이시기 때문에 이런 표현을 쓰고 있다. **영원히 너희와 함께 계시게** – 너희들 그리고 믿음 안에서 너희를 따르는 사람들과 함께 세상 끝날까지.

17 **진리의 영** – 이 영은 예수 안에 있는 진리를 드러내 보이시고 증언하시며 변호하신다. **세상은** – 하나님을 사랑하지도 않고 두려워하지도 않는 자들은 모두 맞아들일 수가 없다. 왜냐하면 **세상은 그를 보지 못하기 때문이다** – 영적인 감각이 없고 그분을 구분해 낼 내면의 눈도 없기 때문이다. 따라서 세상은 그를 알지 못한다. 그가 너희와 함께 계시고 – 불

변하는 손님으로서. 너희의 몸과 영혼은 성령이 거하시는 성전이 될 것이다.

18 나는 너희를 고아처럼 버려두지 아니하고 – 사랑하는 친구를 잃은 사람들에게 아주 알맞은 말이다. 나는 너희에게 오겠다 – 반드시 올 것이고 또한 속히 올 것이다. 우리 주님께서는 이미 약속대로 다시 오신 것처럼 말씀하신다.

19 그러나 너희는 나를 보고 – 즉, 너희는 분명히 나를 볼 것이다. 왜냐하면 나는 살아 있고, 너희도 살아 있을 것이기 때문이다 – 왜냐하면 나는 내 신적인 속성으로(Divine nature) 살아 있는 존재(living One)이며, 내 인간적인 속성에서는(human nature) 부활할 것이고, 하늘에서 영원히 살 것이다. 그러므로 너희는 이 땅에서 믿음과 사랑의 삶을 살 것이며, 저세상에서는 영광의 삶을 살게 될 것이다.

20 그날에 – 내가 부활한 이후에 너희가 나를 볼 때. 그러나 보다 분명하게는 오순절에.

21 내 계명을 받아서 지키는 사람은 – 그 마음속에 새겨 넣은 사람. 나는 **나를 그에게 드러낼 것이다** – 더욱 풍성하게.

23 **예수께서 대답하셨다** – 네가 나를 사랑하고 내 말을 지키기 때문에 그리고 그들은 그렇게 하지 않기 때문에 나는 나 자신을 너희에게 드러낼 것이지만 그들에게는 드러내지 않을 것이다. **내 아버지께서 그를 사랑하실 것이다** – 사람이 더 많이 사랑하고 순종할수록 하나님께서는 그를 더 많이 사랑하실 것이다. 그리고 우리는 그에게 가서 그 **사람과 함께 살 것이다** – 이 말은 신적인 현존과 사랑이 크게 드러나는 것을 의미한다. 성부와 성자께서 칭의함으로써 그 사람에게 찾아가시는 것은 성부와 성자께서 그 사람 안에 거하시는 것에 비하면 아무것도 아니다.[36]

26 **내 이름으로** - 나를 위하여, 내 집에 또한 내 사신(agent)으로서. 그가 **너희에게 모든 것을 가르쳐주실 것이며** - 너희가 알아야 할 것을. 이것은 사도들과 그 믿음의 후계자들에게 주어진 분명한 약속으로서, 성령께서는 그들에게 그들이 구원을 받는 데 꼭 필요한 모든 진리를 가르쳐주실 것이다.

27 **내가 너희에게 주는 평화** - 일반적으로 말하는 평화. 하나님과의 평화와 너희 자신의 양심과의 평화. **내 평화** - 특히 내 평화를. 이 평화는 내가 좋아하는 것이며, 내가 만들어 내는 평화이다. **내가 준다** - 바로 지금. **세상이 주는 것과 같지 않다** - 그 평화는 만족함도 없고 불안정하며 잠시 있다가 사라지는 평화이다. 그러나 내가 주는 평화는 한결같고 평온한 평화이다. 주님, 우리에게 이런 평화를 주옵소서! 우리 안에 이처럼 고요하고 조화로운 평화가 있다면 우리는 심하게 요동치는 우리 인생을 지극히 평온하게 지나갈 수 있습니다! 당신께서는 당신의 십자가 보혈을 통해 이 평화를 만들어 내셨습니다. 우리가 최선을 다해서 이 헤아릴 수 없는 신성한 보혈의 선물을 잘 간직하여서 영원한 평화가 이루어지도록 해주소서!

28 **내 아버지는 나보다 크신 분이다** - 그분께서는 지금 인간으로 오셨으므로. 하나님은 다른 하나님[37]보다 크지도 작지도 않으시다.

29 **내가 너희에게 말했다** - 내가 떠나가는 것과 돌아오는 것에 대해서.

30 **이 세상의 통치자가 가까이 오고 있다** - 최후의 큰 공격을 하기 위해서. 그러나 **그는 나를 어떻게 할 수 없다** - 권한도, 주장할 것도, 능력도 없다. 내가 그에게 나를 어떻게 할 권한을 준 것에 대해서 나는 후회하지 않는다. 그가 유혹하더라도 나는 거기에 휘말리지 않는다.

31 그러나 지금은 그가 나를 공격하도록 그냥 내버려둔다. 왜냐하면 성

부께서 내게 그렇게 하라고 맡기셨기 때문이다(요 10:18). 내가 아버지를 사랑한다는 것을 세상에 확신시켜주려고 나는 이렇게 죽기까지 그분께 순종하는 것이다(빌 2:8).

일어나서 여기를 떠나자 – 그래서 도성으로 가서 유월절을 보내자. 요한복음 12장 31절부터 지금까지 기술된 모든 내용은 예루살렘 도성 바깥에서 목요일에 이루어졌던 일이다. 이제 15-17장에 이어서 나오는 내용은 예루살렘 도성 안에서 예수께서 기드론 골짜기에 가셔서 넘겨지시기 전에, 유월절 바로 그날 밤에 이루어졌던 일들을 다루고 있다.

역자 해설

제자들의 발 씻기를 마치신 예수님은 제자들 앞에서 작별을 위한 긴 설교를 하십니다. 이 고별 설교는 14-17장에 이르는데, 14-16장은 고별 설교, 17장은 마지막 기도로 구성됩니다. 고별 설교의 첫머리는 제자들을 향한 위로로 시작합니다. "너희는 마음에 근심하지 말아라"(1절). 제자들의 마음은 어지럽기만 합니다. 왜냐하면 예수님은 자신의 죽음과 이별을 말씀하시기 때문입니다. 그래서 제자들은 예수님께 어디로 가시느냐고 걱정스럽게 묻습니다. 예수님은 제자들이 이미 다 알고 있다고 하시지만, 제자들은 자기들은 모른다고 답답해합니다(4-5절).

여기에서 빌립이 다시 한번 등장합니다. 빌립은 1장과 6장에서 등장했고, 이제 마지막으로 14장에서 등장합니다. 빌립은 처음 예수님을 만났을 때 예수님을 보고 단번에 예언이 성취된 것을 알아볼 정도로 뛰어난 영적 눈을 가졌었습니다(1:45). 그러나 오병이어 기적을 베푸시는 장면에서 그는 다소 실망스러운 보이더니 이제는 예수님으로부터 아직도 깨닫지 못하느냐는 질책을 받습니다(9절).

예수님은 제자들에게 자신을 본 것이 아버지를 본 것인데, 그 이유는 아버지 안에 예수님이, 예수님 안에 아버지께서 계시기 때문이라고 말씀하십니다(10절). 그리고 이어서 예수님은 예수님 안에 제자들이, 제자들 안에 예수님이 계신다고 말씀하십니다(20절). 이것은 참으로 신비입니다. 이 신비를 설명하기 위해 고등학교 시절에 배운 집합론을 잠깐

14장 **215**

적용해보겠습니다. 집합 A가 집합 B에 속한 부분집합이고, 집합 B는 집합 A에 속한 부분집합, 즉 A⊂B이고 B⊂A일 때 A=B라는 공식이 성립합니다. 즉, 아버지(A)가 아들(B) 안에 속해 있고, 아들이 아버지 안에 속해 있다면 아버지와 아들은 하나입니다. 이제 우리(C)까지 들어가 보겠습니다. 20절에 따르면 예수님은 하나님 안에, 우리는 예수님 안에 그리고 예수님은 우리 안에 계신다고 합니다. A⊂B이고, B⊂C, C⊂B입니다. 따라서 A=B=C가 됩니다. 즉, 하나님, 예수님과 우리는 모두 하나입니다.

무한하신 하나님께서 유한한 우리 안에 어떻게 속하실 수 있을까요? 이것도 좀 어렵지만, 고등학교 시절에 배운 집합론으로 풀이해보겠습니다. 무한집합 안에는 유한집합이 부분집합으로 들어갈 수 있습니다. 큰 그릇 안에 작은 그릇이 들어가는 이치이지요. 하지만 유한집합 안에 무한집합이 들어갈 수 있을까요? 어렵겠지요? 작은 그릇 안에 어떻게 큰 그릇이 들어간다는 말입니까? 그러나 집합론으로는 설명이 가능합니다. 예를 들어 자연수 원소 0과 1로 이루어진 집합 {0,1}은 유한집합입니다. 그러나 0과 1 사이에는 0.5가 있습니다. 0과 0.5 사이에는 0.25가 또 있습니다. 그리고 0과 0.25 사이에는 0.125가 또 있습니다. 이렇게 안으로 계속 한없이 무한한 숫자가 들어갑니다. 그래서 유한집합 안에 무한집합이 부분집합으로 속할 수 있습니다. 수학의 집합론으로 하나님, 예수님 그리고 우리 사이에 서로 속한 관계를 비유적으로 설명해보았습니다. 이것은 어디까지나 비유적 언어이므로 그 신비를 모두 설명할 수는 없습니다.

하여튼 예수님은 하나님, 예수님 그리고 우리의 관계를 이런 신비로 표현합니다. 이 서로 속하는 관계, 즉 그 안에 머무는 관계로 남아 있는 방법으로 예수님은 보혜사 성령을 말씀하십니다(16절). 성령은 우리와 함께 계시고, 그 진리의 영은 많은 것을 깨우치게 해주실 것입니다(26절, 16:8). 우리가 그 안에 머무는 방법으로 예수님은 계명을 지키는 것을 말씀하십니다(23-24절).

이 진리의 영이 우리 안에 머물 때, 성부, 성자, 성령이 우리 안에, 우리가 성부, 성자, 성령 안에 머물 때 우리가 구하는 것은 무엇이든 다 이루어질 것이라고 약속하십니다(14절). 둘째로 그 머무는 관계 안에 있을 때 우리에게는 평화가 주어집니다(27절). 이 평화는 세상이 줄 수 없는 평화입니다. 셋째로 그 안에 머무는 관계에 있을 때 우리에게는 두려움과 근심이 아닌 기쁨이 생깁니다(27-28절). 왜냐하면 성령께서 모든 것을 다 깨달아 알게 해주실 것이기 때문입니다(26절). 제자들은 근심과 두려움에 빠져 있습니다. 그러나 예수님은 그 안에 머묾으로 인해 그 모든 근심이 사라지고 평안이 찾아올 것을 약속하셨습니다.

이 머묾의 관계를 예수님은 포도나무와 가지의 비유로 설명하십니다(15:1-17). 이 비유에서 거듭해서 나오는 표현은 '머물다'(meno)라는 단어입니다. 가지가 나무에 붙어 있으면 살아 있지만, 떨어져 나가면 곧 시들어 죽어버리듯이 예수님과 우리 관계도 이와 같습니다. 우리가 예수님 안에, 예수님이 우리 안에 계시면 우리에게는 생명이 있습니다. 우리가 머무는 관계 안에 있는 방법으로 여기에서는 사랑이 제시됩니다. 이것은 계명을 지키는 것인데, 예수님의 사랑 안에 머물고 그 사랑으로 우리가 서로 사랑한다면 이것이 바로 머무는 관계 안에 있는 것이고, 여기에 참 생명과 기쁨이 있게 됩니다(15:9-12). 웨슬리는 『표준설교』 2번, "거의 그리스도인"(Almost Christian)에서 온전한 그리스도인(Altogether Christian)과 거의 그리스도인(Almost Christian)의 차이를 사랑의 행위(works of mercy)를

함에 있어서 그 출발점이 어디에 있는지에 달려있다는 것을 가르칩니다. 두 그리스도인 모두 사랑을 하지만, 온전한 그리스도인의 사랑은 아버지의 사랑에 근거한 사랑이고, 거의 그리스도인은 그 사랑이 자기 자신의 의에서 출발합니다. 예수님은 참사랑이 아버지의 사랑에서 출발해야 한다고 말씀하십니다(15:9). 이것이 바로 가지가 참으로 포도나무에 붙어 머물러 있을 수 있는 방법이고, 거기에서 비로소 참 생명과 기쁨과 평안이 주어집니다.

요한복음 15장

¹ "나는 참 포도나무요, 내 아버지는 농부이시다. ² 내게 붙어 있으면서도 열매를 맺지 못하는 가지는, 아버지께서 다 잘라버리시고, 열매를 맺는 가지는 더 많은 열매를 맺게 하시려고 손질하신다. ³ 너희는, 내가 너희에게 말한 그 말로 말미암아 이미 깨끗하게 되었다. ⁴ 내 안에 머물러 있어라. 그리하면 나도 너희 안에 머물러 있겠다. 가지가 포도나무에 붙어 있지 아니하면 스스로 열매를 맺을 수 없는 것과 같이, 너희도 내 안에 머물러 있지 아니하면 열매를 맺을 수 없다. ⁵ 나는 포도나무요, 너희는 가지이다. 사람이 내 안에 머물러 있고, 내가 그 안에 머물러 있으면, 그는 많은 열매를 맺는다. 너희는 나를 떠나서는 아무것도 할 수 없다. ⁶ 사람이 내 안에 머물러 있지 아니하면, 그는 쓸모 없는 가지처럼 버림을 받아서 말라 버린다. 사람들이 그것을 모아다가, 불에 던져서 태워 버린다. ⁷ 너희가 내 안에 머물러 있고, 내 말이 너희 안에 머물러 있으면, 너희가 무엇을 구하든지 다 그대로 이루어질 것이다. ⁸ 너희가 열매를 많이 맺어서 내 제자가 되면, 이것으로 내 아버지께서 영광을 받으실 것이다. ⁹ 아버지께서 나를 사랑하신 것과 같이, 나도 너희를 사랑하였다. 너희는 내 사랑 안에 머물러 있어라. ¹⁰ 너희가 내 계명을 지키면, 내 사랑 안에 머물러 있을 것이다. 그것은 마치 내가 내 아버지의 계명을 지켜서, 그 사랑 안에 머물러 있는 것과 같다.

11 내가 너희에게 이러한 말을 한 것은, 내 기쁨이 너희 안에 있게 하고, 또 너희의 기쁨이 넘치게 하려는 것이다. **12** 내 계명은 이것이다. 내가 너희를 사랑한 것과 같이, 너희도 서로 사랑하여라. **13** 사람이 자기 친구를 위하여 자기 목숨을 내놓는 것보다 더 큰 사랑은 없다. **14** 내가 너희에게 명한 것을 너희가 행하면, 너희는 나의 친구이다. **15** 이제부터는 내가 너희를 종이라고 부르지 않겠다. 종은 그의 주인이 무엇을 하는지를 알지 못한다. 나는 너희를 친구라고 불렀다. 내가 아버지에게서 들은 모든 것을 너희에게 알려 주었기 때문이다. **16** 너희가 나를 택한 것이 아니라, 내가 너희를 택하여 세운 것이다. 그것은 너희가 가서 열매를 맺어, 그 열매가 언제나 남아 있게 하려는 것이다. 그리하여 너희가 내 이름으로 아버지께 구하는 것은 무엇이든지 다 받게 하려는 것이다. **17** 내가 너희에게 명하는 것은 이것이다. 너희는 서로 사랑하여라." **18** "세상이 너희를 미워하거든, 세상이 너희보다 먼저 나를 미워하였다는 것을 알아라. **19** 너희가 세상에 속하여 있다면, 세상이 너희를 자기 것으로 여겨 사랑할 것이다. 그러나 너희는 세상에 속하지 않았고 오히려 내가 너희를 세상에서 가려 뽑아냈으므로, 세상이 너희를 미워하는 것이다. **20** 내가 너희에게 종이 그의 주인보다 높지 않다고 한 말을 기억하여라. 사람들이 나를 박해했으면 너희도 박해할 것이요, 또 그들이 내 말을 지켰으면 너희의 말도 지킬 것이다. **21** 그들은 너희가 내 이름을 믿는다고 해서, 이런 모든 일을 너희에게 할 것이다. 그것은 그들이 나를 보내신 분을 알지 못하기 때문이다. **22** 내가 와서 그들에게 말해 주지 아니하였더라면, 그들에게는 죄가 없었을 것이다. 그러나 이제는 그들이 자기 죄를 변명할 길이 없다. **23** 나를 미워하는 사람은 내 아버지까지도 미워한다. **24** 내가 다른 아무도 하지 못한 일을 그들 가운데서 하지 않았더라면, 그들에게 죄가 없었을 것이다. 그러나 이제는 그들이 내가 한 일을 보고 나서도, 나와 내 아버지를 미워하였다. **25** 그래서 그들의 율법에 '그들은 까닭 없이 나를 미워하였다'고 기록

한 말씀이 이루어진 것이다. ²⁶ 내가 아버지께로부터 너희에게 보낼 보혜사 곧 아버지께로부터 오시는 진리의 영이 오시면, 그 영이 나를 위하여 증언하실 것이다. ²⁷ 너희도 처음부터 나와 함께 있었으므로, 나의 증인이 될 것이다."

웨슬리와 함께 읽기

1 **나는 참 포도나무요** - 또한 참 빵이시다(요 6:32). 즉, 가장 뛰어나신 분이다.

2 **열매를 맺는 가지는 손질하신다** - 진리에 순종함으로 열매를 맺는(벧전 1:22). 또한 내적 혹은 외적인 고난을 통하여 손질하신다(히 12:10-11). 이처럼 성결과 열매를 맺는 것은 서로 돕는 관계에 있다. **더 많은 열매를 맺게 하시려고** - 이것은 하나님께서 순종함으로 열매 맺는 자들에게 주실 수 있는, 그래서 우리가 더욱 거룩하게 되고 성부를 위하여 더 뛰어난 섬김을 할 수 있도록 우리를 갖추어주시는 가장 좋은 보상 가운데 하나이다.

3 **너희는 깨끗하게 되었다** - 내가 지금 말하고 있는 너희 모두는 죄책감과 죄의 권세로부터 깨끗하게 되었다. **그 말로 말미암아** - 이것은 성령께서 하시는 것인데, 이 말씀은 영혼을 성결하게 하는 좋은 수단이다.[38]

4 **내 안에 머물러 있어라** - 살아 있는 믿음으로 성결하게 되어서 모든 거룩함의 열매를 맺고 있는 너희는 이것을 통해서만 내 안에 머물러 있을 수 있다.[39]

5 나는 포도나무요 너희는 가지이다 - 우리 주님께서는 이 전체 구절에서 다름 아닌 살아 있는 믿음으로, 그분께 연합되어 있거나 한때 연합된 적이라도 있는[40] 그런 가지들을 말씀하고 계신 것이다.

6 사람이 내 안에 머물러 있지 않으면 - 살아 있는 믿음으로. 단지 교회를 다니고 있으므로 자신이 그 안에 머물러 있다고 생각해서는 안 된다. 우리는 그리스도 안에 머물 수 있지만, 언제든지 말라죽어 버려서 결국 불에 던져 태워질 수도 있다. 모아다가 던져서 - 보이지 않는 교회인 포도원 바깥으로. 그러므로 그런 사람은 한때 그 안에 머물던 사람이다.[41]

7 너희가 내 안에 머물러 있으면 너희가 무엇을 구하든지 - 기도는 그 자체로 믿음의 열매이며, 따라서 기도는 더 많은 열매를 맺는다.

8 너희가 내 제자가 되면 - 그렇게 불리는 것은 좋은 일이다. 그리스도의 제자가 된다는 것은 기독교의 근간이자 최상의 목표이다.

9 내 사랑 안에 머물러 있어라 - 내 사랑 안에 너희 자리를 계속 유지하라. 너희가 그 소중한 축복을 잃어버리지 않을까 잘 살펴보라. 거기에 머물지 않고 떠나가는 일이 절대로 일어날 수 없는 것이라면 그런 조심은 굳이 하지 않아도 될 것이다.[42]

10 너희가 내 계명을 지키면, 내 사랑 안에 머물러 있을 것이다 - 다른 그 어떤 것도 아닌, 오직 이것들에서 너희는 내 특별한 사랑의 목적 안에 머무르게 될 것이다.

11 내 기쁨이 너희 안에 있게 하고 - 내가 성부를 사랑할 때 그리고 그분의 계명을 지킬 때 느끼는 바로 똑같은 기쁨.

12 너희가 서로 이렇게 사랑한다면 너희의 기쁨이 충만하게 될 것이다.

13 더 큰 사랑 - 그 친구를 향한. 그분께서는 친구 간의 사랑만을 가지고

말씀하신 것이다.[43]

14 다름 아닌 바로 이러한 것을 했을 때 너희는 나의 친구가 되는 것이다. 이 말씀은 율법을 반대하는 사람들에게는 벼락과 같은 말씀일 것이다! 그렇다면 과연 그 누가 하나님의 사랑은 인간의 행위와는 아무런 상관이 없다고[44] 감히 단언하겠는가!

15 모든 것 – 너희들을 위한 모든 것.

16 너희가 – 내 사도들이 나를 선택한 것이 아니라, 내가 너희를 택하였다 – 거룩한 역사에서 분명히 나타나듯이. 너희가 가서 열매를 맺도록 – 바로 이러한 목적에서 내가 너희를 선택하고 너희를 지명한 것이다. 그리하여서 너희가 가서 죄인들을 돌아오도록 하게 하려는 것이다. 그리고 너희 열매가 남아 있도록 – 너희의 수고의 열매가 이 세상 끝날까지 남아 있도록. 그렇다. 영원까지 남아 있도록. 그리하여 너희가 무엇을 구하든지 – 너희가 나가서 열매를 맺게 된다면 그 결과로 너희 모든 기도를 그분께서 들으실 것이다.

19 너희는 세상에 속하지 않았기 때문에 세상이 너희를 미워한다 – 너희 행동의 원리, 기질, 행동은 그들의 것들과 완전히 반대이기 때문이다. 이와 똑같은 이유에서 모든 세대에 걸쳐서 세상은 자기에게 속하지 않은 사람들을 미워했다.

20 요한복음 13장 16절; 마태복음 10장 24절; 누가복음 6장 40절.

21 모든 세대와 나라에 있는 하나님을 알지 못하는 자들은 이런 이유로 하나님을 아는 자들을 미워하고 박해할 것이다.

22 그들에게는 죄가 없었을 것이다 – 이러한 차원에서는 없었을 것이다.

23 나를 미워하는 사람 – 모든 불신자가 그러하듯이. 하나님의 사랑이 믿음과 분리될 수 없듯이 하나님을 미워하는 것은 불신앙과 분리해서

생각할 수 없다.

25 시편 69편 4절.

26 성령께서 오시는 것, 우리 주님에 의해서 성부로부터 보내심을 받는 것, 그분을 증언하는 것은 성령의 개별적인 특성들이며, 이것으로 성령이 성부나 성자와 분명하게 구분된다. 진리의 영이라고 하는 그분의 호칭은 성부로부터 발산되어 나왔다는 사실과 더불어 그분이 다름 아닌 신적 존재(Divine person)라는 사실을 지지해준다. 성령이 그리스도의 영이라고 불리는 것을 생각해 볼 때(벧전 1:11), 그분께서 성부뿐만 아니라 성자로부터도 발산되신다고 말할 수 있다. 그리고 그분이 성부의 이름으로 성부에 의해 보내심을 받을 뿐만 아니라 그리스도에 의해 성부로부터 보내심을 받았다는 것을 생각해 볼 때도 그분께서 성부뿐만 아니라 성자로부터 발산된다고 할 수 있다.

요한복음 16장

¹ "내가 너희에게 이 말을 한 것은, 너희를 넘어지지 않게 하려는 것이다. ² 사람들이 너희를 회당에서 내쫓을 것이다. 그리고 너희를 죽이는 사람마다, 자기네가 하는 그러한 일이 하나님을 섬기는 일이라고 생각할 때가 올 것이다. ³ 그들은 아버지도 나도 알지 못하므로, 그런 일들을 할 것이다. ⁴ 내가 너희에게 이말을 하여 두는 것은, 그들이 그러한 일들을 행하는 때가 올 때에, 너희로 하여금 내가 너희에게 말한 사실을 다시 생각나게 하려는 것이다. 또 내가 이 말을처음에 하지 않은 것은, 내가 너희와 함께 있었기 때문이다. ⁵ 그러나 나는 지금나를 보내신 분에게로 간다. 그런데 너희 가운데서 아무도 나더러 어디로 가느냐고 묻는 사람이 없고, ⁶ 도리어 내가 한 말 때문에 너희 마음에는 슬픔이 가득 찼다. ⁷ 그러나, 내가 너희에게 진실을 말하는데, 내가 떠나가는 것이 너희에게 유익하다. 내가 떠나가지 않으면, 보혜사가 너희에게 오시지 않을 것이다. 그러나 내가 가면, 보혜사를 너희에게 보내주겠다. ⁸ 그가 오시면, 죄와 의와 심판에 대하여 세상의 잘못을 깨우치실 것이다. ⁹ 죄에 대하여 깨우친다고 함은세상 사람들이 나를 믿지 않기 때문이요, ¹⁰ 의에 대하여 깨우친다고 함은 내가아버지께로 가고 너희가 나를 더 이상 못 볼 것이기 때문이요, ¹¹ 심판에 대하여 깨우친다고 함은 이 세상의 통치자가 심판을 받았기 때문이다. ¹² 아직도, 내

가 너희에게 할 말이 많으나, 너희가 지금은 감당하지 못한다. [13] 그러나 그분 곧 진리의 영이 오시면, 그가 너희를 모든 진리 가운데로 인도하실 것이다. 그는 자기 마음대로 말씀하지 않으시고, 듣는 것만 일러주실 것이요, 앞으로 올 일들을 너희에게 알려 주실 것이다. [14] 또 그는 나를 영광되게 하실 것이다. 그가 나의 것을 받아서, 너희에게 알려 주실 것이기 때문이다. [15] 아버지께서 가지신 것은 다 나의 것이다. 그렇기 때문에 내가, 성령이 나의 것을 받아서 너희에게 알려 주실 것이라고 말한 것이다." 근심이 기쁨으로 변할 것이다 [16] "조금 있으면 너희는 나를 보지 못할 것이다. 그러나 또 조금 있으면 나를 볼 것이다." [17] 그의 제자 가운데서 몇몇이 서로 말하였다. "그가 우리에게 '조금 있으면 나를 보지 못하게 되고, 또 조금 있으면 나를 볼 것이다' 하신 말씀이나, '내가 아버지께로 가기 때문에'라고 하신 말씀은 무슨 뜻일까?" [18] 그들은 말하기를 "도대체 '조금 있으면'이라는 말씀이 무슨 뜻일까? 우리는, 그가 무엇을 말씀하시는지 모르겠다" 하였다. [19] 예수께서는, 제자들이 자기에게 물어보고 싶어 하는 마음을 아시고, 그들에게 말씀하셨다. "내가, '조금 있으면, 너희가 나를 보지 못하게 되고, 또 조금 있으면 나를 볼 것이다' 한 말을 가지고 서로 논의하고 있느냐? [20] 내가 진정으로 진정으로 너희에게 말한다. 너희는 울며 애통하겠으나, 세상은 기뻐할 것이다. 그러나 너희가 근심에 싸여도, 그 근심이 기쁨으로 변할 것이다. [21] 여자가 해산할 때에는 근심에 잠긴다. 진통할 때가 왔기 때문이다. 그러나 아이를 낳으면, 사람이 세상에 태어났다는 기쁨 때문에, 그 고통을 더 이상 기억하지 않는다. [22] 이와 같이, 지금 너희가 근심에 싸여 있지만, 내가 다시 너희를 볼 때에는, 너희의 마음이 기쁠 것이며, 그 기쁨을 너희에게서 빼앗을 사람이 없을 것이다. [23] 그 날에는 너희가 나에게 아무것도 묻지 않을 것이다. 내가 진정으로 진정으로 너희에게 말한다. 너희가 아버지께 구하는 것은, 무엇이나 아버지께서 내 이름으로 주실 것이다. [24] 지금까지는 너희가 아무것도 내 이름으로 구하지 않았다. 구하여라. 그러면 받을 것이다. 그래서 너희의 기쁨이 넘치게 될 것이다." [25] "지금까지는 이런 것들을 내가 너희에게 비유로 말하였으나, 다시는 내가 비유로 말하지 아니하고 아버지에 대하여 분명히 말해 줄 때가 올 것이다. [26] 그 날에는 너희가 내 이름으로 아버지께 구할 것이다. 내가 너희를 위하여 아버지께 구하겠다는 말이 아니다. [27] 아버지께서는 친히 너희를 사랑하신다. 그것은, 너희가 나를 사랑하였고, 또 내가 하나님께로부터 온 것을 믿었기 때문이다. [28] 나는 아버지에게서 나와서 세상에 왔다. 나는 세상을 떠나서 아버지께로 간다." [29] 그의 제자들이 말하였다. "보십시오. 이제 밝히어 말씀하여 주시고, 비유로 말씀하지 않으시니, [30] 이제야 우리는, 선생님께서 모든 것을 알고 계시다는 것과, 누가 선생님께 물어볼 필요가 없을 정도로 환히 알려 주신다는 것을 알았습니다. 이것으로 우리는 선생님이 하나님께로부터 오신 것을 믿습니다." [31] 예수께서 대답하셨다. "이제는 너희가 믿느냐? [32] 보아라, 너희가 나를 혼자 버려 두고, 제각기 자기 집으로 흩어져 갈 때가 올 것이다. 그 때가 벌써 왔다. 그런데 아버지께서 나와 함께 계시니, 나는 혼자 있는 것이 아니다. [33] 내가 이것을 너희에게 말한 것은, 너희가 내 안에서 평화를 얻게 하려는 것이다. 너희는 세상에서 환난을 당할 것이다. 그러나 용기를 내어라. 내가 세상을 이겼다."

웨슬리와 함께 읽기

2 너희를 죽이는 사람마다, 자기네가 하는 그러한 일이 하나님을 섬기는 일이라고 생각할 때가 올 것이다 – 그러나 복되신 하나님께서는 그 시간이 빨리 지나도록 하셔서 오늘날에는 그리스도의 이름을 증거하는 자들이 생각이 다르다거나 예배 형식이 좀 다르다는 이유로 서로를 죽여 그분을 섬긴다는 생각은 일반적으로 하지 않게 하셨다.

3 그들은 아버지도 나도 알지 못하므로 – 온갖 형태의 모든 박해는 바로 이러한 이유에서 행해지는 것이다.

4 내가 이 말을 처음에 하지 않은 것은 내가 너희와 함께 있었기 때문이다 – 충격은 나 혼자 견뎌내고 너희는 그런 충격을 받지 않도록 보호하기 위해서.

5 아무도 묻는 사람이 없고 – 지금은 가장 적절한 때이다. 베드로는 이것을 이전에 물어본 적이 있다(요 13:36).

7 너희에게 유익하다 – 보혜사와(요 16:7 등) 나와(요 16:16 등) 성부와(요 16:23 등) 관련하여.

8 그가 – 그분의 두 가지 직무를 잘 살펴보라. 세상에 대하여는 요한복음 16장 8절, 신자들에 대하여는 요한복음 16장 12절. 깨우치실 것이

다 – 세상의 모든 이를. 그들은 너희들이 죄와 의와 심판에 대하여 하는 설교를 듣거나 기적을 보고서 고집스럽게 거부하지는 않을 것이다. **죄와 의와 심판** – 자신의 죄를 깨닫거나 그리스도의 의를 받아들이는 사람 혹은 사탄과 함께 심판당하는 사람. 이러한 것들이 실제로 이루어진 많은 사례는 사도행전에서 찾아볼 수 있다.

9 **죄에 대하여** – 특히 믿지 않는 죄. 이 죄는 모든 죄의 총체로서 모든 죄를 우리에게 묶어놓는다.[45]

10 **의에 대하여 내가 아버지께로 가기 때문에** – 비록 그때는 너희가 나를 보지는 못하겠지만 성령께서 증거하실 것이다. 그러나 내가 의롭지 못했다면 그분께로 갈 수 없었을 것이다.

11 **이 세상의 통치자가 심판을 받았다** – 그 결과로 왕좌에서 쫓겨나서 자기가 그토록 오랫동안 사람들에게 써먹던 능력을 빼앗기게 되었다. 그러나 자신에게 주어진 구원을 거절한 사람들은 여전히 사탄의 노예로 남아 있을 것이다.

12 **내가 너희에게 아직도 할 말이 많으나** – 내 수난과 죽음과 부활 그리고 그 결과에 대하여. 이러한 일들에 대하여는 불확실한 전통이 아니라 사도행전, 서신서 그리고 요한계시록에 기록되어 있다. 그러나 **너희가 지금은 감당하지 못한다** – 왜냐하면 너희는 믿음이 작고 과도하게 슬퍼하고 있기 때문이다.

13 **그가 오시면** – 성부, 성자, 성령께서 모든 신자 안에 거하신다는 것은 보편적으로 수긍하는 말이다. 성령께서 우리 안에서 역사하시는 분이라는 것은 일반적으로 다 인정되는 사실이다. 그런데 성부와 성자께서도 우리 안에서 역사하신다는(이 복음서에서 볼 수 있듯이) 것은 깊이 생각해볼 필요가 있다.

15 아버지께서 가지신 것은 다 나의 것이다 - 어느 피조물이 이런 말을 할 수 있겠는가.

16 조금 있으면 너희는 나를 보지 못할 것이다 - 내가 장사되면. 그리고 다시 조금 있으면 나를 볼 것이다 - 내가 부활하면. 내가 아버지께로 가기 때문에 - 나는 내 아버지께로 올라가기 위하여 죽을 것이고, 부활할 것이다.

19 예수께서 그들에게 말씀하셨다 - 그들이 하는 질문을 막으시고.

20 너희는 울며 애통하겠으나 - 내가 죽는 것을 너희가 볼 때. 그러나 너희의 슬픔은 기쁨으로 변할 것이다 - 내가 부활한 것을 너희가 볼 때.

22 지금 너희가 근심에 싸여 있지만 - 그렇다고 해서 이 말을 근거로 "모든 믿는 사람들은 어둠의 상태에 들어가야만 한다"라고 단언할 수 있는 것은 아니다. 신자들은 자신들의 평화, 사랑 혹은 자신들이 하나님의 자녀들이라는 증거를 잃어버릴 필요가 없다. 그들은 비록 죄를 짓기도 하고 무지하기도 하며, 큰 시험에 빠지기도 하고 육체적으로 아프기도 할 수는 있지만, 결코 이러한 것들을 잃어버리지 않는다.[46]

23 너희가 나에게 아무것도 묻지 않을 것이다 - 그러나 너희는 지금 이것을 이해하지 못한다. 너희는 내게 물어볼 필요가 없게 될 것이다. 왜냐하면 너희는 이 모든 것들을 분명하게 알게 될 것이기 때문이다. 너희가 무엇이든 구하면 - 지식, 사랑 혹은 그 외에 다른 것들을. 그것을 주실 것이다 - 우리 주님께서는 여기에서 우리에게 백지 수표를 주신다. 믿는 자들이여! 당신들이 원하는 것들을 적으시오. 그분께서는 요한복음 14장 13절에서 "내가 하겠다"라고 말씀하셨다. 그 구절에는 아들을 통해 성부를 영화롭게 하는 것에 관한 말씀이 있다. 여기에서 그분께서는 믿는 자들에 대한 성부의 사랑에 대해서 말하면서 그가 그 사랑을

주실 것이라고 말씀하신다.

24 지금까지 너희가 아무것도 내 이름으로 구하지 않았다 – 왜냐하면 그들은 자신들이 원하던 것을 그분께 직접 물어보았기 때문이다.

26 그날에는 너희가 구할 것이다 – 참된 지식은 기도를 낳기 때문이다. 내가 구하겠다는 말이 아니다 – 이것은 그분께서 앞으로 그렇게 하지 않으실 것이라는 뜻을 말하는 것은 아니다. 이 말은 그저 성부 자신께서 이제 너희들을 사랑하시는데, 그것은 단지 내가 중보했기 때문만이 아니라 그분께서 너희 안에 만들어주신 믿음과 사랑 때문이기도 하다는 의미이다.

30 당신께서 모든 것을 알고 계시다 – 우리의 마음조차도. 비록 우리가 당신께 어떠한 질문도 하지 않지만, 그런데도 당신은 모든 사람의 생각에 답변하십니다. 이로써 우리는 당신께서 하나님에게서 오신 것을 믿습니다 – 그들은 그분께서 요한복음 16장 27절에서 하셨던 말씀을 그대로 다시 말하였다. 그 구절은 "우리는 하나님을 믿으며, 우리는 또한 당신도 믿습니다"라는 의미이다.

역자 해설(15-16장)

예수님 안에 머무름으로써 그분 안에 속한다는 것은 평안과 기쁨과 영생을 누리는 좋은 길이기도 하지만, 다른 한편으로는 혹독한 대가를 치러야 하는 일이기도 합니다. 예수님은 이에 대해 경고와 위로의 말씀을 주십니다. 예수님에게 속한 사람이 되면 미움을 받습니다. "세상이 너희를 미워하거든, 세상이 너희보다 먼저 나를 미워하였다는 것을 알아라. 너희가 세상에 속하였더라면, 세상이 너희를 자기 사람이라고 하여 사랑했을 것이다"(18-19절). 세상과 하나님은 묘한 관계에 있습니다. 세상은 하나님과 대척점에 놓인 존재입니다. 세상은 어둠이고, 하나님은 빛이십니다. 그리고 빛이 찾아왔을 때 세상은 그 빛을 맞아들이려고 하지 않습니다.

세상과 하나님은 원수와 같아서 세상은 하나님뿐만 아니라 하나님께 속한 모든 것을 거부하고 미워합니다. 세상이 하나님을 미워하는 것은 그들이 하나님을 알지 못하기 때문입니다(21절; 16:3). 우리가 세상에서 어려움을 겪는 이유가 바로 여기에 있습니다. 예수님은 하나님께 속한 분이시고, 우리는 예수님께 속한 자들입니다. 우리가 세상에서 어려움을 겪는다면 이것은 역설적으로 우리가 하나님께 속한 사람이라는 것을 보여줍니다. 우리가 예수님 안에 머물고 있기 때문에 세상에서 살아가면서 많은 어려움을 겪게 되는 것입니다. 그 고통은 가벼운 것부터 시작해서 생존을 위협하는 매우 심각한 것에 이르기까지 합니다(16:1-3).

그러나 우리는 이런 어려움을 잘 이겨낼 수 있습니다. 그 이유에 관해 예수님은 세 가지를 언급합니다. 첫째, 성령님께서 우리와 함께하시기 때문입니다(16:5-15). 이제 예수님은 제자들 곁을 떠나 아버지께로 돌아가시려고 합니다. 제자들은 자신들만 홀로 남겨지는 것을 슬퍼 근심하며 두려워합니다. 그런 제자들에게 예수님은 대신에 보혜사 성령께서 오셔서 제자들과 함께 계실 것을 약속하십니다. 보혜사, 곧 파라클레토스라고 불리는 성령은 단어 뜻 그대로 우리 곁에서 우리를 변호해주시고 응원해주시는 분입니다. 그 보혜사 성령은 우리와 함께 계시어 우리 편을 들어주시는 분이기도 하지만, 때로 우리가 온갖 유혹과 시험으로 인해 어긋난 길로 갈 때 우리가 품은 잘못된 생각까지 바로잡아 주는 역할을 하십니다(8-9절). 그분은 진리의 영이기에 우리를 진리로 이끌어줍니다(13절).

우리가 어려움을 이겨낼 수 있는 둘째 근거는 예수님께서 곧 돌아오실 것이기 때문입니다. 예수님은 비록 지금 떠나지만, 곧 다시 오실 것이라고 약속하십니다(16절). 예수님의 떠나가심은 우리를 근심과 슬픔에 빠지게 합니다(20절). 그러나 이 슬픔은 다시 만나기 위한 이별에서 피치 못하게 생기는 슬픔입니다. 죽지 않으면 다시 살 수 없듯이, 다시 만나는 기쁨을 누리기 위해서는 잠시 헤어짐이 있어야 합니다. 여기에서 다시 돌아오시는 것이 재림을 가리키는 것인지, 십자가의 죽음과 부활 이후의 만남을 가리키는 것인지 확실하지는 않습니다. 다시 예수님과 만나는 날에는 제자들이 아무것도 묻지 않을 것이라는(23절) 말씀은 예수님이 부활하시고 난 후에 갈릴리에서 제자들과 만나셨을 때 아무도 예수님께 묻는 사람이 없었다는 요한의 증언(21:12)과 연결될 수 있습니다. 이런 경우에는 곧 다시 예수님이 돌아오셔서 제자들과 만난다는 말씀은 예수님이 부활하신 이후에 제자들과 다시 만나는 것을 가리키는 것일 수 있습니다. 하지만 훗날 다시 재림하여 오실 예수님을 만나는 것일 수도 있습니다. 어떤 경우에든 예수님을 다시 만날 것이라는 소망은 우리가 어려움을 이겨낼 수 있는 힘이 됩니다.

셋째로 우리가 어려움을 이겨낼 수 있는 이유는 예수님께서 세상을 이기셨기 때문입니다(25-33절). 비록 이 세상을 살아가면서 우리는 많은 어려움을 겪지만, 우리가 절망할 필요가 없는 것은 바로 예수님께서 악의 세력을 이미 이기시고 승리를 선포하셨기 때문입니다. 예수님의 길을 따르는 것은 많은 손해를 보는 일입니다.

웨슬리는 『표준설교』 37번, "사탄의 계책"에서 마귀는 옛날과 다른 방식으로 우리를 넘어뜨리려 한다고 말합니다. 마귀는 예수님 당시와 같은 옛날에는 온갖 박해를 통해 우리를 넘어뜨리고 마귀의 역사를 통해 사람을 유혹했습니다. 그러나 요즘에는 상식과 문명의 사회라서 어떤 사람이 예수를 믿는다고 죽이는 그런 일은 거의 발생하지 않습니다. 또한 사람들은 과학과 이성으로 무장했기에 신비한 기적 등을 잘 믿지 않습니다. 그래서 사탄도 우리를 넘어뜨릴 전략을 바꾸었는데, 바로 우리가 맘몬을 좋아하고 따르게 만드는 것입니다. 예수를 믿으면 죽인다는 위협은 통하지 않지만, 예수를 믿고 따르면 가난해지고 남들이 다 누리는 경제적 풍요를 누리지 못한다는 것을 보여줍니다. 그래서 사람들은 예수님의 길을 버리고 맘몬을 따라갑니다.

그러나 예수님은 그런 마귀의 계책에 속아 넘어가려는 사람들에게 이렇게 선포하십니다. "내가 세상을 이겼다"(33절). 현대인들은 어리석고 해로운 욕심에 미혹되어(딤전 6:7-10) 예수님의 길을 버리고 마귀의 길을 따릅니다. 그 옛날처럼 생명의 위협과 박해는 없지만, 어쩌면 현대인들도 그 옛날 성도들이 겪었던 것 못지않게 유혹과 시험을 당합니다. 그래서 예나 지금이나 예수님께 속하여 예수님 안에 머물고 그분을 따르는 것은 결코 쉽지 않습니다. 그러나 우리는 이런 시험과 유혹에 결코 굴복해서도 안 되고, 굴복할 이유도 없습니다. 왜냐하면 이미 예수님은 승리를 선포하셨기 때문입니다.

요한복음 17장

¹ 예수께서 이 말씀을 마치시고, 눈을 들어 하늘을 우러러보시고 말씀하셨다. "아버지, 때가 왔습니다. 아버지의 아들을 영광되게 하셔서, 아들이 아버지께 영광을 돌리게 하여 주십시오. ² 아버지께서는 아들에게 모든 사람을 다스리는 권세를 주셨습니다. 그것은 아들로 하여금 아버지께서 그에게 주신 모든 사람에게 영생을 주게 하려는 것입니다. ³ 영생은 오직 한 분이신 참 하나님을 알고, 또 아버지께서 보내신 예수 그리스도를 아는 것입니다. ⁴ 나는 아버지께서 내게 하라고 맡기신 일을 완성하여, 땅에서 아버지께 영광을 돌렸습니다. ⁵ 아버지, 창세 전에 내가 아버지와 함께 누리던 그 영광으로, 나를 아버지 앞에서 영광되게 하여 주십시오. ⁶ 나는, 아버지께서 세상에서 택하셔서 내게 주신 사람들에게 아버지의 이름을 드러냈습니다. 그들은 본래 아버지의 사람들인데, 아버지께서 그들을 나에게 주셨습니다. 그들은 아버지의 말씀을 지켰습니다. ⁷ 지금 그들은, 아버지께서 내게 주신 모든 것이, 아버지께로부터 온 것임을 알고 있습니다. ⁸ 나는 아버지께서 내게 주신 말씀을 그들에게 주었습니다. 그들은 그 말씀을 받아들였으며, 내가 아버지께로부터 온 것을 참으로 알았고, 또 아버지께서 나를 보내신 것을 믿었습니다. ⁹ 나는 그들을 위하여 빕니다. 나는 세상을 위하여 비는 것이 아니고, 아버지께서 내게 주신 사람들을 위하여 빕니다.

그들은 모두 아버지의 사람들입니다. [10] 나의 것은 모두 아버지의 것이고, 아버지의 것은 모두 나의 것입니다. 나는 그들로 말미암아 영광을 받았습니다. [11] 나는 이제 더 이상 세상에 있지 않으나, 그들은 세상에 있습니다. 나는 아버지께로 갑니다. 거룩하신 아버지, 아버지께서 내게 주신 아버지의 이름으로 그들을 지켜주셔서, 우리가 하나인 것 같이, 그들도 하나가 되게 하여 주십시오. [12] 내가 그들과 함께 지내는 동안은, 아버지께서 내게 주신 아버지의 이름으로 그들을 지키고 보호하였습니다. 그러므로 그들 가운데서는 한 사람도 잃지 않았습니다. 다만, 멸망의 자식만 잃은 것은 성경 말씀을 이루기 위함이었습니다. [13] 이제 나는 아버지께로 갑니다. 내가 세상에서 이것을 아뢰는 것은, 내 기쁨이 그들 속에 차고 넘치게 하려는 것입니다. [14] 나는 그들에게 아버지의 말씀을 주었는데, 세상은 그들을 미워하였습니다. 그것은, 내가 세상에 속하여 있지 않은 것과 같이, 그들도 세상에 속하여 있지 않기 때문입니다. [15] 내가 아버지께 비는 것은, 그들을 세상에서 데려 가시는 것이 아니라, 악한 자에게서 그들을 지켜주시는 것입니다. [16] 내가 세상에 속하지 않은 것과 같이, 그들도 세상에 속하지 않았습니다. [17] 진리로 그들을 거룩하게 하여 주십시오. 아버지의 말씀은 진리입니다. [18] 아버지께서 나를 세상에 보내신 것과 같이, 나도 그들을 세상으로 보냈습니다. [19] 그리고 내가 그들을 위하여 나를 거룩하게 하는 것은, 그들도 진리로 거룩하게 하려는 것입니다." [20] "나는 이 사람들을 위해서만 비는 것이 아니고, 이 사람들의 말을 듣고 나를 믿는 사람들을 위해서도 빕니다. [21] 아버지, 아버지께서 내 안에 계시고, 내가 아버지 안에 있는 것과 같이, 그들도 하나가 되어서 우리 안에 있게 하여 주십시오. 그래서 아버지께서 나를 보내셨다는 것을, 세상이 믿게 하여 주십시오. [22] 나는 아버지께서 내게 주신 영광을 그들에게 주었습니다. 그것은, 우리가 하나인 것과 같이, 그들도 하나가 되게 하려는 것입니다. [23] 내가 그들 안에 있고, 아버지께서 내 안에 계신 것은, 그들이 완전히 하나가 되게 하려는 것입니다. 그것은 또, 아버지께서 나를 보내셨다는 것과, 아버지께서 나를 사랑하신 것과 같이 그들도 사랑하셨다는 것을, 세상이 알게 하려는 것입니다. ²⁴ 아버지, 아버지께서 내게 주신 사람들도, 내가 있는 곳에 나와 함께 있게 하여 주시고, 창세 전부터 아버지께서 나를 사랑하셔서 내게 주신 내 영광을, 그들도 보게 하여 주시기를 빕니다. ²⁵ 의로우신 아버지, 세상은 아버지를 알지 못하였으나, 나는 아버지를 알았으며, 이 사람들도 아버지께서 나를 보내신 것을 알고 있습니다. ²⁶ 나는 이미 그들에게 아버지의 이름을 알렸으며, 앞으로도 알리겠습니다. 그것은, 아버지께서 나를 사랑하신 그 사랑이 그들 안에 있게 하고, 나도 그들 안에 있게 하려는 것입니다."

웨슬리와 함께 읽기

이 장에서 우리 주님께서는 기도하신다. 자신을 위해서는 1-5절에서, 사도들을 위해서는 6-19절과 24-26절에서, 모든 믿는 자들을 위해서는 20-23절에서, 온 세상을 위해서는 21-23절에서 기도하신다.

그분께서는 자신의 기도 가운데서 요한복음 13장 31절로부터 지금까지 말씀하셨던 모든 것을 종합하시고, 자신이 그때까지 행하신 모든 일을 과거의 일, 현재의 일 그리고 앞으로 다가올 일로 바라보시면서 마무리하신다. 이 장은 모든 성경에 나오는 것을 가장 쉬운 말로 그리고 가장 심오한 의미로 담아내고 있다. 그러나 여기에는 서로 들어맞지 않는 것들이 없으며, 모든 것은 아주 밀접하고도 정확하게 연결되어 있다.

1 아버지 - 이 매우 단순한 호칭은 하나님의 독생자가 되었다. 믿는 자들은 자신 안에 사랑과 겸손한 확신으로 가득 차게 되었을 때 이분에게 가장 가까이 다가갈 수 있다. 때가 왔습니다 - 성자께서는 자기 자신의 영광 이전과 이후에 각각 성부를 영화롭게 하신다. 그분은 성부께 말씀을 드릴 때는 자기 자신을 인자라고 부르지 않는다.

2 아버지께서는 아들에게 모든 사람을 다스리는 권세를 주셨습니다 - 이 말은 당신의 성자를 영화롭게 하시기 위한 답변이다. 모든 사람에게

영생을 주게 하려는 것입니다 – 이 말은 당신의 성자께서 당신을 영화롭게 하시기 위한 답변이다. 그에게 주신 모든 사람에게 – 모든 믿는 자에게. 이것은 그리스도께서 자신의 희생이 모든 사람을 위한 것이라는 사실을 분명하게 증명해준다. 그렇다. 모든 육체, 모든 인간이 영생에 참여해야 한다. 성부께서 그분에게 모든 육체를 다스릴 권세를 주셨던 것처럼, 그분께서도 자기 자신을 모든 사람을 위한 몸값으로 내주셨다.

3 아는 것 – 유일하신 참 하나님을 사랑하고 그분께 대한 거룩한 믿음을 가짐으로써. 참 하나님 – 모든 것의 유일한 이유이자 목적이신 분. 주님이라는 존재가 성부를 가리키듯이 성자와 성령께서도 주님이시다(고전 8:6). 그러나 이교도들의 신은 거짓 신이며, 그들은 주님이 아니다. 예수 그리스도를 – 그들의 선지자, 제사장 그리고 왕으로서. 이것이 영생이다 – 이것이 바로 영원한 복락의 본질이며, 거기로 인도하는 길이기도 하다.

4 나는 일을 완성하였다 – 그래서 당신 나라의 기초를 이 땅에 놓음으로써 당신을 영화롭게 해드렸다.

5 내가 누리던 그 영광 – 그분께서는 그 영광을 받으셨다고 말씀하지 않으신다. 그분께서는 자기를 비워서 그 영광을 버리고 이 땅에 육신으로 계시던 그때까지 항상 그 영광을 누리고 계셨다.

6 나는 당신의 이름을 드러냈습니다 – 당신의 모든 속성을. 특히 당신이 믿는 자들과 가지는 아버지로서의 관계 가운데서. 당신께서 나에게 주신 사람들에게 – 사도들(요 17:12). 그들은 아버지의 사람들인데 – 창조 행위를 통해서 그리고 아브라함의 후손이 됨으로써. 아버지께서 그들을 나에게 주셨습니다 – 내가 한 말을 믿는 믿음을 그들에게 주심으로써(요 17:9).

7 지금 그들은 모든 것이… 알고 있습니다 – 내가 행하고 말했던 것들이 아버지로부터 온 것이라는 사실을 – 따라서 그것들은 올바르고 참되다.

8 그들은 그 말씀을 받아들였으며 – 믿음으로써.

9 나는 세상을 위하여 비는 것이 아니고 – 믿는 자들의 상태를 위해 하는 이러한 간구들에서는 세상을 위하여 빌지는 않는다(그분은 세상을 위해서는 요 17:21, 23에서 그들이 믿게 해달라고 기도하신다. 그들이 하나님께서 그분을 보내셨다는 사실을 알게 해달라고). 이 말은 우리 주님께서 이전이나 이후에도 세상을 위해서는 기도하지 않으셨다는 것을 뜻하지는 않는다. 그렇다면 이와 마찬가지로 그분께서 사도들만을 위해서 기도하셨다는 것(요 17:6-19) 역시 이 사도들의 말을 듣고 믿게 되는 사람들을 위해서도 그분께서 기도하지 않으셨다는 것을 의미하지는 않는다는 말이다(요 17:20).

10 나의 것은 모두 아버지의 것이고, 아버지의 것은 모두 나의 것입니다 – 이 말씀은 너무나 높고 강력한 표현이고, 그저 한낱 피조물에 지나지 않는 존재들이 사용하기에는 너무 위대한 표현이다. 이 말은 모든 것, 즉 신적인 본성, 완전함, 일하시는 것 등이 성부와 성자가 공유하는 속성이라는 것을 의미한다. 이것은 또한 성부와 성자께서 중재자로서 그리스도에게 주어진 위격들 안에 가지고 있는 특별한 속성의 근본적인 근거이기도 하다. 그들로 말미암아 그분이 영광을 받으신다고 하는, 즉 그들이 그분을 믿고 그분의 영광을 인식한다고 하는 이 절의 끝부분에서 말하고 있는 것에 따르면 위와 같은 사실을 알 수 있다.

11 당신의 이름으로 그들을 지켜주셔서 – 당신의 권능, 자비, 지혜로. 그래서 그들이 하나가 될 수 있도록 – 우리와 하나 될 수 있도록 그리고 서로가 하나 될 수 있도록. 하나가 되게, 즉 세상과 구별되어서. 우리가 하나인 것 같이 – 비록 우리와 동등하지는 않더라도 그들이 우리를 닮

도록 하여서.

12 그래서 하나님께서 그분께 주신 사람들 가운데 하나라도 잃지 않았다. 이러한 선포는 불변하는 것이다! 성경 말씀을 이루기 위함 - 즉, 성경의 말씀이 이로써 성취되었다. 멸망의 자식은 멸망할 사람들을 가리킨다. 그들은 죽음의 자식이다(삼하 12:5). 그들은 지옥의 자녀들이다(마 23:15). 또한 그들은 진노의 자녀들이다(엡 2:3). 이들은 구역질 나는 사망과 지옥과 진노의 사람들이다(시 109:8).

13 세상에서 - 즉, 내가 이 세상을 떠나기 전에. 내 기쁨이 - 내가 아버지께로 가게 되어 느끼는 기쁨.

15 아버지께서 그들을 세상에서 데려가시는 것이 아니라 - 아직은. 그러나 악한 자에게서 그들을 지켜주시는 것입니다 - 이 세상을 다스리는 자들로부터.

17 거룩하게 하여 주십시오 - 그들이 맡은 직임에 당신 성령의 기름을 부음으로써 그들을 거룩하게 구별하시고, 당신의 말씀을 통하여 거룩함 안에서 그들을 온전케 하여 주십시오.

19 내가 나를 거룩하게 하는 - 내가 나를 희생 제물로 내어주는 것.

20 믿게 될 사람들을 위해서도 - 모든 세대를 통해서 믿게 될 사람들.

21 당신께서 내 안에 계시듯이 - 이 말씀 또한 있는 그대로가 아닌 비유적인 방식으로 이해해야 한다. 세상이 믿게 - 여기에서 그리스도께서는 세상을 위해 기도하신다. 그분께서 하시는 모든 기도의 요약, 즉 "나를 받아서 당신과 나의 영광으로 들어가게 해주시고, 내 사도들과 모든 믿는 자들도 거기에서 함께 그것을 나누게 하시고, 그래서 온 세상이 믿도록" 해달라는 기도를 잘 살펴보라.

22 나는 아버지께서 내게 주신 영광을 그들에게 주었습니다 - 하나님의

모든 자녀 안에서 빛나는 독생자의 영광. 그리스도인들의 위엄은 얼마나 위대한가!

24 여기에서 그분은 다시 사도들에게로 돌아간다. **내가 하겠다** – 그분께서는 자신의 기도가 당연히 응답받아야 할 권리를 가지고 계신 것처럼 구하시고 기도하신다. 그 기도는 종으로서가 아닌 성자로서의 기도이다. **그들이 내 영광을 볼 수 있도록** – 여기에 천국의 행복이 있다(요일 3:2).

25 **의로우신 아버지** – 그리스도를 통하여 하나님께로 믿는 자들이 받아들여지는 것은 사실 하나님의 공의에서 흘러나오는 것이다.

26 **나는 이미 그들에게 아버지의 이름을 알렸으며** – 당신의 새롭고도 가장 좋은 사랑의 이름을. **당신께서는 그 사랑으로 나를 사랑하셨습니다** – 당신과 당신의 사랑이 그리고 나와 내 사랑이 그들 안에 있게 하고 – 그래서 그들이 그 사랑으로 나를 사랑하도록.

역자 해설

이제 예수님은 고별 설교를 마무리하시면서 기도하십니다. 17장 전체는 예수님께서 설교 후에 하신 기도문입니다. 예수님께서는 이 기도를 통해 몇 가지를 간구하십니다. 첫째, 제자들을 지켜주셔서 제자들이 하나가 되게 해달라는 것입니다(11절). 세상은 예수님께 속한 자들을 끊임없이 미혹하고 박해합니다. 그러하기에 그들은 하나님의 보호와 도우심이 필요합니다(12절). 세상은 너무 강하고 우리는 너무나 미약하기 때문입니다. 우리는 이 사실을 너무나 잘 알기에 늘 주님의 보호하심과 도우심을 필요로 합니다. 웨슬리는 『표준설교』 16번, "산상수훈 강해 1"에서 이 사실을 늘 자각하면서 겸손히 주님의 도우심을 바라는 사람을 가리켜서 심령이 가난한 사람이라고 해석합니다. 그리고 이것은 우리 신앙에 있어서 가장 기초가 되는 첫걸음이라고 합니다. 우리를 시험에 들게 하지 마시옵고 다만 악에서 구해달라고 기도하라는(마 6:13) 주님의 가르침도 그래서 매우 중요합니다(15절).

둘째로 예수님은 제자들이 세상에 속하지 않았지만 세상에서 거룩함을 지킬 수 있도록 간구하십니다(17절). 우리는 세상에 보내심을 받은 파송 공동체입니다(18절). 세상과 떨어져 사는 것이 아니라 세상 속에서 뒤섞여 살아야 하는 존재입니다. 그렇지만 동시에 세상과 구별된 사람이어야 합니다. 흙탕물 속에서 고결하게 피어나는 연꽃처럼 우리는 진리로 거룩해야 합니다(19절). 셋째로 예수님은 우리가 하나님께 속했고, 예수님께서 하나님께로부터 받은 영광을 우리도 보고 함께 누리도록 간구하십니다(24절). 우리가 세상에 살면서 그렇게 거룩함을 유지할 때 세상은 우리가 하나님과 하나가 된 사람이라는 것을 알게 될 것이고(21-23절), 예수님께서 받으신 그 영광을 함께 받게 될 것입니다(21-22절).

예수님은 우리가 하나님께 속한 사람이라는 것을 알고 계십니다(6절). 우리가 하나님께 속한 사람인 이유는 우리가 하나님의 말씀을 지켰고(7절), 우리가 예수님이 누구신지 알고 있기 때문이며(7절), 예수님의 말씀을 받아들였고, 예수님이 하나님께로부터 오신 분임을 알고 믿었기 때문입니다(8절). 즉, 우리가 하나님의 사람들인 이유는(9절) 우리가 하나님과 그 보내신 분 예수 그리스도를 알고 믿어 영접했기 때문입니다. 우리는 그러하기에 이미 영생을 누리는 사람입니다(3절). 비록 이 세상에서 생명을 갖고 살아가지만 우리는 이미 부활하여 영생을 누리며 사는 사람들인 것입니다. 왜냐하면 우리는 하나님과 그 아들을 알고, 믿고, 영접했기 때문입니다.

예수님께서는 이미 승리하셨고, 우리는 예수 그리스도와 함께 죽고 함께 부활한 부활의 사람들이기에 우리의 영적 전쟁도 이미 승리로 끝났습니다. 그러나 우리의 육신은 아직 이 세상에 머물면서 하루하루 살아가는 상태입니다. 그러하기에 우리는 날마다 싸우며 나아가야 하고, 주님의 도우심이 필요합니다. 예수님께서 우리를 위해 하신 기도가 바로 그런 내용을 담고 있습니다. 우리는 주님의 도움이 필요합니다.

> 오, 주님! 나를 보호해주소서
> 당신의 바다는 너무나 넓고
> 제 배는 너무 작습니다.
>
> - Breton Fisherman's Prayer

요한복음 18장

¹ 예수께서 이 말씀을 하신 뒤에, 제자들과 함께 기드론 골짜기 건너편으로 가셨다. 거기에는 동산이 하나 있었는데, 예수와 그 제자들이 거기에 들어가셨다. ² 예수가 그 제자들과 함께 거기서 여러 번 모이셨으므로, 예수를 넘겨줄 유다도 그 곳을 알고 있었다. ³ 유다는 로마 군대 병정들과, 제사장들과 바리새파 사람들이 보낸 성전 경비병들을 데리고 그리로 갔다. 그들은 등불과 횃불과 무기를 들고 있었다. ⁴ 예수께서는 자기에게 닥쳐올 일을 모두 아시고, 앞으로 나서서 그들에게 물으셨다. "너희는 누구를 찾느냐?" ⁵ 그들이 대답하였다. "나사렛 사람 예수요." 예수께서 그들에게 말씀하셨다. "내가 그 사람이다." 예수를 넘겨줄 유다도 그들과 함께 서 있었다. ⁶ 예수께서 그들에게 "내가 그 사람이다" 하고 말씀하시니, 그들은 뒤로 물러나서 땅에 쓰러졌다. ⁷ 다시 예수께서 그들에게 물으셨다. "너희는 누구를 찾느냐?" 그들이 대답하였다. "나사렛 사람 예수요." ⁸ 예수께서 말씀하셨다. "내가 그 사람이라고 너희에게 이미 말하였다. 너희가 나를 찾거든, 이 사람들은 물러가게 하여라." ⁹ 이렇게 말씀하신 것은, 예수께서 전에 '아버지께서 나에게 주신 사람을, 나는 한 사람도 잃지 않았습니다' 하신 그 말씀을 이루게 하시려는 것이었다. ¹⁰ 시몬 베드로가 칼을 가지고 있었는데, 그는 그것을 빼어 대제사장의 종을 쳐서, 오른쪽 귀를 잘라버렸다. 그 종

의 이름은 말고였다. **11** 그 때에 예수께서 베드로에게 말씀하셨다. "그 칼을 칼집에 꽂아라. 아버지께서 나에게 주신 이 잔을, 내가 어찌 마시지 않겠느냐?" **12** 로마 군대 병정들과 그 부대장과 유대 사람들의 성전 경비병들이 예수를 잡아 묶어서 **13** 먼저 안나스에게로 끌고 갔다. 안나스는 그 해의 대제사장인 가야바의 장인인데, **14** 가야바는 '한 사람이 온 백성을 위하여 죽는 것이 유익하다'고 유대 사람에게 조언한 사람이다. **15** 시몬 베드로와 또 다른 제자 한 사람이 예수를 따라갔다. 그 제자는 대제사장과 잘 아는 사이라서, 예수를 따라 대제사장의 집 안뜰까지 들어갔다. **16** 그러나 베드로는 대문 밖에 서 있었다. 그런데 대제사장과 잘 아는 사이인 그 다른 제자가 나와서, 문지기 하녀에게 말하고, 베드로를 데리고 들어갔다. **17** 그 때에 문지기 하녀가 베드로에게 말하였다. "당신도 이 사람의 제자 가운데 한 사람이지요?" 베드로는 "아니오" 하고 대답하였다. **18** 날이 추워서, 종들과 경비병들이 숯불을 피워 놓고 서서 불을 쬐고 있는데, 베드로도 그들과 함께 서서 불을 쬐고 있었다. **19** 대제사장은 예수께 그의 제자들과 그의 가르침에 관하여 물었다. **20** 예수께서 대답하셨다. "나는 드러내 놓고 세상에 말하였소. 나는 언제나 모든 유대 사람이 모이는 회당과 성전에서 가르쳤으며, 아무것도 숨어서 말한 것이 없소. **21** 그런데 어찌하여 나에게 묻소? 내가 무슨 말을 하였는지를, 들은 사람들에게 물어 보시오. 내가 말한 것을 그들이 알고 있소." **22** 예수께서 이렇게 말씀하시니, 경비병 한 사람이 곁에 서 있다가 "대제사장에게 그게 무슨 대답이냐?" 하면서, 손바닥으로 예수를 때렸다. **23** 예수께서 그 사람에게 말씀하셨다. "내가 한 말에 잘못이 있으면, 잘못되었다는 증거를 대시오. 그러나 내가 한 말이 옳다면, 어찌하여 나를 때리시오?" **24** 안나스는 예수를 묶은 그대로 대제사장 가야바에게로 보냈다. **25** 시몬 베드로는 서서, 불을 쬐고 있었다. 사람들이 그에게 물었다. "당신도 그의 제자 가운데 한 사람이지요?" 베드로가 부인하여 "나는 아니오!" 하고 말하였다. **26** 베드로에게 귀를 잘린 사람의 친척으로서, 대제사장의 종 가운데 한 사람이 베드로에게 말하였다. "당신이 동산에서 그와 함께 있는 것을 내가 보았는데 그러시오?" **27** 베드로가 다시 부인하였다. 그러자 곧 닭이 울었다. **28** 사람들이 가야바의 집에서 총독 관저로 예수를 끌고 갔다. 때는 이른 아침이었다. 그들은 몸을 더럽히지 않고 유월절 음식을 먹기 위하여 관저 안에는 들어가지 않았다. **29** 빌라도가 그들에게 나와서 "당신들은 이 사람을 무슨 일로 고발하는 거요?" 하고 물었다. **30** 그들이 빌라도에게 대답하였다. "이 사람이 악한 일을 하는 사람이 아니라면, 우리가 총독님께 넘기지 않았을 것입니다." **31** 빌라도가 그들에게 말하였다. "그를 데리고 가서, 당신들의 법대로 재판하시오." 유대 사람들이 "우리는 사람을 죽일 권한이 없습니다" 하고 대답하였다. **32** 이렇게 하여, 예수께서 자기가 어떠한 죽음으로 죽을 것인가를 암시하여 주신 말씀이 이루어졌다. **33** 빌라도가 다시 관저 안으로 들어가, 예수를 불러내서 물었다. "당신이 유대 사람들의 왕이오?" **34** 예수께서 대답하셨다. "당신이 하는 그 말은 당신의 생각에서 나온 말이오? 그렇지 않으면, 나에 관하여 다른 사람들이 말하여 준 것이오?" **35** 빌라도가 말하였다. "내가 유대 사람이란 말이오? 당신의 동족과 대제사장들이 당신을 나에게 넘겨주었소. 당신은 무슨 일을 하였소?" **36** 예수께서 대답하셨다. "내 나라는 이 세상에 속한 것이 아니오. 나의 나라가 세상에 속한 것이라면, 나의 부하들이 싸워서, 나를 유대 사람들의 손에 넘어가지 않게 하였을 것이오. 그러나 사실로 내 나라는 이 세상에 속한 것이 아니오." **37** 빌라도가 예수께 물었다. "그러면 당신은 왕이오?" 예수께서 대답하셨다. "당신이 말한 대로 나는 왕이오. 나는 진리를 증언하기 위하여 태어났으며, 진리를 증언하기 위하여 세상에 왔소. 진리에 속한 사람은, 누구나 내가 하는 말을 들소." **38** 빌라도가 예수께 "진리가 무엇이오?" 하고 물었다. 빌라도는 이 말을 하고, 다시 유대 사람들에게로 나아와서 말하였다. "나는 그에게서 아무 죄도 찾지 못하였소. **39** 유월절에는 내가 여러분에게 죄수 한 사람을 놓아주는 관례가 있소. 그러니 유대 사람들의 왕을 놓아주는 것이 어떻겠소?"[40] 그들은 다시 큰 소리로 "그 사람이 아니오. 바라바를 놓아주시오" 하고 외쳤다. 바라바는 강도였다.

웨슬리와 함께 읽기

1 동산 - 아마도 그분의 친구들 가운데 한 사람이 소유한 동산. 그분께서는 이 사적인 공간으로 물러나셨는데, 그것은 한편으로는 그저 조용히 기도할 수 있는 여유를 가지려고 그렇게 하신 것이고, 다른 한편으로는 예수께서 체포당하실 때 사람들이 놀라지 않도록 하거나 그들이 흥분해서 체포하는 자들에게서 그분을 구해내려고 폭력적인 방법으로 반격을 시도하지 않도록 하기 위함이었다. 기드론은 그 이름이 잘 보여주듯이 어둡고 그늘진 계곡이었다. 그것은 예루살렘의 동편 비탈, 예루살렘과 올리브 산 사이에 있었는데, 거기에는 작은 개울물이 흘렀고 여기에서 이 이름이 유래했다. 그리스도의 표상인 다윗이 압살롬에게 쫓겨나서 울면서 자기 사람들과 함께 건너가던 것이 바로 이 개울물이다(마 26:30; 막 14:26; 눅 22:39).

2 마가복음 14장 43절; 누가복음 22장 47절.

3 군대 병정들 - 로마 보병 군대.

6 그분의 권능과 자비를 모두 이렇게 경험하고 난 후에 그들이 전열을 가다듬어 다시 공격해야 했다는 이것이 얼마나 놀라운 장면인가! 그러나 그들 가운데 함께 있던 제사장들은 이 일 또한 바알세불의 힘으로

한 것이라고 자기 자신들과 함께 있던 사람들을 설득했을 것이다. 그들이 더 이상의 해를 입지 않은 것은 예수께서 자기 마음대로 하신 것이 아니라 하나님의 섭리로 이루어진 것이었다.

8 너희가 나를 찾거든 이 사람들은(내 제자들) 물러가게 하여라 – 베드로가 말고의 귀를 쳐서 잘랐는데도 불구하고 그가 체포당하지 않게 된 것처럼 그들은 지금까지 그분의 말씀에 순종했으며, 이것은 그분의 권능이 사람들의 영을 다스리신다는 것을 잘 보여주는 사례였다.

9 요한복음 17장 12절.

10 시몬 베드로가 – 다른 복음서 저자들은 이 이름을 기록하지 않는다. 그들은 또한 그렇게 할 수도 없었다. 오직 성 요한만이 할 수 있었는데, 그것은 베드로가 죽고 난 다음에 요한복음을 썼고, 그래서 그는 베드로의 이름을 밝히는 데 어려울 게 없었다.

13 안나스는 그의 사위인 가야바 이전에 봉직했던 대제사장이었다. 비록 그는 얼마 동안만 그 직무를 수행했었지만, 사람들은 그의 나이나 경험에 큰 경의를 표했었고, 따라서 그들은 그리스도를 안나스에게 먼저 데리고 갔다. 그러나 우리는 안나스의 집에서 어떤 주목할 만한 일이 벌어졌는지는 찾아볼 수 없다. 이러한 이유에서 다른 복음서 저자들은 그분을 그의 집으로 데려간 것에 대해서는 생략하고 있다(마 26:57; 막 14:53; 눅 22:54).

17 당신도 – 다른 사람들과 마찬가지로, **이 사람의 제자들 가운데 하나인가** – 이 여인이 그에게 어떠한 해악을 입힐 의도를 가지고 그런 질문을 던진 것 같지는 않다.

20 나는 드러내놓고 말하였다 – 어떤 방식으로 하셨는지 보여준다. **계속해서** – 시간과 관련해서 어떻게 하셨는지 보여준다. **회당과 성전에서** –

장소와 관련해서 어떻게 하셨는지 보여준다. **아무것도 숨어서 말한 것이 없소** – 어떠한 가르침도 내가 사람들 앞에서 하지 않은 것이 없다.

21 왜 나에게 묻소 – 너희들은 믿지도 않을 것이면서.

22 대제사장에게 그게 무슨 대답이냐 – 예의를 갖추지도 않느냐?

24 이제 안나스는 그분을 가야바에게 보냈다 – 요한복음 18장 13절에 암시된 것처럼. **묶어서** – 여전히 묶여 있었다(요 18:12).

28 그들은 몸을 더럽히지 않고 유월절 음식을 먹기 위하여 관저 안에는 들어가지 않았다 – 누룩으로 더럽혀지지 않은 집에 들어가지 않음으로써(신 16:4; 마 27:2; 막 15:1; 눅 23:1).

31 우리는 사람을 죽일 권한이 없습니다 – 큰 범죄를 처벌할 권한은 바로 그 해로부터 빼앗겼다. 그렇게 홀은 유다를 떠났고 로마에 넘겨졌다.

32 예수께서 자기가 어떠한 죽음으로 죽을 것인가를 암시하여 – 왜냐하면 십자가형은 유대인의 형벌이 아닌 로마의 형벌이기 때문이다. 그래서 만일 로마 정부에 의해 판결을 받지 않으셨다면 그분은 십자가에 달리지 못하셨을 것이다(요 3:14).

36 내 나라는 이 세상에 속한 것이 아니오 – 그것은 눈에 보이는 것이 아닌 영적인 왕국이다. **나를 유대 사람들의 손에 넘어가지 않게 하였을 것이오** – 그것은 이미 빌라도가 하려 했던 것이고(요 18:31), 나중에 실제로 그렇게 했다(요 19:16).

37 당신이 말한 대로 – 참된 것을 말했다. **이 목적을 위해서 내가 왔다** – 예수께서는 자신의 인간적인 탄생에 대해 말씀하고 있다. 그분의 신적 속성은 빌라도가 이해하는 수준을 뛰어넘는다. 이러한 것은 다음과 같은 말에서 설명되어 있다. **내가 세상에 온 것은 진리를 증언하기 위한 것이다** – 이 말씀은 유대인들에게 선포된 말씀이고 또한 그분의 수난의

과정 가운데 이방인들의 수장들에게 선포된 말씀이다. 진리에 속한 사람은 누구나 – 즉, 진리를 사랑하는 사람은 **내가 하는 말을 듣는다** – 이것은 보편적인 원리이다. 진리를 사랑하는 모든 신실한 사람은 그분의 말을 듣는다. 그래서 그분께서 하시는 말씀을 이해하고, 그 말씀에 따라 행한다.

38 **진리가 무엇이오** – 빌라도가 이렇게 말한다. 이 말의 뜻은 아마도 "진리라고 하는 것이 너의 목숨을 걸만한 정도의 가치가 있는 것인가"라는 의미일 것이다. 그래서 그는 나와서 유대인들에게 그분을 변호하여 말한다. 그렇게 한 것은 그가 예수를 죄가 없는 연약한 사람으로 생각했기 때문이다.

요한복음 19장

¹ 그 때에 빌라도는 예수를 데려다가 채찍으로 쳤다. ² 병정들은 가시나무로 왕관을 엮어서 예수의 머리에 씌우고, 자색 옷을 입힌 뒤에, ³ 예수 앞으로 나와서 "유대인의 왕 만세!" 하고 소리치고, 손바닥으로 얼굴을 때렸다. ⁴ 그 때에 빌라도가 다시 바깥으로 나와서, 유대 사람들에게 말하였다. "보시오, 내가 그 사람을 당신들 앞에 데려 오겠소. 나는 그에게서 아무 죄도 찾지 못했소. 나는 당신들이 그것을 알아주기를 바라오." ⁵ 예수가 가시관을 쓰시고, 자색 옷을 입으신 채로 나오시니, 빌라도가 그들에게 "보시오, 이 사람이오" 하고 말하였다. ⁶ 대제사장들과 경비병들이 예수를 보고 외쳤다. "십자가에 못 박으시오. 십자가에 못 박으시오." 그러자 빌라도는 그들에게 "당신들이 이 사람을 데려다가 십자가에 못 박으시오. 나는 이 사람에게서 아무 죄도 찾지 못했소" 하고 말하였다. ⁷ 유대 사람들이 그에게 대답하였다. "우리에게는 율법이 있는데 그 율법을 따르면 그는 마땅히 죽어야 합니다. 그가 자기를 가리켜서 하나님의 아들이라고 하였기 때문입니다." ⁸ 빌라도는 이 말을 듣고, 더욱 두려워서 ⁹ 다시 관저 안으로 들어가서 예수께 물었다. "당신은 어디서 왔소?" 예수께서는 그에게 아무 대답도 하지 않으셨다. ¹⁰ 그래서 빌라도가 예수께 말하였다. "나에게 말을 하지 않을 작정이오? 나에게는 당신을 놓아줄 권한도 있고, 십자가에 처형할 권한

도 있다는 것을 모르시오?" **11** 예수께서 대답하셨다. "위에서 주지 않으셨더라면, 당신에게는 나를 어찌할 아무런 권한도 없을 것이오. 그러므로 나를 당신에게 넘겨준 사람의 죄는 더 크다 할 것이오." **12** 이 말을 듣고서, 빌라도는 예수를 놓아주려고 힘썼다. 그러나 유대 사람들은 "이 사람을 놓아주면, 총독님은 황제 폐하의 충신이 아닙니다. 자기를 가리켜서 왕이라고 하는 사람은, 누구나 황제 폐하를 반역하는 자입니다" 하고 외쳤다. **13** 빌라도는 이 말을 듣고, 예수를 데리고 나와서, 리토스트론이라고 부르는 재판석에 앉았다. (리토스트론은 히브리 말로 가바다인데, '돌을 박은 자리'라는 뜻이다.) **14** 그 날은 유월절 준비일이고, 때는 낮 열두 시쯤이었다. 빌라도가 유대 사람들에게 말하였다. "보시오, 당신들의 왕이오." **15** 그들이 외쳤다. "없애 버리시오! 없애 버리시오! 그를 십자가에 못박으시오!" 빌라도가 그들에게 말하였다. "당신들의 왕을 십자가에 못박으란 말이오?" 대제사장들이 대답하였다. "우리에게는 황제 폐하 밖에는 왕이 없습니다." **16** 이리하여 이제 빌라도는 예수를 십자가에 처형하라고 그들에게 넘겨주었다. 그들은 예수를 넘겨받았다. **17** 예수께서 십자가를 지시고 '해골'이라 하는 데로 가셨다. 그곳은 히브리 말로 골고다라고 하였다. **18** 거기서 그들은 예수를 십자가에 못 박았다. 그리고 다른 두 사람도 예수와 함께 십자가에 달아서, 예수를 가운데로 하고, 좌우에 세웠다. **19** 빌라도는 또한 명패도 써서, 십자가에 붙였다. 그 명패에는 '유대인의 왕 나사렛 사람 예수'라고 썼다. **20** 예수께서 십자가에 달리신 곳은 도성에서 가까우므로, 많은 유대 사람이 이 명패를 읽었다. 그것은, 히브리 말과 로마 말과 그리스 말로 적혀 있었다. **21** 유대 사람들의 대제사장들이 빌라도에게 말하기를 "'유대인의 왕'이라고 쓰지 말고, '자칭 유대인의 왕'이라고 쓰십시오" 하였으나, **22** 빌라도는 "나는 쓸 것을 썼다" 하고 대답하였다. **23** 병정들이 예수를 십자가에 못 박은 뒤에, 그의 옷을 가져다가 네 몫으로 나누어서, 한 사람이 한 몫씩 차지하였다. 그리고 속옷은 이음새 없이 위에서 아래까지 통째로 짠 것이므로 **24** 그들은 서로 말하기를 "이것은 찢지 말고, 누가 차지할지 제비를 뽑자" 하였다. 이는 '그들이 나의 겉옷을 서로 나누어 가지고, 나의 속옷을 놓고서는 제비를 뽑았다' 하는 성경 말씀이 이루어지게 하려는 것이었다. 그러므로 병정들이 이런 일을 하였다. **25** 그런데 예수의 십자가 곁에는 예수의 어머니와 이모와 글로바의 아내 마리아와 막달라 사람 마리아가 서 있었다. **26** 예수께서는 자기 어머니와 그 곁에 서 있는 사랑하는 제자를 보시고, 어머니에게 "어머니, 이 사람이 어머니의 아들입니다" 하고 말씀하시고, **27** 그 다음에 제자에게는 "자, 이분이 네 어머니시다" 하고 말씀하셨다. 그 때부터 그 제자는 그를 자기 집으로 모셨다. **28** 그 뒤에 예수께서는 모든 일이 이루어졌음을 아시고, 성경 말씀을 이루시려고 "목마르다" 하고 말씀하셨다. **29** 거기에 신 포도주가 가득 담긴 그릇이 있었는데, 사람들이 해면을 그 신 포도주에 듬뿍 적셔서, 우슬초 대에다가 꿰어 예수의 입에 갖다 대었다. **30** 예수께서 신 포도주를 받으시고서, "다 이루었다" 하고 말씀하신 뒤에, 머리를 떨어뜨리시고 숨을 거두셨다. **31** 유대 사람들은 그 날이 유월절 준비일이므로, 안식일에 시체들을 십자가에 그냥 두지 않으려고, 그 시체의 다리를 꺾어서 치워달라고 빌라도에게 요청하였다. 그 안식일은 큰 날이었기 때문이다. **32** 그래서 병사들이 가서, 먼저 예수와 함께 십자가에 달린 한 사람의 다리와 또 다른 한 사람의 다리를 꺾고 나서, **33** 예수께 와서는, 그가 이미 죽으신 것을 보고서, 다리를 꺾지 않았다. **34** 그러나 병사들 가운데 하나가 창으로 그 옆구리를 찌르니, 곧 피와 물이 흘러나왔다. **35** (이것은 목격자가 증언한 것이다. 그래서 그의 증언은 참되다. 그는 자기의 말이 진실하다는 것을 알고 있다. 그는 여러분들도 믿게 하려고 증언한 것이다.) **36** 일이 이렇게 된 것은, '그의 뼈가 하나도 부러지지 않을 것이다' 한 성경 말씀이 이루어지게 하려는 것이었다. **37** 또 성경에 '그들은 자기들이 찌른 사람을 쳐다볼 것이다' 한 말씀도 있다. **38** 그 뒤에 아리마대 사람 요셉이 예수의 시신을 거두게 하여 달라고 빌라도에게 청하였다. 그는 예수의 제자인데, 유대 사람이 무서워서, 그것을 숨기고 있었다. 빌라도가 허락하니, 그는 가서 예수의 시신을 내렸다. [39] 또 전에 예수를 밤중에 찾아갔던 니고데모도 몰약에 침향을 섞은 것을 백 근쯤 가지고 왔다. [40] 그들은 예수의 시신을 모셔다가, 유대 사람의 장례 풍속대로 향료와 함께 삼베로 감았다. [41] 예수가 십자가에 달리신 곳에, 동산이 있었는데, 그 동산에는 아직 사람을 장사한 일이 없는 새 무덤이 하나 있었다. [42] 그 날은 유대 사람이 안식일을 준비하는 날이고, 또 무덤이 가까이 있었기 때문에, 그들은 예수를 거기에 모셨다.

웨슬리와 함께 읽기

1 마태복음 27장 26절; 마가복음 15장 15절.

7 우리의 율법에 따르면 그는 마땅히 죽어야 합니다. 그가 자기를 가리켜서 하나님의 아들이라고 하였기 때문입니다 – 그들은 하나님의 아들이라는 단어를 가장 높은 의미에서 이해했고, 그래서 그것을 신성모독이라 여겼다.

8 그는 더욱 두려워서 – 그는 이전에 그저 무고한 피를 흘리게 하는 것을 두려워했던 것으로 보인다.

9 당신은 어디서 왔소 – 즉, 네가 누구의 아들인가.

11 당신에게는 나를 어찌할 아무런 권한도 없을 것이오 – 왜냐하면 나는 어떤 사법권에 나 자신을 내어준 일이 없기 때문이다. 그러므로 나를 너에게 넘겨준 자, 즉 가야바는 이 사실을 알고 있어서 너보다 더 죄가 크다.

13 빌라도가 재판석에 앉았다 – 이것은 궁전 바깥에 있었는데, 헬라어로는 포장한 장소라고 했다. 왜냐하면 그 자리는 바닥을 아름다운 모자이크 조각으로 멋지게 꾸며놓았기 때문이다. 히브리 말로 가바다인데 – 즉, 높은 자리라는 뜻인데, 그 자리는 높은 곳에 있어서 재판장이 자기

자리에 앉았을 때 수많은 사람이 그가 하는 말을 듣고 그를 볼 수 있도록 한 것이었다.

14 그날은 유월절 준비일이었고 – 이러한 이유에서 유대인들과 빌라도는 이 일을 빨리 마무리하고 싶어 했다. 매주 금요일은 준비일(즉, 안식일의 준비일)이라고 불렸다. 유월절은 종종 금요일에 시작하는데, 그래서 그날은 유월절의 준비일이라고 불렸다.

17 자기 십자가를 지고 – 십자가 전체 덩어리를 진 것은 아니고(왜냐하면 너무 크고 무겁기 때문이다), 십자가의 가로대만 지셨다. 나중에 이 가로대에 그분의 손이 묶인다. 그들은 처형당할 사람이 십자가 가로대를 지고 가도록 하였다(마 27:31; 막 15:20; 눅 23:26).

19 유대인의 왕 나사렛 사람 예수 – 비록 다른 복음서 저자들은 이것을 전부 쓰지는 않지만, 분명한 것은 이 말은 아주 틀림없는 말이라는 사실이다.

20 그것은 라틴어로 적혀 있었다 – 로마 제국 대부분 지역에서 쓰던 말. 히브리어로 – 왜냐하면 이것은 그 나라의 언어였기 때문이다. 그리스 말로 – 명절을 위해 찾아온 수많은 그리스어를 말하는 사람들에게 정보를 제공해주기 위해서.

22 나는 쓸 것을 썼다 – 그러니 그대로 하라.

23 옷 – 웃옷을 가리킴.

24 그들이 나의 겉옷을 서로 나누어 가지고 – 다윗이 살던 시절에는 이런 일은 벌어지지 않았을 뿐만 아니라 시편 22편의 다른 몇몇 구절에 언급된 것과 비슷한 일들도 벌어지지 않았다. 그러므로 다른 곳에서와 마찬가지로 이 성경 구절에서 예언자는 신기한 엑스터시의 상태에 빠진 것 같다. 그래서 이 예언자는 자기 자신이 아니라 메시아 역할을 하

면서 성령께서 하신 말씀을 말하고 있다(시 22:18).

25 그의 이모 – 우리는 예수의 어머니에게 형제가 있었다는 말씀은 찾아볼 수 없다. 그녀는 아버지의 상속자였으며, 다윗의 왕국에 대한 권리도 이렇게 예수께 상속되었다. 글로바의 아내 마리아 – 마리아가 야고보와 요셉 그리고 시몬과 유다의 어머니였던 것처럼, 아버지 알패오는 이런 식으로 불렸다.

27 자, 이분이 네 어머니시다 – 이제 나를 대신해서 네가 이분께 아들 역할을 해야 한다. 이것은 그리스도께서 그에게 주신 특별한 영예이다. 그 때부터 – 우리 주님께서 돌아가신 그때부터.

29 우슬초 대 – 이스라엘에서는 이 식물이 아주 크고 강하게 잘 자란다 (시 69:21).

30 다 끝났다[47] – 내 고난이 다 끝났다. 이 고난은 인간의 구속을 이루기 위해 치러야 했던 대가이다. 그분은 자신의 영혼을 올려드렸다. [48] – 하나님께(마 27:50).

31 안식일에 시체들을 십자가에 그냥 두지 않으려고 – 그들은 안식일에 그렇게 하는 것을 신성모독으로 여겼는데, 특히 유월절 기간의 안식일은 더욱 그렇게 생각했다. 그 안식일은 큰 날이었기 때문이다 – 이날이 그저 안식일이었기 때문이 아니라 무교절의 둘째 날이자 새 곡식을 한 다발 제물로 바치는 날이기도 했기 때문이다. 따라서 이날은 최고로 엄숙한 날이었다.

34 거기에서 곧 피와 물이 흘러나왔다 – 그분께서 죽은 것으로 미루어 볼 때 피가 흘러나온 것은 참으로 이상한 일이었다. 더 이상한 것은 물이 흘러나왔다는 것이다. 무엇보다 가장 이상한 것은 이 두 가지가 동시에 곧바로, 하지만 따로 분리되어 흘러나왔다는 점이다. 그 피와 그

물은 순결하고, 그것은 참된 피와 물이었다. 그 광경을 바라본 목격자들과 확인한 사람들의 증언은 이 기적과 신비의 참됨과 위대함을 모두 보여준다.

35 그의 증언은 참되다 – 아주 훌륭하고 유효한 증언이다. 그는 알고 있다 – 그가 다른 목적이 아닌 그저 여러분이 믿게 하려고 증언한다는 것은 그의 양심이 말해주고 있다.

36 그의 뼈가 하나도 부러지지 않을 것이다 – 이것은 원래 그리스도의 원형이 되는 유월절 양에 대한 말이었다(출 12:46).

37 그들은 자기들이 찌른 사람을 쳐다볼 것이다 – 그분은 군인의 창에 찔렸다. 자신의 죄악으로 그분이 고난을 받게 한 그 사람들은 참회하며 애통해하는 가운데 이 세상에서 그분을 바라보게 될 것이다. 혹은 그분께서 하늘에서 구름을 타고 오실 때 두려움으로 그분을 보게 될 것이다(계 1:7; 슥 12:10).

38 아리마대 사람 요셉이 빌라도에게 청하였다 – 니고데모도 왔다. 그분께서 친히 선택하셨던 제자들도 그분을 버렸는데, 그들은 그분을 그리스도로 알아보고 찾아왔다. 마지막까지 온 요셉은 이제 더 두려울 것도 없다. 니고데모 역시 이제 더는 부끄러워하지도 않는다.

41 그가 십자가에 달리신 곳에 – 바로 그 지역에 동산이 있었다. 그러나 십자가는 그 동산에 세워둔 것은 아니었다.

42 안식일을 준비하는 날이라서 – 즉, 그들은 가까운 곳에 있는 무덤에 그분을 눕히고자 하였다. 왜냐하면 그날은 안식일 전날이었고, 이제 곧 그 시간이 거의 다 되어서 그들은 그분을 더 떨어진 곳에 안장할 시간이 없었기 때문이었다.

역자 해설(18-19장)

18-19장은 예수님의 체포와 심문, 십자가의 죽음과 매장 이야기를 다룹니다. 먼저 요한은 겟세마네 동산에서 체포당하시는 이야기로 시작합니다. 이 장면은 다른 복음서들과 많은 차이를 보입니다. 다른 복음서에서 예수님은 겟세마네 동산에 가셔서 땀방울이 핏방울이 되도록 고뇌하면서 힘들게 기도하십니다. 그런데 요한은 예수님께서 힘들게 고민하며 기도하시는 이야기는 전하지 않습니다. 사실 이런 이야기는 12장 27절에서 살짝 언급하고 넘어가긴 했습니다만, 그것은 겟세마네 동산에서의 기도도 아니고, 고민이라고 하기에는 너무 가볍습니다. 요한이 공관복음서에 나오는 장면을 과감하게 생략한 이유는 간단합니다. 예수님이 하늘에서 내려오신 하나님 그분 자체이시기 때문입니다. 요한복음에서는 예수님의 인간적인 면모를 많이 찾아볼 수 없습니다. 그래서 예수님은 죽음을 앞두고도 그렇게 괴로워하면서 어떻게 해서든지 피하려고 애를 쓰지도 않습니다. 그래서 요한복음에서 예수님께서 겪으시는 이 마지막 일주일의 이야기는 수난 이야기라고 보기 어렵습니다. 도리어 아버지께로 돌아가시고 자신의 영광을 드러내시는 승리의 이야기일 뿐입니다.

폭도들이 무기를 들고 예수님을 찾아왔을 때 예수님의 모습을 한번 보십시오. 상당히 당당하고 거침이 없습니다. 예수님은 친히 앞에 나서서 그들과 대면하십니다(4절). 도리어 당당하게 답하시는 예수님의 모습에 예수님을 잡으러 왔던 사람들이 뒤로 나가자빠지는 우스운 꼴이 보입니다(6절). 마치 위치가 서로 바뀐 것처럼 보일 지경입니다. 요한은 예수님의 말씀에 땅에 엎드리는 그들의 모습을 일부러 묘사합니다. 인간은 신적인 존재 앞에서 두려워하며 쓰러집니다(단 10:7-9; 계 1:17). 예수님께서 폭도들에게 하신 말씀 '나다'라는 말은 그리스어로 '에고 에이미'(ego eimi), 즉 우리가 이미 살펴보았듯이 떨기나무 불꽃으로 모세에게 자신을 밝히신 하나님의 자기 계시를 표현한 것입니다. 예수님의 이 신적 정체성 계시 앞에 사람들은 두려워 쓰러질 뿐입니다. 겟세마네 이야기는 이런 면에서 볼 때 예수님께서 체포당하시는 이야기라기보다는 예수님께서 자기를 계시하신 이야기라고 할 수 있습니다.

이후에 예수님은 대제사장과 빌라도 앞에서 심문을 받으십니다. 다른 복음서들과 달리 예수님은 심문하는 대제사장 앞에서 매우 당당한 모습을 보이십니다(18:19-24). 빌라도 앞에서도 그런 모습은 여전히 유지됩니다. 도리어 심문하는 빌라도가 예수님 앞에서 겁을 먹고 두려워합니다(19:8). 왜냐하면 예수님은 하나님으로서 성육신하신 분이시기 때문입니다.

한편 예수님을 죽이라고 외치는 무리의 모습은 상당히 악합니다. 빌라도는 예수님을 놓아주려고 합니다. 그러나 그들은 도리어 그런 빌라도를 협박하기까지 합니다. "예수를 놓아주면 당신은 황제의 친구가 아니오!"(19:12) 그들은 예수님을 가리켜 로마 제국의 반역자라고 몰아세웁니다(19:12). 그들은 로마 황제의 억압 아래서 고통받는 사람들입니다. 그런데 무엇이 그들로 그렇게 완악한 마음을 품게 한 것인지, 그들은 마치 자기들이 로마 제국의 애국자요 로마 황제의 충신인 것처럼 그렇게 행세합니다. 심지어 그들은 "우리의 왕은 황제뿐이오"(19:15)라고 외칩니다. 유대인들에게 왕은 하나님 한 분밖에 없습니다. 다윗이든 사울 왕이든 세상의 왕은 그저 하나님의 대리인일 뿐 진정한 왕은 하나님이라고 고백하는 사람들입니다. 그런데 지금 이들은 자신들의 원수인 가이사를 가리켜 자신들의 유일한 왕이라고 외칩니다. 자신들의 정치적 목적을 위해서라면 하나님도 미련 없이 배신하는 것입니다.

그렇게 예수님은 십자가에서 죽음을 맞으셨습니다. 십자가 위에 달린 명패는 유대인의 왕입니다(19:20). 사람들은 그를 반역자라고 몰아세웠지만, 도리어 그 반역자를 진압해야 하는 로마 당국은 예수님을 가리켜 유대인의 왕이라고 부르고, 이에 항의하는 유대인의 저항을 빌라도가 단박에 거절하는 아이러니한 모습이 펼쳐집니다(19:21). 예수님의 죽음과 장례 장면에 등장하는 눈에 띄는 사람이 있습니다. 바로 니고데모입니다. 요한은 우리에게 니고데모의 옛 모습을 떠올리도록 하려고 3장에 나온 그 이야기를 잠깐 언급합니다(19:39). 요한은 우리에게 니고데모라는 사람이 그동안 얼마나 많이 변했는지 생각해보기를 원합니다. 그는 사람들을 두려워하여 밤중에 몰래 예수님을 찾아왔었고, 예수님의 가르침을 제대로 이해하지도 못했었습니다. 그러나 그는 자신이 예수님과 한패로 몰리는 것을 두려워하지 않고 예수님 편을 들기 시작했습니다(7:50-52). 그리고 이제는 예수님의 시신을 수습하는 제자가 되었습니다.

어떤 사람은 예수님이 좋다고 따르고 억지로라도 자기들의 왕으로 모시려고 했었는데(6:15), 수가 조금 틀리니 언제 그랬냐는 듯이 자기들의 왕은 로마 황제밖에 없다고 하면서, 왕이라는 팻말도 거북하니 떼어버리라고 하면서 완전히 돌아섭니다. 어떤 이들은 자신의 안위가 걱정되어 이도 저도 못 하고 몰래 숨어서 속으로만 예수님을 따르는 사람도 있습니다. 하지만 어떤 이는 비록 처음에는 어리숙하고 잘 몰랐지만 갈수록 예수님을 알아가고, 그분을 알아보고, 그분을 모셔 들이는 제자로 성장합니다. 요한은 이 두 장을 통해 예수님께서 누구신지 보여줍니다. 그리고 그런 예수님에 대해 각기 다른 사람들의 반응을 소개합니다. 이것을 통해 우리 독자들에게도 어떤 반응을 보이려는지 다시 질문합니다.

요한복음 20장

¹ 주간의 첫 날 이른 새벽에 막달라 사람 마리아가 무덤에 가서 보니, 무덤 어귀를 막은 돌이 이미 옮겨져 있었다. ² 그래서 그 여자는 시몬 베드로와 예수께서 사랑하시던 그 다른 제자에게 달려가서 말하였다. "누가 주님을 무덤에서 가져갔습니다. 어디에 두었는지 모르겠습니다." ³ 베드로와 그 다른 제자가 나와서, 무덤으로 갔다. ⁴ 둘이 함께 뛰었는데, 그 다른 제자가 베드로보다 빨리 달려서, 먼저 무덤에 이르렀다. ⁵ 그런데 그는 몸을 굽혀서 삼베가 놓여 있는 것을 보았으나, 안으로 들어가지는 않았다. ⁶ 시몬 베드로도 그를 뒤따라 왔다. 그가 무덤 안으로 들어가 보니, 삼베가 놓여 있었고, ⁷ 예수의 머리를 싸맸던 수건은, 그 삼베와 함께 놓여 있지 않고, 한 곳에 따로 개켜 있었다. ⁸ 그제서야 먼저 무덤에 다다른 그 다른 제자도 들어가서, 보고 믿었다. ⁹ 아직도 그들은 예수께서 죽은 사람들 가운데서 반드시 살아나야 한다는 성경 말씀을 깨닫지 못하였다. ¹⁰ 그래서 제자들은 자기들이 있던 곳으로 다시 돌아갔다. ¹¹ 그런데 마리아는 무덤 밖에 서서 울고 있었다. 울다가 몸을 굽혀서 무덤 속을 들여다보니, ¹² 흰 옷을 입은 천사 둘이 앉아 있었다. 한 천사는 예수의 시신이 놓여 있던 자리 머리맡에 있었고, 다른 한 천사는 발치에 있었다. ¹³ 천사들이 마리아에게 말하였다. "여자여, 왜 우느냐?" 마리아가 대답하였다. "누가 우리 주님을 가져갔

습니다. 어디에 두었는지 모르겠습니다." **14** 이렇게 말하고, 뒤로 돌아섰을 때에, 그 마리아는 예수께서 서 계신 것을 보았지만, 그가 예수이신 줄은 알지 못하였다. **15** 예수께서 마리아에게 말씀하셨다. "여자여, 왜 울고 있느냐? 누구를 찾느냐?" 마리아는 그가 동산지기인 줄 알고 "여보세요, 당신이 그를 옮겨 놓았거든, 어디에다 두었는지를 내게 말해 주세요. 내가 그를 모셔 가겠습니다" 하고 말하였다. **16** 예수께서 "마리아야!" 하고 부르셨다. 마리아가 돌아서서 히브리 말로 "라부니!" 하고 불렀다. (그것은 '선생님'이라는 뜻이다.) **17** 예수께서 마리아에게 말씀하셨다. "내게 손을 대지 말아라. 내가 아직 아버지께로 올라가지 않았다. 이제 내 형제들에게로 가서 이르기를, 내가 나의 아버지 곧 너희의 아버지, 나의 하나님 곧 너희의 하나님께로 올라간다고 말하여라." **18** 막달라 사람 마리아는 제자들에게 가서, 자기가 주님을 보았다는 것과 주님께서 자기에게 이런 말씀을 하셨다는 것을 전하였다. **19** 그 날, 곧 주간의 첫 날 저녁에, 제자들은 유대 사람들이 무서워서, 문을 모두 닫아걸고 있었다. 그 때에 예수께서 와서, 그들 가운데로 들어서셔서, "너희에게 평화가 있기를!" 하고 인사말을 하셨다. **20** 이 말씀을 하시고 나서, 두 손과 옆구리를 그들에게 보여 주셨다. 제자들은 주님을 보고 기뻐하였다. **21** [예수께서] 다시 그들에게 말씀하셨다. "너희에게 평화가 있기를 빈다. 아버지께서 나를 보내신 것 같이, 나도 너희를 보낸다." **22** 이렇게 말씀하신 다음에, 그들에게 숨을 불어넣으시고 말씀하셨다. "성령을 받아라. **23** 너희가 누구의 죄든지 용서해 주면, 그 죄가 용서될 것이요, 용서해 주지 않으면, 그대로 남아 있을 것이다." **24** 열두 제자 가운데 하나로서 쌍둥이라고 불리는 도마는, 예수께서 오셨을 때에 그들과 함께 있지 않았다. **25** 다른 제자들이 그에게 "우리는 주님을 보았소" 하고 말하였으나, 도마는 그들에게 "나는 내 눈으로 그의 손에 있는 못자국을 보고, 내 손가락을 그 못자국에 넣어 보고, 또 내 손을 그의 옆구리에 넣어 보지 않고서는 믿지 못하겠소!" 하고 말하였다. **26** 여드레 뒤에 제자들이 다시 집 안에 모여 있었는데 도마도 함께 있었다. 문이 잠겨 있었으나, 예수께서 와서 그들 가운데로 들어서셔서 "너희에게 평화가 있기를!" 하고 인사말을 하셨다. ²⁷ 그리고 나서 도마에게 말씀하셨다. "네 손가락을 이리 내밀어서 내 손을 만져 보고, 네 손을 내 옆구리에 넣어 보아라. 그래서 의심을 떨쳐버리고 믿음을 가져라." ²⁸ 도마가 예수께 대답하기를 "나의 주님, 나의 하나님!" 하니, ²⁹ 예수께서 도마에게 말씀하셨다. "너는 나를 보았기 때문에 믿느냐? 나를 보지 않고도 믿는 사람은 복이 있다." ³⁰ 예수께서는 제자들 앞에서 이 책에 기록하지 않은 다른 표징도 많이 행하셨다. ³¹ 그런데 여기에 이것이나마 기록한 목적은, 여러분으로 하여금 예수가 그리스도요 하나님의 아들이심을 믿게 하고, 또 그렇게 믿어서 그의 이름으로 생명을 얻게 하려는 것이다.

웨슬리와 함께 읽기

1 마태복음 28장 1절; 마가복음 16장 1절; 누가복음 24장 1절.

3 베드로가 나와서 – 그 도성으로부터.

6 베드로가 보니 삼베가 놓여 있었고 – 수건은 개켜있었다 – 그분이 부활하셨을 때 그분의 시중을 들었던 천사들이 분명히 그 수건과 삼베를 개켜놓았을 것이다.

8 그가 보고 – 그의 몸이 거기에 없다는 것을 보고 믿었다 – 마리아가 말했듯이 그들이 그 시신을 가져갔다고.

9 왜냐하면 아직도 – 그들은 그분이 다시 살아나셨다는 생각을 하고 있지 못했다.

10 그들은 집으로 돌아갔다 – 더는 자신들이 무엇을 더 할 수 없다는 것을 보고.

11 그러나 마리아는 서서 – 그녀는 좀 더 계속 있었다(막 16:9).

16 예수께서 그녀에게 '마리아야!' 하고 부르셨다 – 평소에 하시던 음성과 말투로.

17 내게 손을 대지 말아라 – 차라리 "내게 매달리지 말아라"라고 하는 것이 더 적절하다(왜냐하면 그녀는 그분의 발을 잡았기 때문이다. 마 28:9). 내가 지금 지

체하도록 만들지 말아라. 너는 나중에 나와 함께 이야기를 나눌 기회가 생길 것이다. 왜냐하면 **나는 아버지께로 올라가지 않았기 때문이다** - 내가 아직 이 세상을 떠나지 않았다. 그러나 **곧바로 내 형제들에게 가서** - 이런 강력한 방식으로 그분께서는 그들의 잘못을 언급조차 하지 않으면서도 용서해 주신다. 이렇게 정교한 손길은 복음서들 곳곳에 나타나는데, 이것들은 그리스도께서 우리의 상태를 얼마나 완벽하게 알고 계시는지를 잘 보여준다. **내가 올라간다** - 그분께서는 자신의 머릿속으로 이런 생각을 하고 계시지만 마치 그 일이 지금 벌어지고 있는 것처럼 말씀하신다. **나의 아버지 곧 너희의 아버지, 나의 하나님 곧 너희의 하나님께로** - 이것은 독생자께서 모든 종류의 교제를 하나님과 나누고 계신다는 것을 보여주는 보기 드문 표현이다. 성부 하나님과의 교제는 어떤 면에서는 자기 자신과의 교제와 유사한데, 그분께서는 자신들의 형제에게도 그것을 허락하신다. 그렇지만 그분께서는 '우리 하나님'이라고는 말씀하지 않으신다. 왜냐하면 어떤 피조물도 그분과 동등한 위치로 올라갈 수 없기 때문이다. **나의 하나님, 그리고 너희의 하나님** - 이 말은 성부께서 다른 이들과 공유할 수 없는, 혼자만의 방식으로서 그분의 아버지라는 것을 보여준다. 그리고 그분을 통해서 성부께서 우리의 아버지라고 하는 것을 보여주는데, 이런 방식으로만 우리 피조물들은 그분을 우리의 아버지라고 말할 수 있다.

19 마가복음 16장 14절; 누가복음 24장 36절.

21 **너희에게 평화가 있기를 빈다** - 자신의 영혼에 평화가 깃드는 것은 참된 복음 사역자들의 사명의 기초이다(고후 4:1). **아버지께서 나를 보내신 것 같이 나도 너희를 보낸다** - 그리스도께서는 성부의 사도이셨다(히 3:1). 베드로와 그 나머지 사람들은 그리스도의 사도였다.

22 **그들에게 숨을 불어넣으시고** – 새롭고 활기찬 숨을. 그리고 "너희가 내 입에서 나오는 이 숨을 받는 것처럼, 나의 충만함으로부터 성령을 받아라"라고 말씀하신다. 성령은 특별한 방법으로 여러분에게 영향을 미쳐서 여러분이 위대한 사도로서 역할을 감당할 수 있도록 만드신다. 이것은 오순절의 약속이었다.

23 **너희가 누구의 죄든지 용서해주면** – (복음서에서 말하는 것에 따르면, 즉 그들이 회개하고 믿었을 때) 그들은 용서를 받는다. 그리고 누구든지 죄를 가지고 있으면(즉, 그들이 회개하지 않으면) 그들의 죄는 그대로 남아 있게 된다. 지금까지는 아주 분명하다. 그런데 여기에서 난제가 생긴다. 진심으로 회개하고 신실하게 그리스도를 믿는 사람의 죄는 성직자가 죄 사함을 선포하지 않더라도 용서함을 받지 않는가? 그리고 회개하지도 믿지도 않는 사람의 죄는 여전히 남지 않는가? 그렇다면 죄 사함에 대한 이 위임의 말씀은 '그리스도인의 죄 사함의 언어, 즉 누구의 죄는 용서를 받고 누구의 죄는 그대로 남는 그런 용서에 대한 언어, 우리가 날마다 하는 용서의 선포에 대한 언어를 권위를 가지고 선포하는 능력' 그 이상을 의미할 수 있는가? 그리고 교회에서 징계하거나 용서하거나 하는 권한, 즉 교회에서 어떤 사람은 파문하고 누구는 다시 받아들이고 하는 그런 권한 그 이상을 의미할 수 있는가?

26 **여드레 뒤에** – 일요일 다음 날에.

28 제자들은 "우리가 주님을 보았다"라고 말했다. 도마는 자신이 이전에 했던 것처럼 그분을 주님으로서만, 자신의 동료 사도들이 확증했던 것처럼 그분을 부활하신 분으로서만 인식할 뿐만 아니라 그분의 하나님 되심을 고백하고, 그것을 다른 그 누가 해왔던 것보다 훨씬 더욱 분명하게 그것을 고백한다. 그는 그분의 손과 옆구리에 손을 넣어보지 않고

서도 이 모든 고백을 했다.

30 이 책은 성 요한의 책을 가리키며, 따라서 다른 복음서 저자들의 책을 가리키지는 않는다.

31 기록한 목적은 **여러분이 믿게 하고** – 여러분이 더욱 확실하게 믿을 수 있도록 하려고. 믿음은 보통 듣는 가운데 생기지만, 때로는 읽는 가운데서도 생긴다.

요한복음 21장

¹ 그 뒤에 예수께서 디베랴 바다에서 다시 제자들에게 자기를 나타내셨는데, 그가 나타나신 경위는 이러하다. ² 시몬 베드로와 쌍둥이라고 불리는 도마와 갈릴리 가나 사람 나다나엘과 세베대의 아들들과 제자들 가운데서 다른 두 사람이 한 자리에 있었다. ³ 시몬 베드로가 그들에게 말하기를 "나는 고기를 잡으러 가겠소" 하니, 그들이 "우리도 함께 가겠소" 하고 말하였다. 그들은 나가서 배를 탔다. 그러나 그 날 밤에는 고기를 한 마리도 잡지 못하였다. ⁴ 이미 동틀 무렵이 되었다. 그 때에 예수께서 바닷가에 들어서셨으나, 제자들은 그가 예수이신 줄을 알지 못하였다. ⁵ 그 때에 예수께서 제자들에게 물으셨다. "얘들아, 무얼 좀 잡았느냐?" 그들이 대답하였다. "못 잡았습니다." ⁶ 예수께서 그들에게 말씀하셨다. "그물을 배 오른쪽에 던져라. 그리하면 잡을 것이다." 제자들이 그물을 던지니, 고기가 너무 많이 걸려서, 그물을 끌어올릴 수가 없었다. ⁷ 예수가 사랑하시는 제자가 베드로에게 "저분은 주님이시다" 하고 말하였다. 시몬 베드로는 주님이시라는 말을 듣고서, 벗었던 몸에다가 겉옷을 두르고, 바다 뛰어내렸다. ⁸ 그러나 나머지 제자들은 작은 배를 탄 채로, 고기가 든 그물을 끌면서, 해안으로 나왔다. 그들은 육지에서 백 자 남짓밖에 떨어지지 않은 곳에 들어가서 고기를 잡고 있었던 것이다. ⁹ 그들이 땅에 올라와서 보니, 숯불을 피워 놓았

는데, 그 위에 생선이 놓여 있고, 빵도 있었다. **¹⁰** 예수께서 제자들에게 말씀하셨다. "너희가 지금 잡은 생선을 조금 가져오너라." **¹¹** 시몬 베드로가 배에 올라가서, 그물을 땅으로 끌어내렸다. 그물 안에는, 큰 고기가 백쉰세 마리나 들어 있었다. 고기가 그렇게 많았으나, 그물이 찢어지지 않았다. **¹²** 예수께서 그들에게 말씀하셨다. "와서 아침을 먹어라." 제자들 가운데서 아무도 감히 "선생님은 누구십니까?" 하고 묻는 사람이 없었다. 그가 주님이신 것을 알았기 때문이다. **¹³** 예수께서 가까이 오셔서, 빵을 집어서 그들에게 주시고, 이와 같이 생선도 주셨다. **¹⁴** 예수께서 죽은 사람들 가운데서 살아나신 뒤에 제자들에게 자기를 나타내신 것은, 이번이 세 번째였다. **¹⁵** 그들이 아침을 먹은 뒤에, 예수께서 시몬 베드로에게 물으셨다. "요한의 아들 시몬아, 네가 이 사람들보다 나를 더 사랑하느냐?" 베드로가 대답하였다. "주님, 그렇습니다. 내가 주님을 사랑하는 줄을 주님께서 아십니다." 예수께서 그에게 말씀하셨다. "내 어린 양 떼를 먹여라." **¹⁶** 예수께서 두 번째로 그에게 물으셨다. "요한의 아들 시몬아, 네가 나를 사랑하느냐?" 베드로가 대답하였다. "주님, 그렇습니다. 내가 주님을 사랑하는 줄을 주님께서 아십니다." 예수께서 그에게 말씀하셨다. "내 양 떼를 쳐라." **¹⁷** 예수께서 세 번째로 물으셨다. "요한의 아들 시몬아, 네가 나를 사랑하느냐?" 그 때에 베드로는, [예수께서] "네가 나를 사랑하느냐?" 하고 세 번이나 물으시므로, 불안해서 "주님, 주님께서는 모든 것을 아십니다. 그러므로 내가 주님을 사랑하는 줄을 주님께서 아십니다" 하고 대답하였다. 예수께서 그에게 말씀하셨다. "내 양 떼를 먹여라. **¹⁸** 내가 진정으로 진정으로 네게 말한다. 네가 젊어서는 스스로 띠를 띠고 네가 가고 싶은 곳을 다녔으나, 네가 늙어서는 남들이 네 팔을 벌릴 것이고, 너를 묶어서 네가 바라지 않는 곳으로 너를 끌고 갈 것이다." **¹⁹** 예수께서 이렇게 말씀하신 것은, 베드로가 어떤 죽음으로 하나님께 영광을 돌릴 것인가를 암시하신 것이다. 예수께서 이 말씀을 하시고 나서, 베드로에게 "나를 따라라!" 하고 말씀하셨다. **20** 베드로가 돌아다보니, 예수께서 사랑하시던 제자가 따라오고 있었다. 이 제자는 마지막 만찬 때에 예수의 가슴에 기대어서, "주님, 주님을 넘겨줄 자가 누구입니까?" 하고 물었던 사람이다. **21** 베드로가 이 제자를 보고서, 예수께 물었다. "주님, 이 사람은 어떻게 되겠습니까?" **22** 예수께서 말씀하셨다. "내가 올 때까지 그가 살아 있기를 내가 바란다고 한들, 그것이 너와 무슨 상관이 있느냐? 너는 나를 따라라!" **23** 이 말씀이 믿는 사람들 사이에 퍼져 나가서, 그 제자는 죽지 않을 것이라고들 하였지만, 예수께서는 그가 죽지 않을 것이라고 말씀하신 것이 아니라, "내가 올 때까지 그가 살아 있기를 내가 바란다고 한들, [그것이 너와 무슨 상관이 있느냐?]" 하고 말씀하신 것뿐이다. **24** 이 모든 일을 증언하고 또 이 사실을 기록한 사람이 바로 이 제자이다. 우리는 그의 증언이 참되다는 것을 알고 있다. **25** 예수께서 하신 일은 이 밖에도 많이 있어서, 그것을 낱낱이 기록한다면, 이 세상이라도 그 기록한 책들을 다 담아 두기에 부족할 것이라고 생각한다.

웨슬리와 함께 읽기

2 그들은 한자리에 있었다 – 집에, 어떤 한 집에.

4 그들은 그가 예수이신 줄을 알지 못하였다 – 아마도 그들의 눈이 가려졌던 것 같다.

6 고기가 너무 많이 걸려서 그물을 끌어 올릴 수가 없었다 – 이것은 단지 우리 주님의 능력을 보여주는 것일 뿐만 아니라, 그들과 그들의 가족들을 먹여 살리기 위한 일종의 공급하시는 행동이었으며, 이것은 이후에 그들이 예루살렘에서 기다리는 기간을 생각해서 그분께서 그들을 위해 하신 일종의 섬김이었다.[49] 또한 이것은 그들이 사람을 잡는 어부로서 그들의 큰 성공을 상징하는 표상이기도 했다.

7 베드로는 겉옷을 두르고 ㄱ(왜냐하면 이것을 벗고 있었으므로) 자신의 주님이 나타나시자 예의를 갖추기 위해서. 그리고 바다로 뛰어내렸다 – 곧바로 그분께 헤엄쳐서 가려고. 그리스도의 사랑은 사람이 불이나 물도 통과할 수 있도록 이끄신다.

12 와서 아침을 먹어라 – 우리 주님께서는 음식이 필요 없으셨다. 아무도 묻는 사람이 없었다 – 굳이 불필요한 질문을 하려 하지 않았다.

14 세 번째 – 그분께서는 사도들 모두에게 여러 번 나타나셨다.

15 **요한의 아들 시몬** - 이 호칭은 그가 영광스러운 고백을 했을 때 그리스도께서 그를 부르셨던 호칭이었다(마 16:16). 이것은 그가 그렇게 고백하던 그분을 최근에 부인했던 것을 뼈저리게 느끼도록 만들기 위해서 그에게 상기시키는 것이었다. **네가 나를 사랑하느냐** - 우리 주님께서는 세 번 부인했던 그에게 세 번 물어보신다. **이 사람들보다** - 네 동료 제자들이 사랑하는 것보다. 베드로는 한때 그렇게 생각했었다(마 26:33). 그러나 그는 이제 한 번 대답한다: 내가 당신을 사랑합니다 - 여기에는 '이 사람들보다'라는 말이 빠져있다. **당신께서 아십니다** - 그는 이제 예수께서 자신의 마음을 아셨다는 슬픈 경험을 통해서 깨닫게 되었다. **내 양** - 무리 가운데서 가장 미약하고 허약한 양.

17 **그가 세 번이나 물으시므로** - 마치 그분이 자기 말을 안 믿어주시는 것처럼.

18 **네가 늙어서는** - 그는 이후로 36년을 더 살았다. 남들이 너를 묶어서 - 그들은 못이 뚫고 들어가서 박힐 때까지 십자가에 묶었다. 그리고 너를 끌고 갈 것이다 - 십자가를 지워서. 네가 바라지 않는 곳으로 - 인간적인 본능이 원하지 않는 곳으로. 즉, 십자가가 세워질 곳으로.

19 **어떤 죽음으로 하나님께 영광을 돌릴 것인가** - 성자들이 하나님께 영광을 돌린 것은 단지 행동을 통해서만이 아니라 주로 고난을 통해서였다. 나를 따르라 - 여기에서 그가 어떻게 죽게 될 것인지를 보여주셨다.

20 **베드로가 돌아다보니** - 그가 그리스도의 뒤를 따라 걸으면서 돌아다보니. 예수께서 사랑하시던 제자가 따라오고 있었다 - 이 평범한 구절에 특별한 영과 부드러움이 있다. 그리스도께서는 성 베드로에게 자기를 위하여 십자가에 달릴 각오가 되어있다는 표시로서 자기를 따라오라고 명하신다. 성 요한은 이러한 부르심을 위해서 가만히 있지 않았다. 그는

일어나서 마찬가지로 그분의 뒤를 따랐다. 그러나 그는 자기 자신의 사랑이나 열성에 대한 말을 한마디도 내뱉지 않았다. 그는 자신의 행동이 대신 말을 해줄 것이라고 여겼다. 심지어 자신이 이러한 상황에 대해 기록을 남길 때조차도 그는 그 행동이 무엇을 의미하는지에 대해 말해주지 않고 도리어 그 벌어진 사실만을 아주 단순하게 말할 뿐이다. 만일 자비로운 마음을 가진 사람들이 여기저기에서 이런 모습을 보고 따라 하고자 한다면, 그렇게 하도록 하라. 그러나 요한은 "사람들이 그러한 모습을 흠모해야 할 텐데"라고 하면서 염려하지는 않는다. 이것은 자신이 사랑하는 주님께 드리는 고백이며, 따라서 그는 그것으로 충분하다고 생각하였다.

22 **그가 살아 있기를 내가 바란다고 한들** – 죽지 않고, **내가 올 때까지** – 심판하기 위해서 올 때까지. 물론 그는 그리스도께서 예루살렘을 파괴하러 오실 때까지 살아 있었다. 그래서 그는 언제 어떻게 그가 죽었는지 말해줄 수 있었다. **그것이 너와 무슨 상관이 있느냐** – 오래전부터 나를 따라다녔던 너와.

23 **형제들 사이에** – 즉, 그리스도인들 사이에. 우리 주님께서는 친히 그들에게 이런 호칭을 가르쳐주셨다(요 20:17). 그러나 **예수께서는 그에게 그가 죽지 않을 것이라고 말씀하지 않으셨다** – 드러내놓고는. 그래서 성 요한 자신은 이 복음서를 기록할 당시에 자기가 죽을지 안 죽을지를 확실히 알지 못했던 것 같다.

24 **이 모든 일을 증언한 사람이 이 제자이다** – 그가 이것을 쓴 이후로도 여전히 살아 있었다. **우리는 그의 증언이 참되다는 것을 알고 있다** – 교회는 더디오가 성 바울이 로마 교인에게 보낸 편지에서 그렇게 했듯이 성 요한의 복음서에 이 말씀을 덧붙였다(롬 16:22).

25 **그것을 낱낱이 기록한다면** – 모든 사실을, 그것에 대한 모든 상황을 빠짐없이. **생각한다** – 이 표현은 과장을 다소 완화한 것으로서 성 요한이 이 구절을 썼다는 것을 보여준다.

역자 해설(20-21장)

　20장은 실질적으로 요한복음의 마지막 장입니다. 20장 30-31절을 보면 알 수 있듯이 원래 요한복음은 20장에서 끝이 납니다. 그런데 아마도 요한복음 초판본이 나온 지 얼마 못 되어 요한의 제자들이(21:24) 21장 부분을 추가로 부록처럼 덧붙인 것 같습니다. 내용은 다르지만 그 주제에 대해서는 20장과 21장이 서로 비슷합니다. 20장에는 막달라 마리아, 제자들, 도마에게 부활하신 예수님이 나타나신 이야기가 나오고, 21장에는 갈릴리에서 고기를 잡던 제자들에게 부활하신 예수님이 나타나신 이야기가 나옵니다. 내용은 다르지만 그 다루는 주제나 전하려는 메시지는 두 장이 같습니다.

　초대교회 교인들에게 부활은 매우 중요한 문제였습니다. 여기에서 부활이라는 것은 엄밀하게 말하면 부활하신 예수님께서 제자들에게 나타나신 것, 즉 부활 현현을 가리킵니다. 부활하신 예수님을 누가 만났느냐는 문제는 초대교회 교인들에게는 매우 민감한 문제였습니다. 예를 들어 고린도전서 9장과 고린도후서 12장을 미루어 볼 때 교인 중에는 "바울이 무슨 사도라고 할 수 있느냐"라는 문제를 제기했다는 것을 알 수 있습니다. 그 이유는 바울이 예수님이 이 땅에서 사역하실 때 직접 예수님을 만나본 적도 없고, 부활하신 예수님이 다른 사도들에게 나타나신 것처럼 바울에게 나타나신 적이 없기 때문이었습니다. 그래서 바울은 부활 현현을 말하면서 가장 마지막에 자기에게도 부활하신 예수님께서 나타나셨다고 주장합니다(고전 15:8-9).

이렇듯 부활하신 예수님을 직접 뵙는 것에 관해 초대 교인들은 매우 특별한 것으로 생각했고, 사도의 권위를 여기에서 찾았습니다. 부활하신 예수님을 만나본 경험을 바탕으로 부활의 증인 노릇을 할 수 있기 때문입니다(행 1:22). 이 점에서 확실히 바울이 다른 제자들보다 뒤로 밀리는 것은 사실입니다. 그런데 요한은 이런 것에 제동을 겁니다. 우선 첫 번째로 부활하신 예수님을 뵌 사람이 열두 제자들이 아니라 바로 한 여인 막달라 마리아라는 사실을 전합니다. 그녀는 제일 먼저 부활하신 예수님을 뵙습니다. 도리어 베드로를 비롯한 다른 제자들은 그저 이상히 여기면서 빈 무덤을 떠날 뿐입니다(20:9-10).

남성 제자들은 마리아로부터 직접 예수님을 만났다는 말을 들었는데도 불구하고 여전히 두려워서 문을 걸어 잠그고 숨어있습니다(20:19). 그들은 겁에 질려 아무것도 하지 못합니다. 그런데 그런 그들에게 예수님께서 오셔서 성령을 불어넣어 주십니다(20:22). 성령을 받은 이후 그들은 변화합니다. 마침 그 자리에 없었던 도마에게 예수님께서 부활하셨다는 소식을 전합니다(20:25). 그러나 도마는 "나는 직접 보지 못했으니 못 믿겠다"라고 의심합니다(20:25). 제자들은 이렇게 직접 자기 눈으로 봐야 비로소 믿는 사람들입니다. 도마도 부활하신 예수님을 보고 나서야 비로소 "나의 주, 나의 하나님"이라고 고백하면서(20:28) 예수님의 부활을 믿습니다.

공관복음서에는 예수님이 누구신지 고백하는 장면이 가이사랴 빌립보에서 펼쳐집니다. 예수님이 내가 누구냐고 물으실 때 베드로가 나서서 주님은 그리스도라고 고백합니다. 그런데 특이하게도 요한복음에는 이 이야기가 없습니다. 즉, 예수님이 누구신지 고백하는 것은 베드로가 아닙니다. 도리어 공관복음서에서 베드로가 했던 이 고백은 나사로의 자매인 마르다(11:27)와 의심 많았던 도마의 입에서(20:28) 나옵니다. 이 두 고백은 공관복음서에 나오는 가이사랴 빌립보에서의 베드로의 고백에 상응하는 중요한 고백입니다. 그런데 이런 고백은 맞긴 하지만 뭔가 부족합니다.

예수님은 이런 고백을 하는 도마에게 이르십니다. "너는 나를 보았기 때문에 믿는구나. 그러나 보지 않고 나를 믿는 자는 복이 있다"(20:29). 요한은 세 종류의 사람을 말합니다. 봐야지 비로소 믿는 사람, 보고도 안 믿는 사람 그리고 보지도 않았지만 믿는 사람. 예수님을 참되게 따르고 영접한 사람, 진정으로 복된 사람은 예수님을 직접 보지는 못했지만, 그 분을 구세주로 믿는 사람입니다. 바로 저와 여러분같이 말입니다. 그렇게 보면 우리는 정말 복된 사람입니다.

요한의 제자들은 21장에서 이후에 예수님께서 갈릴리에 나타나셔서 제자들과 만나신 이야기를 소개합니다. 여기에 나온 중요한 사건은 베드로와 관련이 있습니다. 요한복음에서는 베드로가 그다지 뛰어난 제자로 부각되지는 않습니다. 그래서 수제자라는 명함이 부끄러울 정도로 초라해진 상태입니다. 그런 베드로에게 예수님께서 나타나셨습니다. 그리고 그에게 사명을 부여하십니다. 왜 세 번씩이나 예수님께서 물으셔서 베드로를 불안하게 하셨는지(21:17) 그 이유는 알 수 없습니다. 혹자는 베드로가 세 번 부인했기 때문에 예수님도 그렇게 하셨다고 하지만, 예수님을 그렇게 소심한 복수나 하시는 분으로 보는 것은 적절치 않습니다. 몇 번이 되었든 중요한 것은 이제 베드로가 다시 사명을 받았다는 것입니다. 한때 예수님을 버리고 부인하며 돌아선 사람이었지만, 이제 다시 돌아왔습니다. 그리고 그는 새로운 사명을 받았습니다.

예수님이 우리에게 오셨습니다. 우리는 그분을 영접했고, 그분의 영광을 보았으며, 우리는 진리 안에 거하는 사람이 되었습니다. 그러나 우리는 아직 이 세상을 살아가는 사람이기에 늘 한결같지는 못합니다. 때로는 유혹에 넘어가기도 하고, 예수님을 버리고 세상의 즐거움과 맘몬을 추앙하며 따르기도 합니다. 그러나 주님은 언제나 두 팔을 벌려 우리를 부르십니다. 베드로처럼 다시 불러 새로운 사명을 주시기도 합니다. 예수님은 우리의 참된 구주이시며, 우리의 참 생명이십니다. 이분을 두고 우리가 어디로 가겠습니까?(6:68) 그저 주님께서 성령으로 우리를 보호하셔서 악의 유혹에 넘어가지 않고 영생의 길을 떠나지 않도록 해 주시기를 기도할 따름입니다.

미 주

1) Johann Albrecht Bengelius, 1687~1752.

2) 이 개념은 마태복음 5장 산상수훈에 나오는 선인과 악인에게 햇빛과 비를 골고루 내려준다는 식의 개념이 아니라, 모든 사람에게 하나님을 알 만한 것을 주셨다는 로마서 1장과 사도행전 17장의 아레오바고 연설의 맥락에 가깝다. 아래 9절 주석을 보라.

3) 하나님의 아들이라는 신적 정체성.

4) 이스라엘의 왕이라는 직무.

5) 코일레 시리아(Coele Syria)지역으로서, 오늘날 레바논과 시리아 지역에 해당한다.

6) 웨슬리는 "여자여"라는 호칭이 인간적인 면에서 볼 때는 어머니에 대한 적절한 호칭이 아니었다고 본다. 따라서 예수께서 성모 마리아를 그렇게 부르신 것은 하늘의 아버지만을 부모로 생각한 연유에서라고 본다. 그러나 웨슬리의 해석은 적절치 않다. 왜냐하면 예수께서 성모 마리아를 향해 "여자여"라고 부르는 것이 결코 자식이 어머니를 부르기에는 부적절한 버릇없는 표현이라고 할 수 없기 때문이다.

7) 웨슬리는 예수께서 "내 때가 아직 오지 않았다"라고 하는 것을 이렇게 보고 있다. 그렇다면 이어서 예수께서 기적을 행하시는 그 모습을 이해하기 어렵다. 왜냐하면 하지 않겠다고 거절했는데, 성모 마리아는 하인들을 불러 모아 준비시키고, 이어서 예수께서 실제로 기적을 행하시기 때문이다. 여기에서 말하는 "내 때가 아직 오지 않았다"라는 것은 '내가 영광을 받을 때, 즉 내가 다시 아버지께로 올라갈 때'를 가리키는 것으로 보아야 한다. 그렇게 보면 도리어 지금은 예수께서 표적을 행하실 때가 되며, 예수께서 혼인 잔치에서 표적을 일으키시는 것은 자연스러운 결과이다. 즉, "나와 아무런 상관이 없는 일이지만, 아직 내 때가, 즉 내가 하늘로 다시 돌아갈 때가 아직 오지 않았고, 지금은 일해야 할 때

이므로 내가 표적을 행하겠다"라는 의미로 풀어야 한다(요 7:6; 9:4; 11:9; 13:1).

8) 웨슬리는 이것을 통해 가톨릭에서 성모 마리아가 우리를 위해 예수께 대신 빌어준다고 가르치는 것의 오류를 지적한다.

9) 이들이 외국 화폐를 바꾸어주기보다는 로마 황제의 초상이 새겨진 동전을 성전 화폐로 바꾸어주던 사람들이라고 보아야 한다. 황제 초상이 새겨진 동전을 성전에 헌금으로 바치는 것은 가증스러운 일이었으므로 헌금을 드리려면 성전 화폐 환전소가 필요했다.

10) 웨슬리의『표준설교』38번 "원죄"와 39번 "신생"을 보라.

11) 세상에 태어날 때 더러움이 육체에 전이된다는 말을 마치 태어날 때 인간에게 죄가 때나 질병처럼 묻어나거나 혹은 마치 어떤 유전병처럼 내려온다는 것으로 이해하면 안 된다. 이것은 인간이 생명을 갖는 순간부터 인간 안에 죄의 본성 혹은 속성이 내재 되어있다는 것을 의미한다.『표준설교』38번 "원죄"를 보라.

12) 웨슬리 당시에는 아직 본문 비평이나 성서 고고학이 과학적으로 아직 발달하기 이전이었기 때문에 이러한 오류를 범한 것으로 보인다. 요한복음은 4개의 복음서 가운데서 가장 늦게 저술되었고, 그 저술 연대 또한 1세기 후반으로 본다.

13) 이러한 웨슬리의 해석은 적절하지 않다. 왜냐하면 요한복음은 전통적인 유대교적 사고방식, 즉 사람이 질병에 걸린 것은 자신의 지은 죄의 결과라는 생각을 반대하고 있기 때문이다. 요한복음 9장, 실로암에서 맹인의 눈을 뜨게 해준 사건에는 죄와 질병이 연관되어있다는 생각을 노골적으로 단절시키고 있다. 여기에서 죄를 짓지 말라고 한 것은 이 사람의 질병과 별개의 요구이다.

14) 웨슬리는 성부에 대한 성자의 절대적 의존 관계를 성부와 성자의 일치(unity)에서 찾는다. 즉, 성자께서 어떤 것을 아버지 없이 할 수 없는 이유는 성자가 무능력해서가 아니라 성부와 하나이기 때문에 성자 혼자 한다는 것은 어불성설이라는 것이다. 이렇게 본다면 성부께서도 성자 없이 아무것도 할 수 없다.

15) 웨슬리는 성부와 성자의 완전한 합일을 말한다. 따라서 성자가 자기 혼자 자신에 대해서 증언한다는 것 자체가 말이 안 된다.

16) 만나는 하늘에서 비처럼 내리는 것으로서, 그 하늘은 우리 눈에 보이는 그런 하늘이다. 그러나 예수께서 말씀하시는 하늘은 그런 하늘이 아닌 추상적 의미의 하늘이다.

17) 웨슬리는 전통에 따라 예수를 요셉과 마리아의 외아들로 이해하고 있다. 이렇

게 하는 이유는 성모 마리아의 동정녀성을 계속 유지하게 하려 했던 고대 교회의 전통을 따른 것이다. 그러나 반드시 그렇게 볼 필요는 없다. 마태복음 1장 25절과 12장 46절 주석의 각주 설명을 보라.

18) 즉, 요셉의 집안에서 크리스마스 때에 태어났다는 사실.

19) 요한복음에서 이 '때'는 예수의 수난의 때가 아니라 예수께서 영광을 받으실 때라고 하는 것이 더 적합하다(요 12:23).

20) 요한복음에서 성령은 부활하신 예수께서, 즉 영광을 받으신 예수께서 제자들을 찾아오셔서 그들에게 불어넣어 주실 때 내린다(요 20:22). 따라서 이 구절은 부활하신 예수와 그분의 제자들이 서로 다시 만났을 때 있던 일을 가리키는 것으로 보아야 한다. 이 구절을 웨슬리처럼 해석하는 것은 적절하지 않다.

21) 이들이 무식하므로 미혹을 받아서 예수를 받아들였다고 그 유대 지도자들이 생각한다는 것이다.

22) 십계명을 가리킨다(출 31:18).

23) 사마리아인들이 사두개인이었다는 것은 설득력이 없다. 사두개인들은 권력과 부를 누리던 자들이었으며, 사도행전에서 바울의 재판에서 부활 문제로 바리새인들과 마주하며 논쟁을 벌일 정도로 서로 상대도 하는 사람들이었다. 반면에 사마리아인들은 유대인들과 서로 상종하지 않았다. 내세의 부활을 믿지 않았다는 점에 착안해서 웨슬리는 사마리아인들이 사두개인들이었다고 말하지만, 이는 적절하지 않다.

24) 아마도 웨슬리는 요한복음 20장에 나오는 부활하신 예수께서 폐쇄된 공간으로 문을 열지도 않은 채 나타나시는 그런 모습을 상상한 것 같다.

25) 양태론(modalism)을 주장했던 3세기 신학자. 이단으로 정죄되었다. 양태론은 성부, 성자, 성령이 원래 하나인데 각각 다른 모습으로 나타난 것이라고 주장한다. 이렇게 되면 성부, 성자, 성령은 한 분이며 개별적으로 분리되지 않는다.

26) 헬라어로는 1인칭 현재 '복수'인 esmen 동사를 사용한다. 만일 사벨리우스의 양태론 대로 한다면 복수가 아닌 '단수'를 사용했어야만 했다.

27) 아리우스는 3세기 신학자로서 그리스도의 신성을 부인하며, 그리스도를 최고의 피조물로 보아서 이단 정죄를 받았다. 성경은 성부와 성자를 하나로 말하여서 그리스도의 하나님이심을 말한다.

28) 이 구절의 출발점이 되는 시편 82편에의 재판관들을 가리킨다.

29) 우리의 이해력이 부족하므로 하나님께서 친히 인간의 언어로 된 성경으로 말씀하신다는 의미이다.

30) 웨슬리의 말하고자 하는 의미는 다음과 같다. 마태, 마가, 누가가 복음서를 쓰던 당시에는 나사로가 아직 살아 있었고, 그래서 이들은 나사로 이야기를 쓰지 않았다. 하지만 그 이후에 나사로는 죽었고, 그가 죽은 후에 요한은 요한복음을 썼다. 그래서 나사로의 이야기가 요한복음에만 기록되어 있다고 웨슬리는 말하는 것이다.

31) KJV에는 '이제'(now)라고 번역되어 있다. 개역개정에는 '벌써', 새번역에는 '이미'라고 번역되어 있다. 헬라어 'ede'는 '이제'와 '이미'의 의미가 다 담겨있다. 유다의 마음속에 이런 생각이 들어간 것이 지금이 처음일 것이라는 말이다.

32) 웨슬리는 씻기는 것을 예수의 뜻에 따라 순종하는 삶으로 해석한다. 그러나 요한복음의 문맥을 따르면 이것은 서로를 섬기는 행위, 즉 (서로) 사랑이라고 하는 행위를 가리키는 것으로 보아야 한다.

33) 웨슬리도 이 사랑하시는 제자의 정체를 사도 요한이라고 인식하는 전통적 이해를 따르고 있다. 그러나 사랑하시는 제자가 사도 요한이라고 보는 것은 다소 어려움이 있다. 특히 예수께서 체포당하실 때 베드로와 이 사랑하시는 제자가 대제사장의 집까지 따라가는데, 이 사랑하시는 제자가 대제사장과 잘 아는 사이였다(요 18:16)는 점이 이 사랑하시는 제자와 사도 요한을 동일시하는 데 어려움을 준다. 사랑하시는 제자의 정체에 대하여는 아직도 많은 논의가 이루어지고 있다.

34) 웨슬리의 설명에 따라 당시 장면을 상상하면, 왼쪽으로 비스듬히 누워서 먹던 당시의 식사 관습을 기준으로 예수의 오른쪽에는 사도 요한이, 예수의 왼쪽에는 베드로가 있었다는 것이다. 즉, 사도 요한은 예수의 품에 기대어 있었고, 예수께서는 베드로의 품에 기대어 있는 모습이 된다. 그러나 이러한 구도라면 베드로가 굳이 사랑하시는 제자를 눈짓으로 시켜서 물어보게 할 필요도 없이 자신이 직접 물어볼 수도 있었을 것이다. 베드로가 눈짓으로 하여서 사랑하는 제자에게 질문하라고 시켰다면, 베드로는 사랑하시는 제자나 예수와는 다소 떨어진 자리에서 식사하고 있었다는 말이 된다. 도리어 예수께서 가룟 유다에게 빵을 적셔서 건네주셨다는 표현(요 11:26)으로 미루어 볼 때, 예수의 가까운 곳에서 식사를 한 사람은 베드로가 아니라 가룟 유다가 된다. 공관복음서에서는 예수와 유다 사이에 직접 빵이 오가는 모습이 아닌 것으로 묘사되고 있는

반면에 요한복음은 직접 빵 조각이 오가는 것으로 그리고 있다. 이러한 점에서 요한복음은 사랑하시는 제자와 같이 예수와 가까운 곳에서(어쩌면 예수의 왼편에서) 식사를 한 사람으로 일부러 가룟 유다를 배치하고 있다는 점을 알 수 있다.

35) 즉, 가는 목적지는 바로 생명이라는 것이라는 뜻이다.

36) 성부와 성자께서는 사람에게 찾아오시는데, 그 찾아오심은 칭의라는 것으로 나타난다. 그 칭의가 이루어지고 난 후 성부와 성자께서는 그 사람 속에 내주하신다. 칭의라는 것은 좋은 것이지만, 그보다 더 좋은 것은 내주하심이다.

37) 성부와 성자를 각각 가리킨다.

38) 웨슬리가 말하는 다양한 은총의 수단 가운데 하나를 가리킨다.

39) 즉, 믿음, 성결, 거룩함의 열매가 있어야만 우리가 그리스도 안에 머물 수 있다는 말이다.

40) 아래 6절 주석을 보라.

41) 웨슬리는 그리스도인의 타락을 말하고 있다. 한 번 구원의 확신을 얻게 되었다 하더라도 언제든지 그는 떨어져 나가서 심판의 자녀가 될 수 있다. 웨슬리『표준설교』15번, "하나님으로부터 난 자들의 큰 특권"을 보라(15.2.9).

42) 그러나 그런 일, 즉 그리스도인의 타락은 언제든지 일어날 수 있는 일이므로 늘 깨어서 조심해야 한다는 의미이다.

43) 모든 사랑 가운데 가장 큰 사랑이 아니라 친구에게 해줄 수 있는 사랑 중에 가장 큰 사랑이라는 뜻이다.

44) 직역하면 "인간의 행위에 달려 있지 않고".

45) 믿지 않는 죄가 다른 모든 죄를 짓게 하는 근원이 된다는 뜻이다.

46) 웨슬리『표준설교』35번 "그리스도인의 완전"을 보라.

47) 헬라어 테텔레스타이(tetelestai)는 '완성하다'(it is completed)는 의미와 더불어 '다 끝났다'(it is finished)라는 의미를 둘 다 가지고 있다.

48) 헬라어 파라디도미(paradidomi) 동사는 '건네다'라는 뜻이 있는데, 영혼을 건네는 행위는 결국 죽음을 가리킨다.

49) 웨슬리는 누가복음과 사도행전에서 기록한 대로 제자들이 예루살렘에 머물러 있는 것과 이 부분을 조화시켜서 그들이 나중에 예루살렘에 머물렀고, 그때를 대비해서 그들의 가족들이 그동안 먹고 살 수 있도록 고기를 많이 잡게 하셨다고 해석한다.